正说中国史

谁主沉浮的三国乱世

史海渔夫◎著

中国铁道出版社有限公司
CHINA RAILWAY PUBLISHING HOUSE CO., LTD.

图书在版编目（CIP）数据

谁主沉浮的三国乱世/史海渔夫著.—北京：中国铁道出版社有限公司，2021.3

（正说中国史）

ISBN 978-7-113-27352-1

Ⅰ.①谁… Ⅱ.①史… Ⅲ.①中国历史–三国时代–通俗读物 Ⅳ.①K236.09

中国版本图书馆CIP数据核字（2020）第202288号

书　　名：谁主沉浮的三国乱世
SHUI ZHU CHENFU DE SANGUO LUANSHI
作　　者：史海渔夫

责任编辑：田　军　　　电　　话：（010）63549480
编辑助理：叶凯娜
封面设计：闰江文化
责任校对：王　杰
责任印制：赵星辰

出版发行：中国铁道出版社有限公司（100054，北京市西城区右安门西街8号）
印　　刷：北京铭成印刷有限公司
版　　次：2021年3月第1版　2021年3月第1次印刷
开　　本：710 mm×1 000 mm　1/16　印张：15　字数：210千
书　　号：ISBN 978-7-113-27352-1
定　　价：46.00元

前言

英国著名历史学家汤因比曾经说过：“如果一个人对历史有深切的感悟，他就一定能从中获得真知，因为历史的经验是最为丰富的一座智慧之库。”

中国是一个有着五千年历史的文明古国。源远流长的历史忠实地记录着中国人的成功与失败、兴盛与衰退、辉煌与悲怆、交替与更新，也昭示着中华民族的未来。

古人云：“鉴前世之兴衰，考当今之得失。”学习和了解历史，往大了说，正如古希腊历史学家波里比斯所言，“历史之特殊功用，在于能使人明白某种政策或政见的成败原因”“使我们更谨慎、更大胆地面对现实”。往小了讲，可以让我们通过这面镜子，“察为人之道，悟处世之法”。

这就是本书的写作初衷。

本书讲述的内容，从公元184年黄巾起义爆发开始，至公元280年东吴灭亡结束，在这由于《三国演义》的妙笔生花而家喻户晓的近百年时间里，汉室倾颓，战乱连绵；群雄逐鹿，天下三分。然而，分久必合始终是中国历史发展的主旋律。最终，司马氏一出手，天下重新一统。

翻开这段并不太长的历史画卷，您会惊奇地发现，它的丰富、绚烂、多彩，远比山谷中的彩蝶、天空变幻的浮云都要精彩亮丽得多。那就让我们沿着历史的长河，从头至尾细细地走上一番。

历史是严肃的，但绝不是无聊的史料堆砌，更不是索然寡味的大事年表。因此，本书大胆摒弃刻板僵硬的行文和苍白无力的说教，力求以人性解史，以趣味说史。本书从新颖的视角切入，大处着眼，细节着手，在历史事实的基础上，深入挖掘历史事件背后的玄机，深度剖析历史人物的情感和内心世界，从而给您不一样的阅读感受。

虽然本书的写作并没有多少“技术”或“理念”的创新，语言也谈不上有多么优美，但其真情实感犹如带着露珠的瓜果，从乡间田地采摘而来，清香扑鼻，在开卷阅读或掩卷沉思时，希望能给您带来一份味道独特的启示……

衷心感谢您对本书的关注，希望本书能对您有所裨益。

目录

第一章

乱成一锅粥

烽火已点燃

忍无可忍，就无须再忍。东汉王朝的丧钟敲响了……

汉灵帝光和七年（公元184年）二月初的一天清晨，寒风刺骨，细雨霏霏。首都洛阳的大街上行人还很稀少，一个人从巨鹿（今河北平乡）冒着严寒跑到洛阳来，他顾不上去看当时流行的角抵戏，也顾不上欣赏刚刚落成的气势恢宏的皇家园林，而是一口气跑到皇宫门口，要求面见皇上。

守宫的小太监轻蔑地上下打量了一眼这个行色匆匆的中年男子，不禁哑然失笑："你谁啊？还要见皇上！皇上是你见的吗？赶紧滚一边去，再胡闹，小心我把你逮起来！"

这人倒也不惊不诧，一边掏出一大锭银子塞到小太监手上，一边靠近小太监耳语了一番。

小太监一听，吓得不轻，一溜烟跑进皇宫通报去了。

这个神秘的人物叫唐周，他给汉灵帝刘宏带来的是一个惊天的大秘密。要想知道这个秘密是什么，还得从一个叫太平道的组织说起。

太平道是东汉末年冀州巨鹿一带兴起的一个道教支派，其创始人是巨鹿人张角。

张角原是个不第秀才，据说某日在山中采药，偶得一本奇书《太平经》。张角一翻，见书中内容博大精深，天文地理、人间百态……无所不知，无奇不有。

更神奇的是，书中记载，上古时期黄帝统治的天下最为美好，既无剥削压迫，也无饥寒病灾，更无诈骗偷盗，人人自由幸福，堪称太平世界。

太平世界？看到这四个字，张角忽然眉头一皱，计上心来……

我们知道，自光武帝刘秀建立东汉后，前几任皇帝还说得过去，但东汉从中期开始，便渐渐走向了没落。大权落入旁人之手，宦官和外戚开始争权夺利，使得社会很不安定，民众痛苦不堪。

特别是汉灵帝于公元168年即位后，他将上一任皇帝刘志的胡作非为又提升了一个档次，加之该时期水灾、旱灾和蝗灾频发，民众几无活路，只好背井离乡，四处流亡。由于灾难是全国性的，流亡之路也不甚好走，很多人无衣可乞，无食可讨，纷纷冻死或饿死在路边。当时首都洛阳的街头，经常可以看到这样的流民尸体。

翻检史书可以知道，虽然大多数人都能温顺地接受天灾人祸导致自己悲惨死去的命运，但总有一些热血之士不甘命运的摆布，更不堪暴政的欺凌而奋起抗争——张角就是其中之一。

不过，饱读诗书的张角清醒地认识到，要想像秦末的陈胜、吴广那样揭竿而起，绝非易事，得从长计议。而如今手中的这卷《太平经》，则恰好给了张角无穷的灵感……

此后，张角奉《太平经》为圣书，并依托其名成立了“太平道”。又将《太平经》中所谓的“人人平等、个个幸福”的思想转化为自己的教义，以传播太平道之名，四处宣讲。

不言而喻，太平道所倡导的世界在任何时代都是令人向往的，更别说是在民不聊生的当时了。因此，太平道一时信者甚众。

但是，无论张角将他心中的太平世界吹得多么天花乱坠，要想仅凭言辞长久地打动人心，是不切实际的。因此，他还得拿出一些真功夫才行。

还别说，张角真有两把刷子。他自称“大贤良师”，鼓捣出一些五颜六色的“圣水”，还在纸上画了一些谁也看不懂的玩意儿，美其名曰“灵符”。据说，他用圣水、灵符治好了民间许多疑难杂症。当然，如果有病人的病情不见好转，与张角也毫无关系——心诚则灵嘛，你连太平道都不信，神仙也帮不了你！

我们知道，就算在医疗水平相当发达的今天，相信“民间偏方”和“民间高手”的仍大有人在，更别提那个信奉神灵的时代了。因此，当时的张角在民间百姓中简直就是神一般的存在！

个体的力量毕竟有限。张角一边传道、一边鼓吹自己的神迹，还派出八个亲信弟子下山，以“善道”为基础去教化天下人。当然，八个弟子随身带着的，少不了圣水和灵符。

这八位弟子也没给师父丢脸，他们用了什么手段无人可知，但成效是显著的。经过十多年，八人招揽了几十万信徒，遍布青、徐、幽、冀、荆、扬、兖、豫八州，其范围大致相当于今天的江苏、安徽、江西、湖南、湖北、山东、河南、河北八省。

光有人没有组织也不行。张角运用军事化的管理方式将信徒们分为三十六“方”，大方大概有一万多人，小方也有六七千人，每一方都指派一名亲信去领导，被称作“渠帅”。三十六个渠帅都听从张角的统一指挥。

有了奋斗目标，有了人马，有了组织，有了统一的指挥，举事的准备工作看似已经完成，但张角觉得还不够，因为还缺一个理由。

张角为即将展开的起事拟定的理由是：“苍天已死，黄天当立；岁在甲子，天下大吉”。这里的“苍天”自然是指东汉政权，“黄天”则指张角要创造的太平世界，而“甲子”是指年号，也就是汉灵帝光和七年（公元 184 年）。张角准备在这一年的农历三月初五，于八个州同时发动起义。

计划停当后，张角先派一大方的渠帅马元义集合好荆州和扬州地区的数万信徒，准备于三月初五攻占邺城（今河南安阳北部），再伺机向洛阳进攻。

由于先前马元义已买通京都洛阳的宦官中常侍（皇帝近臣，类似于今天的秘书、顾问）封谞、徐奉为内应，张角便派自己的得力弟子唐周前往洛阳联络封、徐二人，以便在三月五日时里应外合，打朝廷一个措手不及。

计划看起来似乎很完美。然而张角千算万算，却没有算出自己的身边居然出了个叛徒。唐周到了洛阳后，可以说没有丝毫犹豫就去告了密，于是出现了本章开头的一幕。

唐周为什么要这么做？史书语焉不详，我们不得而知。有人说，唐周或许原本就是朝廷的间谍；有人说，唐周是为了荣华富贵；还有人说，唐周或许是个“聪明”人，他知道张角成不了事，只有反叛，才能自保，而且还能换来富贵……历史的烟云已消散了近两千年，除了九泉之下的唐周，恐怕已无人能说得清。

但不管怎么说，唐周都像是蝴蝶效应中的那只小精灵，它轻轻地扇动了一下翅膀，却在历史的长河中掀起了一场惊涛骇浪。

得到情报的汉灵帝勃然大怒，立刻命人逮捕了马元义，并用车裂酷刑处死了他。随后，官兵开始逮捕洛阳城内信奉太平道的人，全国各地的官员也受命捉拿张角及其他太平道的头目。

唐周的叛变彻底打乱了张角的计划，他不得不立即动用各种方法星夜通知各方，提前一个月起义。

随着张角的一声令下，起义烽火迅速点燃。张角自称“天公将军”，其弟张宝、张梁则分别称“地公将军”“人公将军”。张氏三兄弟率领起义军一面攻打州郡，焚烧官府，杀死官吏，一面开仓放粮，赈济灾民，受到百姓的热烈欢迎和拥护。起义军将士都在头上包着一块黄布，故被称为“黄巾军”。

面对黄巾军的节节胜利，东汉朝廷上下乱作一团，只好急忙调兵遣将，镇压起义军。就在这当口，有个叫张钧的官员出了个主意。他给汉灵帝上奏章说：“张角等人之所以能兴兵作乱，民间百姓之所以趋之若鹜，甘心依附，其原因就在于张让、赵忠等宦官侵掠百姓，致使百姓苦难太重，只好铤而走险。如果杀死这些宦官，然后布告天下，以谢国人，不用大军征剿，造反自会平息。”

张钧奏章中所说的张让、赵忠两人是汉灵帝时期著名的宦官集团“十常侍”的首领，这个集团虽然被称为“十常侍”，但其实他们一共有十二个人。除张让、赵忠外，另十人是夏恽、郭胜、孙璋、毕岚、栗嵩、段珪（guī）、高望、张恭、韩悝、宋典。这十二个人无一例外是太监，而且都担任中常侍的职位。

应当说，张钧的建议是正确的，所言也符合当时的实际情况。因为这些宦官不但自己横征暴敛，卖官鬻爵，而且他们的父兄子弟遍布天下，横行乡里，无恶不作。可以说，已经到了人神共愤的地步。

然而汉灵帝是怎么做的呢？他转身就将张钧的奏章给了宦官们看。

宦官们一开始并不知道皇帝葫芦里卖的什么药，纷纷跪地求饶，表示愿意拿出家产来作剿敌的军费。

宦官们实在是多虑了，他们的主子其实压根儿就没想过怪罪他们。他不过是在给他们通风报信，以告诉自己这些心爱的奴才，有人想算计他们。

宦官们这才知道自己虚惊一场，纷纷站起来攻击张钧，说张钧曾学过太平道，与张角等人是一伙的。

在中国历史上，宠爱宦官的皇帝不少，但达到汉灵帝这种程度的不多。因为他曾公开声称："张常侍（张让）是我父，赵常侍（赵忠）是我母"。

"爹妈"的话怎能不听呢？汉灵帝当即令人将张钧抓进大牢，并且严刑拷打。最终，一片忠心的张钧锄奸不成，反被昏庸的皇帝害死在牢中。

令奸佞当道，致忠臣惨死。一般来说，这样的皇帝不丢江山是很难的，何况起义的烽火已燃遍神州。

不过，大汉王朝的江山并没有丢在黄巾军的手里，因为有一个人为摇摇欲坠的腐败朝廷撑起了一片天。

这个人堪称东汉最后的"战神"——他，叫皇甫嵩。

一个人撑起了一片天

在烽火遍神州的情况下，皇甫嵩成功扮演了拯救者的角色……

在东汉晚期的政治舞台上，皇甫嵩是一个难得的精忠报国之人。

皇甫嵩，字义真，安定郡朝那县（今宁夏回族自治区彭阳县）人。出身于将门世家，叔叔是曾经做过辽西太守的皇甫规，父亲是曾经做过雁门太守的皇甫节。生活在这样的家庭环境里，皇甫嵩自幼便熟习弓马，对战争有异于常人的感受和认知。

青少年时期的皇甫嵩，跟着叔叔混过，也跟着父亲混过，但无论在辽西还是雁门，他都与一个相同的敌人打过交道——鲜卑。

鲜卑是古代中国北方的一个游牧民族，兴起于大兴安岭。早先因实力不济，曾跟随匈奴人时不时地侵扰汉地。

到了东汉末年，随着匈奴西迁，鲜卑迎来了发展的新机遇。他们趁机占据蒙古草原，填补了匈奴西迁后留下的空白，渐渐成为东汉的又一大敌。

鲜卑人最引以为傲的是其骑兵部队，与匈奴骑兵一样，具有凶猛彪悍的特点，实力非汉军可比。不过皇甫嵩丝毫不怵这些，少年时期的他就曾在叔叔和父亲的带领下，多次与鲜卑骑兵交手。他后来在战场上的精明果敢，对骑兵战术运用的炉火纯青，就是源于这一时期的实战经历。

但皇甫嵩并不是一个简单的武夫，他除了有一身好武功，还饱读诗书，随便写一篇文章都能羞煞好多读书人，堪称文武全才。

皇甫嵩从政治派别上来说，属于中立派，几乎不和任一集团有过多的瓜葛。唯一例外的是，他和当时的“清流派”大儒陈蕃往来比较密切，关系非同一般。某一年，皇甫嵩因父亲去世，从临汾县令的任上离职回家守孝，陈蕃便在他守孝期满后，将其举荐给外戚窦武为官。

对皇甫嵩来说，这可是他人生的大好机会。因为当时的窦武是外戚大将军，太后窦氏的哥哥。

没想到皇甫嵩却拒绝了这个诱人的机会。他的理由是：“窦家无远谋，必招祸也。”

事情果如皇甫嵩所料。不久之后，外戚窦家便在与宦官的争斗中失败，宦官势力更借机大肆排除异己，逮捕与自己不同阵营的人。一时间，被逮捕的竟高达数千人。皇甫嵩因他独到的看人眼光，侥幸躲过了这场灾难。

这场株连甚广的冤狱，从公元 168 年一直持续到公元 176 年。东汉就这样在宦官和外戚不遗余力的折腾下，终于迎来了压垮它的最后一根稻草：公元 184 年爆发的黄巾起义。

起义爆发初期，东汉王朝的中央军受腐败所累，战斗力早已严重受损，完全不是起义军的对手，被打得根本找不着北。

此时的皇甫嵩，官居北地郡（治所在今宁夏吴忠市境内）太守，处边境之远却也忧其君。他迅速向朝廷提出建议，希望拿出皇宫里的钱财和供皇帝游玩打猎的良马赠给军士，以提升士气和军力。

惶恐不安的汉灵帝早已没了主张，只好悉数采纳。而且还任命皇甫嵩为中郎将，要其率领手中的四万东汉铁骑，镇压起义军。

皇甫嵩手中的部队，是东汉北方边境的驻军，常年和鲜卑的骑兵作战，战斗力比较强，远非东汉内地军队可比。皇甫嵩大显身手的时刻，由此开始。

不过，不经历风雨，确实很难见到彩虹。皇甫嵩刚一上任，就劈头盖脸挨了一闷棍。最郁闷的是，这当头一棒居然是自己人打的。

公元 184 年农历八月，皇甫嵩抵达颍川（今河南禹州一带），受命镇压在当地活动的黄巾军。当时这股黄巾军连战连捷，甚至已经兵逼洛阳。皇甫嵩的任务，就是消灭他们，解除京都的威胁。

但皇甫嵩千里奔驰到这里，还正喘着大气呢，饭也来不及吃，斜刺里忽然冲出几大股穿着同样衣服的散兵游勇，瞬间就将皇甫嵩的部队冲得七零八碎。

原来这些乱兵是前方被打散的东汉中央军，他们在黄巾军的追击下，只恨爹妈少生了两条腿，哪管是不是大水冲了龙王庙。皇甫嵩眼见局势失控，只好招呼近旁的人退守到长社地区（今河南长葛县东北）。一点数，他带来的四万精锐，还没正式开打就只剩下了千余人，而随即赶来包围的黄巾军长波部，却有数万人。

危急之下，皇甫嵩倒也颇有大将风度，一点没有惊慌失态。他先是发表了一番慷慨激昂的战前动员，以勉励士卒，尔后更是身先士卒，冲在第一线。

白天的战斗中，他们拼死顶住了黄巾军对长社城的攻击。夜晚来临后，皇甫嵩看出了黄巾军的致命弱点——依草结营。换句话说，就是消防安全存在致命之处，所以说自古以来防火防盗很重要。

皇甫嵩当即笑着对部下说道："兵有奇变，不在众寡。现在贼人依草结营，容易因风起火。如果我们乘黑夜放一把火，他们一定惊恐万状，四处乱窜。到时候我们再冲杀出去，这事就成了。"

天遂人愿，当晚果然大风骤起。皇甫嵩命令将士们扎好火把、悄悄登上城墙，他先派一部分精锐士兵潜出城外，利用黄巾军营帐周围的杂草，一边纵火一边大呼小叫，然后城上点燃火把，与之呼应。皇甫嵩则借此声势，率领剩下的人马倾巢而出，直扑黄巾军营帐。

其实遭遇火攻并不是最可怕的，毕竟当时黄巾军的人数远远多于官军，但这群由农民临时组织起来的部队毫无战斗经验，一见火起便惊慌失色，犹如一群无头苍蝇到处乱窜，基本丧失了还手之力。

就在皇甫嵩杀得性起的时候，东汉的援军也已赶到。两帮人马合力，很快就将黄巾军长波部数万人马杀得片甲不留。

因为这场以少胜多的战役，皇甫嵩被朝廷封为都乡侯，而在这场战斗的关键时刻赶来，与皇甫嵩并肩作战歼灭敌军的，就是后来大名鼎鼎的曹操。

长社之战胜利后，皇甫嵩马不停蹄，开始了他镇压黄巾起义的一连串战斗。他擅长高速骑兵作战，在平原地区，经常在敌军还未准备就绪的情况下发动突然袭击，一举击败敌人。

此后数月间，皇甫嵩转战河南、河北、陕西各地，带给黄巾军一个又一个的噩梦。特别是在这年十一月的下曲阳（今河北晋州西）之战中，他采取主动出击的策略，趁黄巾军列阵尚未完成之时发动骑兵突袭，一举斩杀主将张宝，随后发动总攻，农民军将士共伤亡十一万人之多。

在此之前的农历九月，张角已经不幸病逝。而张梁则在农历十月的广宗之战中为皇甫嵩所杀，其部下近十万人也或死或降。

张宝一死，便宣告了黄巾军的主力基本消失殆尽。虽然此后各地残留的黄巾军仍然在不断战斗，但在朝廷的重兵围剿下，已掀不起什么波澜，最终归于失败。

至此，这场轰轰烈烈的，中国历史上第一次有计划、有准备、有纪律、有目标的农民起义，在历史的长河中缓缓落下了帷幕。

镇压起义有功的皇甫嵩自然受到了汉灵帝的嘉奖，被封为侯爵，一时风光无限。不过，皇甫嵩的使命并没有结束。在此后的多年里，他陆续参加了多次平叛战争，俨然成了东汉的救火队员。

随着一次又一次的胜利，皇甫嵩拥有了一支完全听命于自己的实力强大的军队。有人劝他，在这乱世干脆自立为王算了，为什么要在别人的手下讨饭吃？皇甫嵩想都没想就拒绝了。

不但如此，每次战斗胜利后，皇甫嵩还主动交出兵权，以避免朝廷的猜忌，而一旦朝廷有了危难，就算自己从前受到了不公正的待遇，他也甘当一块砖，哪里需要就往哪里搬，并且表现得无怨无悔。

所以有人说，东汉这艘千疮百孔的巨轮，正是有了皇甫嵩的存在，才在摇摇晃晃中又支撑了数十年，而没有沉沦在黄巾起义的巨浪里。

不过，正所谓“成也萧何，败也萧何”，对朝廷死心塌地的皇甫嵩，却也因为自己的愚忠，干了一件特别蠢的事，直接把东汉王朝推上了万劫不复的边缘。

皇甫嵩干的蠢事是：拒杀董卓。

引狼入室累自身

皇甫嵩在拯救东汉王朝的同时，又堪称东汉王朝的“罪人”……

东汉中平五年（公元188年）十一月，黄巾起义的余波尚未完全平息，河西走廊摁下葫芦又起瓢，凉州（治所在今甘肃武威县，辖境相当于今甘肃、宁夏以及青海、陕西的一部分，又称西凉）人王国聚众叛乱，竟然一路杀到陈仓（今陕西宝鸡）。

一旦陈仓沦陷，中原大地就无险可守，危急之下，汉灵帝赶紧起用已赋闲在家的皇甫嵩前去平叛。不知是否因为对皇甫嵩不太放心，汉灵帝又派董卓为副帅参与指挥。

董卓，字仲颖，临洮（今甘肃岷县）人。成长于凉州，年轻时因行侠仗义，深受当地羌人敬重，与当地羌人的首领也颇有交情。据说董卓武艺高强，力大无双，佩戴两副箭囊，骑马飞驰时还能左右开弓。这样的人在古代冷兵器时代自然是一把好手，果不其然，董卓成年后从军，很快就凭借军功节节高升。待与皇甫嵩共同出征平叛时，董卓已为斄（tái）乡侯，并以前将军的身份做皇甫嵩的副手。而主帅皇甫嵩此时的身份是左将军，二人在军中的级别实际上没有区别。

俗话说“一山难容二虎”，果然在制定作战方略时，二人产生了分歧。

董卓认为“兵贵神速”，应该火速进兵；皇甫嵩坚决反对，他认为陈仓城池坚固，完全可以防守，作为拖疲叛军的手段。

局势的发展果如皇甫嵩所料，叛军久攻陈仓不下，随后不得不撤退。皇甫嵩随即率军追杀，一举全歼一万多叛军。

董卓见皇甫嵩用兵比自己高明，向来自负的他脸上有些挂不住，对皇甫嵩很是不爽。

皇甫嵩倒也没在意，不过有人却坐不住了。

汉灵帝刘宏本来就是个脑子不太灵光的人，做事随心所欲，完全不按常理出牌。叛乱被平定后，他突然对董卓下了狠手，先是假惺惺地任命其为并州牧（治所在今山西太原西南，辖境相当于今山西、内蒙古、河北、陕西的部分地区），然后要求他交出军权，把部队交给皇甫嵩统领。

汉灵帝明升暗降的阴招自然瞒不过董卓，加之戎马一生，董卓比谁都明白军权的重要性，因此死攥着军队不撒手。董卓的说法是士兵与自己相处日久难舍难分，自己除了能带兵打仗外，一无谋、二无才，帮不了别的忙，只好愧对皇上。

这当然是鬼话。实际情况，是董卓早就看出东汉王朝行将就木，因此要拥兵自重，以观时变。

到了这个时候，谁都看得出来，董卓其实已经怀有贰心，就连皇甫嵩的侄儿皇甫郦（lì）也看出了这点。他认为，这时期皇甫嵩的军力远强于董卓，如果想除掉董卓，不管是明刀明枪的干仗，还是背地里搞暗杀，把握都很大。因此，皇甫郦劝说叔叔动手。

令人遗憾的是，聪明一世糊涂一时的皇甫嵩，在明知董卓奸诈的情况下，却选择了直接向朝廷揭发董卓不交兵的恶行。

可惜，此时的东汉已经气若游丝，汉灵帝本人也病入膏肓，揭发能有什么用？最后的结果，只是董卓被“申斥”了一顿而已，他不但保留了军队，还白捡了一个并州牧的官位。

并州牧也就是并州的州牧。州牧亦即一州的军政长官。按东汉的制度，郡管县，州管郡。州官有刺史，也有州牧。刺史从理论上讲只是监察官，州牧却集军政、行政、财政之权于一身，既是封疆大吏，也是事实上的一方诸侯。

可以说，董卓是因祸得福，实力更上一层楼。

而皇甫嵩的“心太软”，很快结出了恶果。

几个月后，病重的汉灵帝不治身亡。多年前，汉灵帝曾立何皇后之子刘辩为太子。刘辩长大后，行事作风很有乃父之风，都说臭味相投，没想到汉灵帝却不喜欢这个完全继承了自己基因的儿子，几次三番欲废掉刘辩，另立王美人之子刘协。但因何皇后之兄何进，时任大将军，手握重兵，权倾朝野，汉灵帝因之悬而不决。

到了临终之际，汉灵帝更无力改变现状，只好将刘协托付给宦官蹇硕，希望蹇硕能保护好自己这个心爱的儿子。

蹇硕当时担任上军校尉，向来对大将军何进的霸道作风（实则是不够尊重自己）颇有微辞。他接受遗诏后，便图谋诛杀何进，拥立刘协。

汉灵帝死后，何进进宫参与处理后事，蹇硕决定趁此机会下手。没想到蹇硕手下一个叫潘隐的人是何进的老朋友，他待何进刚一进宫便给他使了个眼色，狡猾的何进见势不妙，转身退出宫门，骑马飞奔逃回大将军府，然后拥兵自卫，称病不朝。

蹇硕诛杀何进的阴谋未能得逞，只得按惯例让十三岁的太子刘辩即位，是为汉少帝。

汉少帝君临天下，但因年少，实权掌握在临朝称制的母亲何太后和母舅大将军何进手中。九岁的刘协被封为渤海王，后又改封为陈留王。

何进知道天下人都憎恶宦官，又恨蹇硕曾算计他，便想铲除这帮人。太傅（皇帝的老师）袁隗（wěi）的侄儿袁绍，时任中军校尉，也对太监们的作为早就看不惯，便通过可靠之人给何进带话："这些宦官执掌大权已经天长日久，干尽了坏事，将军应该另择贤良，整顿国家，为民除害。"

袁绍的话可谓说到了何进的心窝里，他们结成了同盟。

这边蹇硕也知道自己的日子不好过，便与其他宦官商议说："何进及其族人秉持国政，现在又要来谋害我们。大家如果想保命，就得先下手为强，剁了何进这家伙，以绝后患。"

生死关头，宦官们自然随声附和，表示愿意唯蹇硕马首是瞻。

然而身边人有时又是最危险的人。

宦官郭胜跟何进是宛城（今河南南阳）老乡，何进的妹妹入宫做皇后就是走了他的门路，所以郭胜与何家人关系很好。郭胜见蹇硕想要除掉自己的大靠山，就悄悄把这事告诉了何进。

何进本就是个爆脾气，二话不说就带着大军进入皇宫，捕杀了蹇硕。

见蹇硕被杀，被宦官欺负了几十年的朝臣们大喜过望，纷纷希望何进彻底灭掉包括"十常侍"在内的宦官集团。袁绍也劝何进说："将军您手握重兵，应该趁此机会把宦官们全部除掉！"

人的性格有时真矛盾。何进明明是个火爆脾气的人，然而面临大事却又迟疑不决。他虽然知晓民心所向，也觉得袁绍的话在理，但仍然无法决断，便将此事告知了何太后。

何太后性格倔强，嫉妒心也很强，所以后宫中的嫔妃、宫女都敬而远之，很少有人愿意亲近他。这使得何太后备感孤独，连个说知心话的人都找不到，只好与太监们打成一片，俨然成了“闺蜜”。这样一来，何太后自然不愿自己的哥哥对宦官们下手。

何进见无法得到太后的支持，心里当时就“咯噔”了一下。他又仔细盘算了一番，心想，撇开太后单干吧，恐怕自己的实力还不够，可要是放过了这帮混蛋吧，自己心里又难受……

在两难的境地下，何进无招可使，每天长吁短叹。

这时，袁绍又给他出主意说：“那就召集四方的州牧带兵来到京师吧，靠他们的力量杀光宦官，那时太后也没什么话好说。”

何进一听，认为这是个绝妙的主意，当即采纳。

著名文学家、“建安七子”之一的陈琳当时是何进的主簿（相当于秘书），知道这件事后，阻止何进说：“现在将军手握重兵，位列三公，真要杀那么几个宦官，跟杀只鸡也没什么两样。但如果请外兵来助，那就是引狼入室，不但累及自身，还会使天下大乱。”

何进虽然敬重陈琳的学问，但觉得知识分子不免迂腐，前怕狼后怕虎，能干成什么大事？因而没把陈琳的忠告当回事，旋即下令征调董卓等实力派军阀进京。

何进调兵入京的消息很快传到了宦官们的耳朵里，以张让为首的“十常侍”商量说：“再不动手，咱们全完了。”于是张让先在皇宫里埋伏下几十个武士，然后假传何太后的旨令，召何进进宫。

见妹妹相邀，何进以后又有什么好事等着自己，兴冲冲地哼着曲儿就来了。他做梦也想不到，嘴边吹出的美妙歌声却是自己的招魂曲。

刚一进宫，何进就被武士扑倒在地，张让随即走出来指着何进的鼻子大骂道：“现在天下大乱，你却把罪过推到我们宦官的身上！你也不想想，当年先帝和你妹妹吵架，差点就要废了她的皇后位，还不是我们这帮人哭得鼻子不是鼻子，脸不是脸，各出家财千万取悦皇上，你们何家才有了今天的地位。现在你居然想把我们满门抄斩，你还算是个人吗？还有，你一天到晚说什么内宫污秽，可你们公卿大夫又有几个是干净清廉的，你自个儿心里没数吗？”

张让越说越气，说着说着剧烈咳嗽起来。旁边的宦官渠穆见了，觉得多说无益，也不等何进辩解，拔出宝剑就把他砍成了两半。随后，宦官们把何进的人头从宫门中扔出，一边扔一边高喊着：“何进谋反，已经被处死了。”

宫门外随何进前来的部将吴匡、张璋一看主子被杀，立刻带着兵马把宫门团团围住。宦官们也赶紧关闭宫门，凭借高墙深宫与何进的军队对峙。

当晚，闻讯赶来的袁绍及其兄弟袁术与吴匡等人合兵一处，先是用大火烧开了宫门，然后冲入内宫，见到宦官就杀。有不少人因为没长胡子被当作宦官杀掉，包括张让、赵忠等“十常侍”在内，前前后后共有两千多人死在了这场宫廷政变之中。

动乱发生后，汉少帝刘辩在陈留王刘协和一位侍从的陪伴下，借着月光慌慌张张地逃出宫，后来他们租用了一辆老百姓的牛车，辗转逃到了北芒镇（今河南洛阳北部）。三天后，陆续逃出来的公卿大臣赶来与之会合。

洛阳城内政变发生前夕，董卓已率军进驻到了洛阳城西的夕阳亭。当皇宫城门的熊熊大火燃起时，董卓立即命令部队火速开拔。事有凑巧，董军行进到北芒镇即与逃难的小皇帝和护驾的群臣狭路相逢。

少不更事的小皇帝看见董卓突然率大军围住自己，又见董卓长得一副凶神恶煞样，吓得“哇”的一声就哭了。

群臣也大喝一声：“皇上有诏，董卓退兵！”

董卓却嗤之以鼻：“诸公身为国家栋梁，不能匡正王室、安定社稷，害得皇上流离失所，有什么资格说退兵？”

大臣们面面相觑，没有一个人答话。

董卓也不管他们，打马上前，向皇帝请安，询问情况。

可怜的小皇帝，仍然沉浸在恐惧中，结结巴巴地连话也说不利落。倒是陈留王刘协，年纪虽比皇帝还小，却一点儿也不怕，一五一十地对答如流。

据说，董卓当场就对刘协表现出了好感，他伸出双手对他说：“小王爷，我是董卓。来来来，让我抱抱，骑我的马回宫去。”

刘协却谢绝了，与董卓并马而行。

一行人进得洛阳城。

原本阴雨连绵的天气仍然阴沉，一如此时京城的政治氛围。

一朝权在手，便把孽来作

大权独揽的董卓，凶神恶煞般地举起了他手中明晃晃的刀……

董卓护送汉少帝入京后，立即暴露出了自己的本来面目，那便是大权独揽。

不过，此时的董卓有个“硬伤”——他的人马只有不过三千步骑，仅仅是城中的袁绍、袁术统领的禁卫军的十分之一，实在是少得可怜。

怎么办?

董卓认为可以“忽悠”一下。

他的办法是，每当夜深人静时，便把人马偷偷带出城去，到了第二天清晨，再明目张胆、大张旗鼓地让这支人马开进城来。这样反复数次进出之后，洛阳城内的军民也搞不清董卓到底调来了多少兵马。有的说五万，有的说十万，还有的说四城门外都是西凉的兵马。

董卓的声势就这么造起来了。

俗话说：“水往低处流，人往高处走。”原本属于何进掌控的军队一见董卓如此强大，都纷纷投到董卓这边来。

董卓觉得还要继续拉拢人。不久，在他的威逼利诱下，名士蔡邕（yōng）投靠了过来。接着，董卓又收编了执金吾丁原的士卒，并把丁原手下的骁勇之将吕布收作义子。这样一来，董卓兵力强大，洛阳城完全在其控制之下了。

有了军队做支撑，董卓更加为所欲为，他决定来一个更大的动作，一举建立自己不可动摇的崇高地位。

这个动作就是换皇帝。

董卓召集文武百官，对他们说："我们这个皇帝不中用。我打算改立陈留王为帝，大家应该都没什么意见吧？"

还真有人反对，大臣卢植当即跳出来表示不同意。董卓气得差点砍了他，后在蔡邕等人的劝阻下，方才作罢。

另一个反对的人是袁绍。

董卓虽然专横跋扈，头脑却也清醒。他见除了卢植外，别人虽没明确反对，却也没明确表态同意，因此觉得最好还是能有人支持，毕竟兹事体大，不容有失；而袁家四世三公，袁绍的叔叔袁隗又是当朝太傅，于是便把袁绍叫来商量。

没想到袁绍当场表示坚决反对。

这一下把董卓给气得差点儿炸了肺，他立即以手按剑骂道："臭小子！天下大事难道不是我说了算吗？老子要干的事，还有人敢反对？你以为董卓的刀不快，是不是？"

袁绍也不是吓大的，回答说："普天之下，难道只有董大人的刀快吗？"说完，也拔出刀来，横刀长揖而去。

说虽说得很有气势，但袁绍也知道鸡蛋终究碰不过石头，他当天就逃出京城，直奔冀州（辖地相当于今河北中部和南部、山东西部、河南北部）而去。

如此一来，朝中再无人敢反对。中平六年（公元 189 年）九月，董卓正式废汉少帝刘辩为弘农王，立陈留王刘协为帝，是为汉献帝。

拥立献帝之后，董卓自封为太尉，不久，又戴上相国、太师的桂冠，位居三公之上。

位极人臣的董卓享有三项特权：拜见皇帝时可以不报姓名，上朝时可以不小步快走，上殿时可以不脱鞋子、不解佩剑，叫“赞拜不名，入朝不趋，剑履上殿”。

这可是当年西汉初建时，高祖刘邦给予第一功臣萧何的待遇。

可惜董卓不是萧何，做事也完全不讲礼义和章法。一朝大权在握，他便纵容手下官兵闯入民宅，抢劫财物，强奸妇女，滥杀无辜，而且只杀富，不济贫。洛阳城内所有的豪门富户，都成了他刀下的猪羊。

董卓的倒行逆施使得洛阳城陷入一片混乱和白色恐怖中。朝中一些有见识的官员，都先后离开洛阳，另觅活路。

不久，各地讨伐董卓之声响起后，董卓担心废帝也就是弘农王刘辩活着，会给其他那些不同意拥立献帝的人留下一线复辟的希望，使他们讨伐自己师出有名，于是便用毒酒毒杀了年仅十八岁的刘辩。

做贼心虚的董卓觉得洛阳已不安全，就挟持汉献帝刘协迁都长安（今陕西西安）。到了长安后，董卓仍不改其嗜杀成性、疯狂掠夺的恶习，而且，他还在距长安两百多里处的郿县（今陕西眉县）修筑了一座称为“万岁坞”的高墙大院，挑选了一千多名美女陪住其中，积聚了无数的奇珍异宝，以及可供三十年食用的粮食，准备以此雄踞天下，终老一生。

董卓的一系列作为，引起了司徒（掌管教化的官员）王允的强烈反感。

王允认为，长此以往，国将不国，而且董卓的土匪本性根本就改不掉，跟他讲道理、谈礼法更是对牛弹琴，唯一的办法就是灭了他。可是考虑到董卓平时戒备森严，而且他本人武力过人，如果不采取周密措施，恐怕不易得手。于是，王允便物色了董卓的亲信吕布做内应。

吕布，字奉先，五原郡九原县（今内蒙古九原）人。年青勇猛，武力超群。若按小说《三国演义》的描述，当为汉末第一名将。

起初，董卓对吕布极为喜爱和信任，收他为义子，并提拔他担任骑都尉。后来，董卓又迁吕布为中郎将，封他为都亭侯。不过，吕布的真实身份其实是董卓的私人保镖，贴身侍卫。不管董卓走到哪里，他都形影不离，负责保护董卓的生命安全。

但董卓又并不把吕布真正当回事。

一次，吕布不小心得罪了董卓，董卓大怒，随手抽出刀戟向吕布掷去，幸亏吕布眼疾手快，才得以幸免。虽然吕布当时并没有说什么，但从此对董卓心怀仇恨。后来，吕布又与董卓的婢女私通，因怕被董卓发现，心中十分不安。

饶是如此，当王允把诛杀董卓的计划告诉吕布，并要求他充当内应后，起初吕布也没同意，他说："我和他情同父子，怎能做这种事！"

王允开导说："你姓吕，他姓董，又不是骨肉亲情。况且董卓现在是人人得而诛之的国贼，你难道还认他作父亲吗？何况他向你掷刀戟的时候，有把你当儿子看吗？"

一席话说到了吕布的伤心处，吕布最终答应了王允。

一切准备就绪。

一天，正逢汉献帝大病初愈，朝中文武大臣都集会于未央殿，恭贺天子龙体康复。吕布借此机会，事先安排李肃等手下带领十几名亲兵，换上卫士的装束隐蔽在宫殿侧门的两边。董卓刚进侧门，便遭到李肃等人的突袭。董卓大骇，慌忙向吕布呼救。吕布则正襟危坐，大声呵斥道："我们是奉诏讨杀乱臣贼子，你死有余辜！"绝望中的董卓虽然奋力反抗，但已无济于事，当场被杀，并株连三族。

董卓之死，大快人心。人们载歌载舞，高呼万岁。长安城中一片欢呼雀跃、饮酒相庆之声。

这是发生于初平三年（公元 192 年）的事。吃够了董卓擅权之苦的汉献帝刘协以为好日子就要来了，然而他没想到的是，走了一个恶魔，又来了一个凶煞。

这个凶煞，姓曹名操，字孟德。

刘氏的辉煌已经一去不复返了。

第二章

魏武挥鞭风头健

出身决定不了人生

出生于宦官家庭的曹操，最后终成大事。所以，出生不如意，不代表人生就不如意……

在王允诛杀董卓之前，扯起反对董卓大旗的，是“关东义军”。其成员主要有东郡太守桥瑁（mào）、兖州刺史刘岱、河内太守王匡、陈留太守张邈、山阳太守袁遗、济北相鲍信、冀州牧韩馥、豫州刺史孔伷（zhòu）、后将军袁术，盟主则是渤海太守袁绍。

袁绍当初逃出京城后，董卓原本要派人追杀，然而当朝名士周毖等人劝阻说，袁绍只是不懂事罢了，也没有什么大能耐。与其逼他狗急跳墙，反过来咬你一口，还不如让他感恩戴德，将来好为己所用。董卓信以为真，便任命袁绍为渤海太守。

然而，由袁绍等人组成的所谓“关东义军”，名为讨国贼，实为抢地盘。大家都各怀鬼胎，没有一个真心救国。

结果呢？董卓还在吃香的喝辣的，“关东义军”已开始火拼。先是兖州刺史刘岱杀了东郡太守桥瑁，后是渤海太守袁绍干掉了冀州牧韩馥，然后再是袁绍和袁术互相拆台。袁术的做法，是和北方的公孙瓒联合起来钳制袁绍；袁绍的办法，则是与南方的刘表合作对付袁术。双方都使用了远交近攻的策略，而他们居然还是一母同胞的亲兄弟。

这一下，使原本就动荡不安的汉朝变得更加动荡。

眼见国难当头，民不聊生，而那帮家伙却还在鹬蚌相争，有个人实在看不下去，决定站出来，以一己之力，高举义旗，讨伐董卓，匡复汉室。

这个人，就是曹操。

说起来，曹操其实是最早起兵讨伐董卓的人，早在中平六年十二月，也就是董卓废立皇帝之后三个月，曹操便已在己吾（今河南宁陵）拉起五千人马开始反董。然而，“关东义军”成立后，居然没有他的一席地位。

这并不奇怪，要怪只怪曹操出身不好。

曹操，字孟德，小名阿瞒，沛国谯县（今安徽亳州）人。曹操的祖父曹腾，是东汉末年宦官集团中的一员。父亲曹嵩，是曹腾的养子。

出生于这样一个时人最憎恶和蔑视的宦官家庭，加之少年时代的曹操不好读书却喜欢飞鹰走狗、围猎比武，因此一般的士大夫没把他看在眼里。但曹操从小机警，颇有权术，亦非一般孩子可比。

一则流传已久的故事说，曹操十岁时，独自在河中游泳，突然间有条蛟龙向他逼来。曹操不仅没有惊退，反而奋力进击，最后蛟龙无隙可乘，只得悄悄地游走了。曹操事后没对任何人提起这事。后来有人看见一条大蛇，吓得往后狂奔，曹操见了，不由得笑道：“我碰上蛟龙都没有害怕，你这个人看见一条蛇怎么就怕成这个样子呢？”众人听了，赶忙连声追问，方才得知底细，无不对曹操的勇敢感到惊异。

这样的故事当然是胡扯，更大的可能，是曹操得势以后，为了让自己从小看起来就“与众不同”，从而编造了这样一件“壮举”。

其实小时候的曹操劣迹斑斑。

比如，因为曹操从小行为放荡，其叔父曹褒很是看不惯，屡屡在曹嵩面前数落曹操。曹操得知后，又怕又恨，就想报复叔父。

一天，他远远瞅见叔父走来，便故意把嘴歪到一边，脸扭曲得十分难看。

曹褒问：“你怎么了？”

曹操答：“我刚才突然中风了。”

叔父当真，赶快去告诉曹嵩。曹嵩听了，吃惊不小，忙叫人去喊曹操，见曹操站到他面前并无异样，就狐疑地问：“叔叔说你中风了，好了吗？”

曹操委屈地说：“我何曾中风，只因叔叔不喜欢我，就这么诬告我。”

以后曹褒再告曹操的状，其父一律不听，曹操也就更加自由自在了。

不过，青少年时代的曹操虽然调皮捣蛋，但志存高远。据说他有感于宦官弄权，朝廷衰弱，国家将乱，便在一次登上华山时，感慨地写下了“不戚年往，忧世不治。存亡有命，虑之为蚩”这样的诗句，表现了其匡扶汉室的满腔热情和治世济民的宏伟誓愿。

为了实现自己的政治抱负，稍大后的曹操加紧习武健身，同时博览群书以丰富自己的学识才干。史书记载，他最喜欢研究的是兵法书，还曾在广泛涉猎各种军事著作后，编成了《兵书接要》一书。

二十岁那年，曹操被任命为管理洛阳北城区治安的官员，虽然官不大，但他做得很认真，一上任就命令部下特制了几十根五色大棒悬挂在府门前，并发出命令：如果有人犯法，无论地位多高，都要用五色大棒伺候。

当时正是蹇硕掌权时，其叔父仰仗他的势力在洛阳城里横行霸道，没人敢管。有一次，这位叔父在曹操管辖的地区闹事，触犯了曹操的禁令，曹操不由分说，命人把他抓了起来。

蹇硕的叔父大喊大叫，说要告诉自己的侄子……话没说完，已被按倒在地，五色大棒雨点般落到他的屁股上，这个罪大恶极的家伙也真禁不住打，没多一会儿居然被打死了。

当地百姓听说曹操打死了蹇硕的叔父，都拍手称快，夸他是一个铁面无私的好官。

然而曹操也因此得罪了蹇硕，被调离京城洛阳，去前线攻打黄巾军。在战场上，曹操立了功，升了官，又被调回了洛阳。这时，在朝中掌权的正是董卓，董卓看曹操很有能力，就想拉拢他，任命他为骁骑校尉，好让他为自己卖命。

然而董卓生性残暴，滥杀无辜，这让曹操觉得不除此人，国无宁日，因此逃离洛阳，来到了陈留（今河南开封陈留镇）。在同族兄弟曹洪和夏侯惇等人的帮助下，曹操组建了一只五千人的军队，由他亲自统领操练，准备讨伐董卓。

不过，曹操虽然率先扯起了义旗，喊出了讨董的口号，但自己有几斤几两，他自个儿还是清楚的，因此并没有贸然进攻董卓。

不久，“关东义军”成立，曹操也加入了进来。可惜由于前述出身之故，加之只有区区五千人马，微不足道，曹操并没有从中谋得一官半职，后来好不容易挣了一个奋武将军的头衔，还是袁绍看其可怜，赏的，而且还只是代理。

相比曹操，袁绍可就不一样了。

袁绍，字本初，汝南郡汝阳县（今河南商水）人。袁绍出身汉末名门“汝南袁氏”，自高祖父起，四代有五人位居三公。袁绍早年任中军校尉、司隶校尉（监督京师和京城周边地方的监察官），曾指挥诛杀宦官。这样的出身和人生经历自然使他成为“关东义军”盟主的不二人选。

然而，袁绍领导下的“关东义军”实在令人不敢恭维。

应当说，在“关东义军”组建之初，曹操对这个集团是抱有很大的希望，因此一而再、再而三地催促他们出兵。曹操甚至不惜以身作则，亲自率领小部队与董卓军作战，差一点就战死沙场，幸亏堂弟曹洪把马让给他，这才得以脱身。

然而怎么样呢？

一天，曹操回到“关东义军”所在的酸枣大营，却只见关东军十几万人，日日酒会夜夜笙歌。曹操悲愤地说：“我等以道义起兵，却迟疑不敢前进。如此失天下之望，我为诸君感到羞耻！”

没有一个人听见曹操在说什么，没时间听，也不愿意听。

当然，也没人感到羞耻。

此时的盟主袁绍在忙什么呢？原来他在跟诸侯商量另立皇帝，选中的人是幽州牧刘虞。这就跟董卓没什么两样了，因此被曹操严词拒绝。曹操说：“董卓之罪，世人尽知；皇上微弱，正待救援。诸位跟我既然‘道不同不相为谋’，那就各干各事吧！”

消息传到刘虞处，刘虞也拒不答应，袁绍这才作罢。

“关东义军”首领之一的济北相鲍信对曹操说，袁绍简直无异于另一个董卓。既然力不能制，那就避其锋芒，另谋发展吧。

鲍信的话与曹操的心思不谋而合。曹操终于明白，靠山山会倒，靠人人会跑，只有自己强大，才能实现理想。因此，他决定先把自己变大变强，然后再来收拾山河。

于是，曹操开始了另一番谋划……

要想成功，先练“内功”

先强大自己，是取得事业成功的基础。曹操深谙此理……

王允杀掉董卓后，就在人们都以为从此天下就要太平时，王允却把自己变成了另一个董卓，他开始大开杀戒，株连无辜，甚至大学者蔡邕也被诛杀。据说，杀蔡邕时，反对者甚众。王允却说，当年汉武帝没杀司马迁，结果留下一部诽谤之书，现在岂能让历史的悲剧重演?

结果是逼得董卓的旧部将李傕（jué）、郭汜（sì）等铤而走险，杀回长安。他们诛王允，攻吕布，致使关中也陷入战乱。是时，东汉的州牧郡守们失去了董卓这个目标后，各据一方，形成了事实上的群雄割据的局面。

初平三年（公元 192 年），黄巾起义失败后残留下的青州黄巾军死灰复燃，连破兖州郡县，斩杀兖州刺史刘岱。济北相鲍信等迎曹操任兖州牧。曹操和鲍信合军进攻青州黄巾军，结果鲍信战死，曹操则“设奇伏，昼夜会战”，终于将青州黄巾军击败，并获降卒三十余万。曹操收其精锐，组成了一支崭新的军队，号称“青州兵”。

初平四年（公元 193 年）秋，曹操进兵徐州（今山东郯城），向东南扩展势力。徐州牧陶谦往北而逃。不久，曹操军粮将尽，撤围回军。

次年夏，曹操因为其父曹嵩被徐州牧陶谦的手下杀害，想要报复。在攻下徐州之后，曹操下令对徐州百姓大肆屠杀，造成数十万人遇难，甚至连鸡犬也没剩下。史书记载，徐州的泗水因为尸体堆积得太多，都流不动了。从此，徐州几乎鲜有人迹。可以说，这是东汉历史上悲惨的一页，也是曹操永远不可原谅的恶行。

曹操部将陈宫对曹操的暴行严重不满，就联合陈留太守张邈等人反叛曹操，并迎吕布为兖州牧。一时之间，曹操的领地大为缩小，仅余鄄（juàn）城、范城（今山东范县）、东阿三座县城。

形势异常危急，曹操只得从徐州赶回，与吕布大战于濮阳。两军相持百余日，因蝗灾大起，双方忙于收割军粮，于是宣告停战。

兴平二年（公元 195 年）夏，曹操整军再战吕布，于巨野采用伏兵之计大破吕布军，吕布慌忙逃往他处。张邈眼见形势不妙，逃往雍丘（今河南省杞县）。曹操率兵围困雍丘，两月后，雍丘城被攻下，张邈逃往袁术处求救，反被袁术部下所杀。这样，兖州又回到了曹操手中。

自此，曹操从陈留起兵到复得兖州，经过六年的经营，终于有了一块属于自己的根据地。而其“青州兵”，经过不断地扩展，也颇具战斗力。

地盘有了，军队也有了，曹操初步具备了争锋天下的条件。

然而与此同时，一个严峻的问题又摆在了曹操面前，那就是军粮和军饷的筹集。袁绍等人的做法是“饥则寇略，饱则弃余”，也就是饿了就抢老百姓，饱了就把粮食乱扔。结果是什么呢？“无敌自破者不可胜数”，往往敌人还没有到来，就自个儿瓦解了。

如此难题，对曹操也是一个考验。

曹操的属官司马朗认为，由于天下大乱，人口锐减，而官府已掌握了大批无主荒地，应该恢复西周时的井田制。曹操认为这纯属无稽之谈，没有理他。谋士毛玠等人提出实行屯田制，曹操认为符合实际，予以采纳。

曹操的屯田分为军屯和民屯。军屯就是让军队自给自足、种田练兵，民屯则是把无主土地收归到官府，然后分配给农民耕种，收获的五至六成交公，余下的为己所有。

民屯的税赋虽然很高，但由于时值乱世，老百姓只要有口饭吃便很满足；而且农具、耕牛和土地等都由公家提供，因此民屯的推行获得了民众的大力支持，很快就解决了曹操的财政问题——显而易见的对比是，后来的官渡之战中，当袁绍的士兵在吃桑葚和河蚌充饥时，曹操的部队却丰衣足食。

屯田不单是解决了曹操的财政问题，还使得大片无主荒田得以开发利用，带动了水利灌溉的发展，促进了生产工具和耕作技术的进步，并最终使残破的北方经济得以逐渐恢复和发展。

“家有余粮心不慌”。屯田把大批农民固定在土地上，解决了他们的生计问题，也有利于社会的安定。

所以，无论从哪个角度来说，曹操的屯田都是一件功德无边的好事，值得“点赞”。

在屯田的同时，曹操还下达命令：任何人损坏了庄稼，都要严惩不贷。

史书记载，有一次曹操率兵出征，一只斑鸠从田地里突然飞起，掠过曹操的马头。战马受惊，长嘶一声，奔向路旁的庄稼地，马背上的曹操怎么拉缰绳都不管用，结果一大片庄稼被马踏倒了。

曹操立即跳下马，对执法的军官说：“我损坏了庄稼，请依法处罚我。”

军官毕恭毕敬地说：“您是军队的统帅，怎么能受处罚呢？”

曹操严厉地说：“我制定的军令，自己怎能不遵守呢？”说完就要拔剑自杀。左右见此情景，连忙拉住。

谋士郭嘉上前解围说：“连《春秋》都说法不加尊，您又统率大军，怎么可以自杀呢？”

曹操说：“死罪可免，活罪难逃。”说完用剑砍下自己的一缕头发，“我就先用断发代替我的头吧，等胜利归来再行处罚！”

这就是历史上著名的“割发代首”的故事。

有人说，这表现了曹操的以身作则和高风亮节；有人说，这表现了曹操的使奸耍滑和沽名钓誉……这里姑不讨论。

但应当指出的是，无论曹操的“割发代首”出于何种目的和考虑，总比那些触犯法律后大肆掩饰、拼命甩“锅”，甚至颠倒黑白、嫁祸于人的统治者强吧？

有了地盘有了兵，又有了粮，曹操神闲气定，踌躇满志。而这时的他，才不过四十二岁，正值壮年。

要想成功，先练内功。

内功已成，但还需要等一个合适的机会。

机会总是留给有准备的人，曹操已然准备了很久，而那机会也说来就来。

刚离虎口，又进狼窝

倒霉的皇帝原以为碰到了救星，谁知道无边的苦海在等着他……

董卓旧部李傕、郭汜杀死王允后，一直处于颠沛流离之中的汉献帝刘协仍然没有过上消停的日子——因为朝政又落到了李、郭二人手里。可怜的汉献帝真可谓刚离虎口，又进狼窝。

更糟糕的是，这两只同窝的狼也不消停，还要斗个你死我活。李傕把皇帝抢到了自己营里，郭汜则把百官抢到了自己军中。直到他们打得筋疲力尽、两败俱伤、死者数万之时，兴义将军杨奉和董太后的侄子董承等人，才得以护送汉献帝还都洛阳。

这已是建安元年（公元 196 年）七月，洛阳经董卓之乱，已是一片废墟。百官没有地方居住，也谈不上有什么薪水俸禄，雇佣仆人的事更是免谈。这些从前养尊处优的大人们只得自己出去找干果、水果和野生的五谷，然后自己砍树木、捆荒草，再背回家烧饭。

生活艰苦倒也罢了，更令人绝望的是，他们还要被韩暹（xiān）等人欺负。

韩暹初为黄巾起义军余部白波军将领，后受原白波军将领、已为东汉兴义将军的杨奉招纳，引军前来护卫汉献帝东归洛阳。因护驾有功，被刘协封为大将军兼司隶校尉。

就像许多一夜暴富的人总会欲望膨胀、恣意享受一样，韩暹突然身居高位，也立刻居功自傲、为所欲为起来。成天有事没事的，就拎个大斧头在朝堂上晃来晃去。

汉献帝刘协真是欲哭无泪。

董承是汉灵帝母亲董太后的侄子，也是献帝的岳父，他不甘心看到韩暹长期跋扈下去，就暗中派人请曹操来洛阳“保驾”。

曹操二话不说就答应下来。

其实对曹操来说，这正是他求之不得的事。

既然别人能挟持皇上，我曹操为何不能？何况早在初平三年，曹操的谋士毛玠（jiè）就向曹操提出了“奉天子以令不臣，修耕植，畜军资”的战略性建议，曹操深以为是，只是苦于没有机会。如今机会来了，岂能错过！

经过一番小波折后，曹操领兵于建安元年八月进入洛阳。看着破败不堪的首都，他不禁感慨万千。想当年自己在北城区任职时，那时的洛阳是多么的繁华，而如今却已满目疮痍。

曹操一边叹息，一边来到久违的皇宫，给皇帝送上了久违的粮食和肉。

令曹操没有想到的是，至尊天子的饮食起居竟然形同乞丐。汉献帝也没有想到，在这混乱的年头居然还有人惦记他，尊奉他。感动之余，他随即下诏：授予曹操符节和黄钺，录尚书事。授予符节，就有了军中执法权；授予黄钺，就有了内外指挥权；录尚书事，就有了最高行政权。

然而听起来很拉风，实际上跟没封没什么区别。因为这时的皇帝，明面上受制于韩暹，其实被捏在兴义将军杨奉手上。曹操要在别人的地盘上，依靠并没有权威的皇帝行使权力，跟大白天做美梦没什么区别。

曹操心里很不爽，就问计于自己的谋士董昭：“你看我现在过得跟孙子似的，该怎么办呢？”

董昭见曹操言词恳切，也就直言不讳地说：“将军兴义兵，除暴乱，朝见天子，辅助王室，功劳自然无人可比。可是这儿的文臣武将们都一肚子坏水，各人打着自己的算盘，根本不可能顾全大局，服从您的命令。将军要想实现自己的理想抱负，就只有迁都到许县（今河南许昌）去。”

见曹操很感兴趣，董昭接着说道：“但是呢，这几年来，朝廷流离失所，皇上和百官都已吃够了苦头。如今好不容易回到京都安定下来，您却要他们迁都，自然又少不了一番折腾，我估计反对者必然不会少。还望将军自己决断……”

曹操有些迟疑地说：“我就想这么干！可是杨奉近在梁县（今河南汝州），他的兵马多，不会为难我们吗？”

董昭摇摇头说：“杨奉此人爱好钱财，我们只要派人送一份厚礼给他，就可以和他结交。同时跟他说明，京都缺粮，要就食于鲁阳（今河南鲁山），而鲁阳距许县不过咫尺，暗度陈仓并不难。以杨奉的智商，必不会怀疑。即使以后他反悔，再出兵阻挠的话，将军已经把天子接到了许县，生米已煮成了熟饭，他又能怎么样？”

曹操大喜，立即依董昭之计而行，果然不费周折就把皇帝弄到了许县。

这下杨奉才发现自己上当受骗。他派了支部队去找曹操算账，曹操却派人抄了他的老巢。蠢笨的杨奉最终走投无路，只好投奔袁术，后来被刘备所杀。

打跑杨奉后，曹操马上动员所有的人力、物力，在很短的时间内于许县建造了一座宫殿，并迎奉汉献帝住了进去。此后，许县改称许昌，成了东汉的首都，又被称为许都。

终于有了一个属于自己的家了，汉献帝很高兴，也很感动。他以为自己有了一个保护神，可以过点安生日子了，于是下诏任命曹操为大将军，封武平侯。

大将军是汉武帝以来汉朝在军事上的最高实权职务，从卫青到王莽，再到后来的梁冀、何进，都是大将军。到了东汉末年，更是位列三公之上。

如此一来，曹操获得了前所未有的崇高地位，可谓位高权重。那么，他可以号令天下了吗？

曹操倒是做梦都想，但是还不能。

因为袁绍不同意。

要“面子”还是要“里子”

聪明的曹操赏了袁绍一个“面子”，自己却得到了实实在在的“里子”……

曹操当了大将军以后，汉献帝也没忘了袁绍，封其为太尉。然而袁绍马上就一蹦八丈高，恨得牙痒痒，因为太尉位在大将军之下。

袁绍气哼哼地说：“曹操以前有好几次差点连命都没了，还不是我救了他？如今这小子可倒好，挟天子发号施令，爬到我头上来了！”

这就是后世所谓“曹操挟天子以令诸侯”的起因。参看曹操后来的一系列作为，应当说，袁绍此言并非谣传。

不过曹操本人并不承认，就连他手下的人也不会承认。因为他们根本就没有说过这句话，而且也不会说这句话。

他们的说法是什么？

“奉天子以令不臣”，或“奉天子以令天下”，等等。

“挟”与“奉”，有区别吗？

不但有，而且区别大了去了。奉是尊奉和维护，挟是挟持和利用。“奉天子以令不臣”，或“奉天子以令天下”，是指尊奉皇上的命令，要求臣下和诸侯服从中央，维护皇帝这个核心。而“挟天子以令诸侯”，则是指挟制着皇帝，假借皇帝的名义对臣下和诸侯发号施令。显然，前者的目的是维护皇帝权威、政令畅通和国家统一，后者则是架空皇帝，然后再打着皇帝的旗号实现个人的政治野心。二者当然不可同日而语。

曹操和曹操集团的人之所以说“奉天子”而非“挟天子”，表明至少在那时，曹操还是重义的，或装作重义的样子。

那么，所谓“挟天子以令诸侯”，到底是谁说的呢?

除了袁绍有过类似的表达外，曹操的对手中还有人说过这样的话。比如诸葛亮，就在《出师表》中说曹操“挟天子而令诸侯”；孙权集团的人，也说曹操“挟天子而征四方”。

实际上，袁绍本是有机会抢先“挟天子以令诸侯的”。他手下一名叫沮授的谋士，早就劝他这么干了。但袁绍顾虑到有了献帝在身边，就不能遇事不请旨，“从之则权轻，违之则拒命”，反而行事不太方便。

袁绍认为不方便，曹操可就方便了。

迎奉献帝迁都许县以后，曹操得到了黄河以南的大片土地，关中地区的人民也纷纷归附。更重要的是，曹操成了匡扶汉室的英雄，留给国人的印象，是既忠且勇。如果有人要反对打着皇帝旗号的曹操，就要冒着反对皇帝，从而把自己置于不仁不义之地的风险。

袁绍就先吃了一个大苦头。

曹操刚把献帝迎到许县，就一本正经地以皇帝的名义给袁绍下了一道诏书，责备他“地广兵多”却不务正事，一天到晚“专自树党”，没有一点臣下的样子。

袁绍气得差点儿吐血，却也不能有别的动作，只能忍气吞声地上书为自己辩解一番。

心痛之余，袁绍想出了一个补救的办法。他以许昌过于潮湿而洛阳又过于残破为由，要求曹操把皇帝迁到离自己较近的鄄城，试图和曹操共享这张王牌。

曹操一想到袁绍的天真样，就忍不住哈哈大笑，笑得半天都直不起腰来。笑完之后，曹操知道这个时候还不能跟袁绍翻脸，便捂着笑疼了的肚子，拿出高姿态，做出了让步——将大将军的名位让给袁绍，还奏请皇上封他为邺侯，自己则降为行车骑将军（代理性质的车骑将军）。

袁绍做了大将军，总算有了面子，为了表示自己还是个有修养的人，就把邺侯的封号辞了。

那么，曹操吃亏了吗？

当然没有。

袁绍不闹腾了，底下的事就容易安排了。

不久，汉献帝加封曹操为司空（监督百官的官，东汉时期与太尉、司徒合称三公）。在曹操的建议下，汉献帝任命曹操的手下荀彧（yù）为侍中尚书令、荀攸为尚书兼军师、郭嘉为司空祭酒、满宠为许昌令、董昭为洛阳令、程昱为东平相，其余像曹洪、曹仁、夏侯渊、李典、乐进、典韦、于禁、徐晃等武将，也分别提升，各有封赏。

这么一来，满朝文武大多是曹操的人，朝廷大权就很自然地落在了他的手中。

而袁绍呢，因并不在朝廷中枢，号令也出不了辖区的范围，大将军一职不过是徒有虚名，典型的得了面子，失了里子。

更何况，曹操面子可以给，实权却不会给，更不会听他指挥。当朝名士孔融不知怎么得罪了袁绍，袁绍大怒，要求曹操找个理由把他杀了。

曹操其实也和孔融有过节，但他知道现在不是杀人的时候，更不能乱杀名士。何况就算要杀，那也得由曹操自己来决定，岂能接受你袁绍的指挥？

为此，曹操给袁绍写了一封信，一本正经地教训他说，当今天下大乱，正是由于君臣将相离心离德、互相猜疑所致。这时候，作为国家的股肱之臣，我们心里想的应该是怎样取信于人，而不是滥杀无辜。作为大将军，难道你连这点见识也没有吗？

袁绍气得咬牙切齿，却也无可奈何。

虽然几次三番搞得袁绍心里很不爽，但曹操却并没有真正开心起来。因为他很清楚，语言的批判并不能代替武器的批判，天下终归还是要靠铁马金戈打出来。而且目前的局势已经明朗，他和袁绍之间公开撕破脸是不可避免、近在眉睫的事。那么该怎么办呢？凭自己这点斤两是肯定不行的。

经过一番深思熟虑后，曹操做出了一个决策，那就是吃柿子拣软的捏，先搞定吕布、袁术、张绣这些小军阀，这样可以占有他们的地盘，壮大自己的实力，更重要的是，还可以彻底解除自己后方的威胁，从而腾出所有的力量与袁绍决战。

于是，此刻还不是魏武的曹操，又扬起了手中的马鞭。

解除后顾之忧

曹操并没有一开始就去找袁绍决战，因为还有几只拦路虎等着他去拔除……

建安二年（公元 197 年）正月，曹操率先征伐张绣。他本来是要先灭掉吕布的，可是计划没有变化快，他不得不改主意。

原因是张绣来到了宛城。宛城和许昌相距不到两百公里，这样的“邻居”曹操是不会喜欢的，换作谁也不会喜欢。因为张绣把兵屯在了曹操后方，对曹操来说，就等于芒刺在背。

不过这根刺也实在不禁拔。

曹操的大军刚推进到淯水（今河南白河），张绣和谋士贾诩一经商量，迅速达成了共识——投降。

看起来还挺顺风顺水的，然而事情很快出现了变化。

原来，曹操收降张绣后，不知怎么的，突然看上了张绣美丽的婶婶，并与之有染，这令张绣非常不满，认为自己受到了侮辱。不但如此，曹操还打起了拉拢张绣心腹胡车儿的念头。胡车儿可不是普通人物，按照《三国志》的说法，此人勇冠其军，难有对手。曹操的这一举动，不能不让张绣猜疑：这是要夺我权，还是要杀掉我？董卓怎么死的？不就是被手下大将吕布干掉的吗？

张绣一下子起了警惕心。

素有谋略的贾诩看到曹操的这番操作后，第一感觉就是，曹操不但欺负人，还想借刀杀人。心想，既如此，与其坐以待毙，不如主动出击。于是，贾诩将自己的想法告诉了张绣。

本就对曹操的动机高度怀疑的张绣更加坚定了自己的想法，于是立刻起兵反叛，在曹操猝不及防的情况下给了他狠命一击。曹操的长子曹昂、侄子曹安民和猛将典韦死于乱军之中，就连曹操自己也中了箭，差一点见了阎王。

不过，张绣后来还是彻底投降了曹操。当时正处于官渡之战前夕，袁绍和曹操分别派人来招降张绣，贾诩建议还是投降曹操为好。

张绣很不解，问道："袁强曹弱，而且曹操之前跟我们有仇，怎么反而要投靠他?

贾诩说："正因如此，我们才要投靠他。"

接着，贾诩列举了几条理由。其一，曹操无论是"奉天子"还是"挟天子"，总归天子跟他在一起，投靠他名正言顺，也不丢人。其二，我们这点可怜的人马，在袁绍那里还不够塞牙缝，大不了算是锦上添花，但对曹操来说却是雪中送炭，曹操一定对我们另眼相看。其三，干大事者岂能斤斤计较于鸡毛蒜皮的个人恩怨?所以曹操不但不会治我们的罪，反而会拿我们做榜样，以此向天下人昭示他的胸怀和肚量。所以，投降曹操不但是笔安全的生意，而且还能盈利。

贾诩确实就像曹操肚子里的蛔虫，把曹操看得非常透彻。当张绣再次略显尴尬地抵达曹营投降时，曹操就像什么事也没有发生过似的，亲亲热热地握手言欢、设宴洗尘，不但任命张绣为扬武将军，封列侯，还和他成了儿女亲家。贾诩也没有受到亏待，后来成了曹操身边一个重要的谋臣，一直活了七十七岁才善终。

相比张绣，吕布和袁术就没那么走运了。

有一句话叫"不作就不会死"，袁术纯粹是自己搞死了自己。因为他很幸运地从孙坚手里得到了大汉王朝的传国玉玺，便自认为天命在身，竟在建安二年春冒天下之大不韪，公然称帝。

这当然触犯了众怒，结果不但自己的同盟者和朋友都与自己绝交，还遭到了打着皇帝名号的曹操的征讨。就连袁术的很多手下，也认为其此举大逆不道，纷纷转投他人。

苦苦支撑了两年后，走投无路的袁术在离寿春（今安徽寿县）八十里的江亭一病不起，最后连一口蜂蜜水都喝不上，一气之下吐血而亡。

吕布则是在之前半年被曹操解决掉的。因为讨伐袁术需要经过吕布的防区，所以曹操得先解决这个麻烦。

曹操一开始并没有强攻吕布所在的下邳城（今江苏省徐州市睢宁县古邳镇），而是写了一封恐吓信给吕布。信的中心意思只有一句话：要么投降，要么死。

吕布决定用实际行动证明自己是被吓大的——他想投降。遗憾的是，他的首席谋士陈宫不答应，因为陈宫深知自己不是张绣，曹操对他当年的反叛行为痛恨在心，投降就是找死。

问题是，不投降怎么办？

陈宫告诉吕布说，他有的是办法。

陈宫的办法是，绝不能跟曹操死磕。他看到了曹操的弱点，劳师远征不利于久战，只要自己死守城池，吕布率领骑兵驻守城外，再伺机切断曹操粮道，过不了十天半月，曹操军粮耗尽，只能退兵。应当说，这是当时唯一可以解救吕布的办法。然而这时，一个女人登场了，这个女人就是吕布的老婆（不是貂蝉，那是《三国演义》的虚构）。

本来吕布已经同意了陈宫的意见，可是他老婆一通枕边风给他带来了地狱般的阴冷。老婆的意见是，知人知面不知心，你对陈宫完全了解吗？你给陈宫的工资福利有曹操给的多吗？你能断定他一定死心塌地效忠你吗？

夫人的一番枕边风，终于在错误的时间、错误的地点把吕布吹进了地狱。

吕布拒绝了陈宫的建议，决定全军退守城内，再向袁术求救，结果被曹军团团围住。

由于此前吕布和袁术约定，将自己的女儿嫁与袁术之子为妻，因此吕布把女儿绑在马上，决定带一千来人乘夜突围，去往袁术处求援，结果被曹军乱箭射回。

战斗暂时进入了胶着状态。

曹操知道久拖不利，便在谋士荀攸、郭嘉等人的建议下，引沂水、泗水（二水于下邳城西合流）漫灌下邳城。

两条大河波浪宽、水流急，整整把下邳城淹了一个多月。吕布受不了了，亲自向曹军弟兄们喊话："你们不要再淹我了，我向曹公投降还不行吗？"

陈宫说："不行！曹操只不过是个逆贼，算什么明公？！如果现在投降，就等于用鸡蛋碰石头，怎么可能活？"

吕布没招了，只能继续负隅顽抗。

曹操生气了，继续放水漫灌。

不久之后，吕布被五花大绑送到了曹操面前。他当然不是主动负荆请罪，而是被无法忍受大水的手下绑来作为投降曹操的见面礼。可怜一代枭雄，在小说《三国演义》中被描绘为武功天下第一的吕布，很快就成了曹操的刀下鬼。

至此，曹操降张绣，灭袁术、吕布后，占据了兖州、徐州、豫州（今河南）和长安、洛阳等地区，势力范围进一步扩大，实力有了更大的提升。

袁绍也没闲着。在此前后，他灭掉了公孙瓒，基本统一了除辽东半岛外的北方地区。

此时的中华大地，有实力的军阀除了曹操和袁绍外，南方的刘表宣布中立，东南的孙策偏安一隅。局势已变得十分明朗：袁绍与曹操两雄并立。

向来一山难容二虎，一场大战已不可避免。

一战见真章

是骡子是马，拉出来遛遛。官渡之战证明了谁是英雄，谁是狗熊……

袁曹大战是袁绍先挑起的。因为他兵多将广，胜算很大，底气很足。

建安五年（公元 200 年）一月，袁绍挑选精兵十余万，战马万匹，准备南下进攻曹操。袁曹两家的决战，一触即发。

中国人打仗喜欢讲究个“师出有名”，袁绍也不愿意让别人觉得他是个“麻烦制造者”或破坏地区稳定的罪魁祸首，因此就叫早已依附自己的文学大师陈琳写了一篇讨曹檄文。檄文列举了曹操的十八般罪，还顺带将曹操的十八辈祖宗都“问候”了一遍。

据说这篇檄文传到许昌时，恰逢曹操的头风病发作，疼得他一度哭爹喊娘。然而当他看完这篇檄文后，奇迹发生了：头不再疼，腿不再酸，连兔子都追得上。难怪后来陈琳做了俘虏后，曹操不但没杀他，还将他和他的作品视若珍宝，惜心爱护。

不过，头倒是不疼了，曹操的心却瘆（shèn）得慌。因为自己的人马相比袁军还是少得多。

曹操到底有多少人呢？

晋朝人陈寿在其《三国志》中称曹操“兵不满万”，注释《三国志》的晋末史学家裴松之认为不实。综合多方史料，可以认为，曹操兵力虽然不多，大约两万来人还是有的。当然这和袁军人数相比，确实还是寒碜（chěn）。

正是由于敌众我寡，许昌各界人士和曹营人士大多认为袁军强大不可敌。如果不是荀彧等人坚决支持，曹操未必真敢和袁绍一决雌雄。

但曹操毕竟是曹操，经过深思熟虑后，他认为袁绍志大才疏，胆略不足，刻薄寡恩，刚愎自用，兵多而指挥不明，将骄而政令不一，于是决定集中所有的兵力抗击袁绍的进攻。

为争取战略上的主动，曹操作出如下部署：立即北上迎敌，并把自己的大本营设在官渡（今河南中牟东北）。同时，派遣东郡太守刘延驻军白马（今河南滑县东），益寿亭侯于禁驻守延津（今河南延津北），与袁绍的军队隔河相向，摆开了决战的态势。

建安五年二月，袁军到达黎阳（今河南浚县东，黄河北岸），袁绍便以此为大本营。接着，袁绍兵分两路，命令大将郭图、淳于琼、颜良率主力进攻白马，大将文丑率军进攻延津。

官渡之战正式开打。

看到颜良率军攻击白马，刘延反应很快，不过他不是和颜良硬杠，而是火速写信向曹操求援。信的意思大致是，我快顶不住了，明公您要是不拉兄弟一把，就等着给我收尸吧。

曹操只好救援白马。

正准备出发，荀攸问："你准备往哪条路走？"

曹操说："这还用问吗？当然走白马。"

荀攸说："不！我们兵虽然精锐，但是太少，还是走延津吧。"

曹操明白了，声东击西。于是命令士卒锣鼓喧天，彩旗招展，气势恢宏却又缓慢地向延津推进。

袁绍得到消息后，以为曹操欲抢占延津渡口，然后攻击黎阳。这当然不可以，于是他火速抽调人马驰援延津，白马方面压力顿减。与此同时，曹操留下部分饵兵做出继续西进的样子，自己则亲率一部分轻骑直扑白马。等到围攻白马的颜良反应过来时，曹军已经近在咫尺了。

颜良很吃惊，曹操不是去延津了吗，怎么上这儿来了？难道他会飞？还没等他想明白，就看见一个人骑着一匹马箭一般冲了过来，接着就是红光一闪，自己的人头落了地。

从某种程度上说，颜良死于自己的"高调"。因为双方混战之中，暂投曹操的刘备大将关羽其实并不认识颜良，但他看见了旌旗伞盖，知道那下面的人一定是主将，这才采取了斩首行动。

解了白马之围后，曹操又做了一个袁绍做梦也想不到的举动，那就是主动放弃白马，将白马居民沿黄河向西迁徙。

有人认为曹操此举是避免袁绍屠城，伤害无辜百姓；也有人认为是曹操心疼钱，因为这些人都是屯田户，是要交租给曹操的。这里暂且不讨论。

袁绍认为曹操的一系列举动不厚道，恼怒之下，命令全军渡过黄河追击。谋士沮授认为不可如此,因为一旦失败将全军覆没,所以极力劝阻。

袁绍哪里听得进去!

所谓“听人劝得一半”，刚愎自用的袁绍听不得人言，吃亏很快便来到眼前。

当袁军到达延津南部后，中了曹操的埋伏，死伤惨重。与颜良齐名的大将文丑也在这次战斗中身首异处。根据《三国演义》绘声绘色的描述，文丑也为关羽所杀。

无论文丑为何人所杀，袁绍在这么短的时间内连折两员大将，都极大地打击了袁军的士气。

除掉颜良、文丑后，鉴于后勤保障滞后和兵力不足的问题，曹操再一次收缩防线，放弃了官渡外围的据点，以避袁军锋芒。。

袁绍则进一步采取压迫式策略。七月进占阳武（今河南原阳），八月进逼官渡,沿沙丘安营扎寨,东西绵延数十里,把曹操几乎逼进了绝境。

曹操原本兵力就不多，此时更是“伤者十二三”，连他自己也心力交瘁，坚持不下去了。曹操给远在许昌的荀彧写信，问：“能不能退守许昌，再从长计议？”

荀彧的回信很简单——不行。然后又分析说，明公难道没看到吗？袁绍的战略意图很明显，那就是出黎阳，战白马，经阳武，取官渡，直捣许昌。官渡是许昌的最后一道防线，绝不能撤。再说，又能往哪里撤？

曹操立刻就明白了，既已无路可退，那就只有坚持了。不是说坚持就是胜利嘛，曹操又充满了信心。

其实曹操并没有坚持多久，因为袁绍很快就给他送来了自己的掘墓人。

当时曹操正准备睡觉，忽然侍卫报告说，有位叫许攸的来找您。

许攸是袁绍的老部下，在冀州的时候就跟着袁绍，足智多谋，还掌握着大量的军事情报。

这样的人当然不能怠慢，曹操光着脚丫就赶忙跑出来迎接，然后放声大笑说："天助我也，事儿成了！"

许攸却开口便问："贵军还有多少粮食？"

曹操说："只能支持一年了。"

许攸知道曹操在胡扯，毫不客气地说："不对！请再说一次。"

曹操忙改口说："那啥，还可以支持半年。"

许攸心想，曹操这家伙也太不实诚了，一句真话没有，这不伤人自尊嘛，便冷笑一声说："看来足下是存心不想打败袁绍了。那好吧，我走……"

曹操一下明白过来，许攸如果不是掌握了情报，便是看透了自己的心思。于是一把拉住他说："刚才跟先生闹着玩的。实不相瞒，只剩一个月的粮食了，正准备向先生请教该怎么办呢！"

许攸见曹操终于说了实话，便说："这有何难？现在袁绍的辎重全部都在乌巢（今河南封丘西北），而乌巢守将淳于琼是个实打实的笨蛋，你要是一把火把它烧了，我敢保证，不出三日，袁绍势必土崩瓦解。"

曹操大喜，立即依许攸之计，一把火烧光了袁绍屯在乌巢的所有军需物资和后勤设备。

消息传到袁绍处，袁绍气得大喊大叫，却不知如何处置。谋士郭图给他出了个主意——围魏救赵。既然曹操攻击淳于琼，那我们就攻击他的老巢官渡，迫使他回军自救，乌巢之围自解。

袁绍手下的大将张郃（hé）有勇有谋，极力反对郭图的计策。他认为曹操的大营一时半会儿是打不下来的，而一旦失败，大家就都玩儿完了。

袁绍却采纳了郭图的建议。原因很简单，"英雄"所见略同嘛，他和郭图想的一样。

结果真如张郃所料，官渡没能攻下，乌巢全军覆没。

按说失败的责任人是出馊主意的郭图，然而郭图不但不知错就改，反而开始甩“锅”。他给袁绍写信说，张郃不但不按照先前的计划行事，反而在失败后幸灾乐祸，出言不逊。

或许是觉得这样不过瘾，郭图旋即又给张郃去信说，你是干什么吃的？连官渡大营都攻不下！知道吗？领导很生气，要处分你。

张郃心里既惊又怕，就和部下高览商量。两人迅速达成共识——投降。曹操大喜过望，将张郃的投诚比作是当年韩信归了刘邦。

张郃反水后，袁军士气已接近崩溃。曹操见机不可失，就按照贾诩的建议，集中兵力大举反攻。

这时，众叛亲离的袁绍完全丧失了斗志，他的士兵更形如散沙，纷纷四下溃逃，跑得慢的则做了俘虏。

袁绍打仗不行，逃跑的水平还是值得夸奖的。他和他的儿子带着剩下的八百骑兵渡过黄河，仓皇向冀州奔逃，曹操最终还是没能捉住他。

战后打扫战场时，曹操在袁绍的军营里发现了一大叠书信，都是朝臣和曹营中的一些人暗地里写给袁绍的。

曹操身边的人气愤地说：“这是证据。要仔细核对姓名，把他们揪出来，一个个杀了。”

曹操笑笑说：“袁绍强大时，连我曹某人都自保不暇，遑论别人乎？”于是一把火把这些书信全都烧了。

官渡之战就此结束。

官渡之战是中国历史上有名的以少胜多的战役，也是当时中国北部由分裂走向统一的一次关键性战役，对于汉末和三国历史的发展有着极其重要的影响。

经由此战后，曹操的心里也逐渐升起了一股统一中原的决心。然而，历史注定了他无法实现这一宏愿，因为他很快碰上了两个更棘手的对手——刘备和孙权。

第三章

草根英雄巧崛起

“贩履织席”中成长的“皇叔”

一说起刘备，人们总是有无数话题，然而却很少有人知道他悲惨的孩提时代……

刘备无疑是曹操一生最难缠的对手之一。

刘备，字玄德，涿郡涿县（今河北涿州）人。少年时代的刘备，境况极为凄惨，父亲去世得很早，只剩下他们孤儿寡母。陈寿在《三国志·蜀书》中写刘备时，开篇就点明“先主少孤”。

“少孤”会导致什么样的结果呢？相关心理学调查表明，单亲家庭的孩子，容易长成刻薄阴郁的性格，但刘备似乎是个例外。他除了宽厚得近似虚伪以外，倒没有其他心理上的病态倾向。看来刘备的心理承受能力非常人可比。

其实古代皇帝中“少孤”现象并不鲜见。秦始皇十三岁丧父，光武帝刘秀九岁丧父，成吉思汗的父亲被毒死的时候，他也才九岁。与刘备不同的是，这些帝王幼年时虽然都没有父亲的荫庇，但是有强大的母亲为他们撑腰。在他们年少时，母亲已经成了皇室成员，不是皇后就是宠妃，这样显赫的出身早已为他们做帝王奠定了根基。

刘备就不一样了。他不仅幼年无父，而且母亲根本无法给他一个像样的生活，迄今并无资料可以查到刘备的母亲姓甚名谁。可以想象，刘母应该只是一名身处社会底层的劳动妇女。

《三国志》中写刘备“与母贩履织席”，也就是靠贩草鞋、织草席度日。显然，刘备的父亲也没有为家里留下什么资产，否则母子俩也不用做这类赚钱少而累的苦活。

其实，贫穷不一定是坏事。穷人的孩子早当家，他们往往很小的时候就具备了谋生的能力，并且想要出人头地的愿望会更强烈，这些因素都有可能促使他们走向成功。

但话又说回来，又有谁愿意生在贫穷之家，日后再努力去成功呢?别人不愿意，刘备当然也不愿意。

其实刘备的出身好过绝大多数人，因为他自称西汉时的中山靖王之后。但问题是，既然出身如此显赫，他怎么会落魄到这般地步呢?

一种说法是，刘备为了实现自己的政治抱负，编出来的身世。

实际上，刘备虽然是一个穷困潦倒的人，却人穷志不穷，从小就志向高远。

一则故事说，刘备家东南方向有一株大桑树，高五丈余，看上去跟车盖一样。刘备年幼的时候，和其他小孩在树下嬉戏，曾说："我为天子，当乘此车盖。"

可见，对刘备来说，他的人生目标就是专制时代的最高权力——皇权。

然而刘备地位低下，想要靠近皇权谈何容易，只有"拉大旗作虎皮"，四处炫耀自己的家谱，说自己是汉景帝之子中山靖王之后，才有可能为自己捞取尽可能大的政治利益。

应当说，这种说法有一定的道理。

比如，刘备后来投靠曹操时，曹操把他引荐给汉献帝，献帝刘协问刘备是什么人，刘备朗声而答："臣乃中山靖王之后，孝景皇帝阁下玄孙，刘雄之孙，刘弘之子也。"献帝掐指一算，刘备竟是自己的叔叔辈。至此，刘备的社会地位飙升，人们见到他都称之为"刘皇叔"。

至于刘备是否真的为"中山靖王之后"，当然是有争论的。

中山靖王刘胜是汉景帝刘启与贾夫人所生的儿子，在景帝的儿子中排行靠后。汉景帝三年（公元前 154 年）六月，刘胜被封为中山王（王都卢奴，即今河北定县）。刘胜是历史上有名的奢侈王爷和花花公子，儿子的数量多得出奇，据说有一百二十多个。

在刘胜的一百二十多个儿子中，长子刘昌继承了他的中山王爵位，其他的则被封为侯爵。刘胜的儿子名字见于史籍的仅有二十个，比较有名的是广望节侯刘忠、将梁侯刘朝平、薪馆侯刘未央、陆城侯刘贞等。其中，据说陆城侯刘贞就是刘备的直系祖宗。

刘贞是刘胜的第五子，由于被封为陆城侯，所以一直在封地陆城（今河北涿县）定居。曾做过范县县令的刘雄是刘贞的儿子之一。“雄生刘弘。弘不仕。刘备乃刘弘之子也。”作为刘胜的玄孙，刘备的父亲刘弘已经没有官位，成了一介平民。

虽然包括《三国志》在内的史书都记载刘备是西汉中山靖王之后，但并未提供证据，所以对此持怀疑态度的人不在少数。当然，刘备与中山靖王刘胜之间相差了足足三百来年，又是旁系，一直流落民间，查证起来何其难。

但不管是真是假，每到需要装点门面的时候，刘备就会抬出自己“中山靖王之后”的身份。见汉献帝如此，求诸葛亮如此，伐曹操也是如此。

应当说，这是刘备谋功立业的一种计策，似乎也可以理解。无论刘备的真实身世如何，青少年时期的他确实过得糟糕之至。但刘备不愿接受命运的安排，拥有一颗“穷则思变”的心，力图去改变现状。这一点，无论如何都是值得后人学习的。

抱团打天下

靠刘备一个人的力量当然无法实现其抱负，因此，他很快找到了两个志同道合者……

公元184年，黄巾起义爆发，为了镇压起义，幽州太守刘焉发榜招募义军。刘备时年二十三岁。

一天，刘备在街上见到了榜文，不禁长叹了一口气。忽听后边的一个人厉声说道："大丈夫不为国家出力，为何长叹？"

刘备回头，看到一个相貌异常的人：身长八尺，豹头环眼，燕颔虎须，声若巨雷，势如奔马。

刘备便问他尊姓大名。

这个人说："俺姓张，名飞，字益德，世世代代住在涿郡。颇有庄田，宰猪卖酒，专好结交天下豪杰。恰才听见你看榜时长叹，所以才这样问。"

刘备说："我本是汉室宗亲，姓刘，名备。现在听说黄巾作乱，有志向破贼安民，只恨力不从心，所以长叹。"

张飞说："我颇有资财，愿意招募乡勇，与你同举大事，你看怎么样？"

刘备听后十分高兴，便和张飞同入店中饮酒。

二人饮酒正酣，忽见一位大汉推着一辆车子走来，刚入店坐下，便唤酒保："快斟酒来吃，我待赶入城去投军。"

刘备见此人相貌也是十分异常：身长九尺，髯长二尺；面如重枣，唇若涂脂；丹凤眼、卧蚕眉。相貌堂堂，威风凛凛。

不知刘备是否有喜欢相貌异常之人的癖好，总之他对此人一见如故，便邀他过来同坐，并问其尊姓大名。

这个人说："我姓关，名羽，字云长，河东解县（今山西运城）人也。因本地土豪仗势欺人，我把他杀了，所以不得不逃难江湖，已经五六年了。今天听说这里征兵破贼，特地来应征。"

刘备和张飞二人便把自己的打算告诉关羽，关羽听后大喜，认为自己找到了知音。

张飞说："我家庄园后有一个桃园，花开正盛。咱们三人明天于园中祭拜天地，结为兄弟，然后同心协力图大事。可好？"

刘备和关羽齐声答应。

第二天，在桃园中，三人备下黑牛、白马等祭品，跪拜发誓说："念刘备、关羽、张飞，虽然异姓，既结为兄弟，则同心协力，救困扶危；上报国家，下安庶民。不求同年同月同日生，只愿同年同月同日死。皇天后土，实鉴此心。背义忘恩，天人共戮！”

发誓完毕，拜刘备为大哥，关羽为老二，张飞为三弟。这就是人们熟知的“桃园三结义”的故事。

至于刘备为何积极响应张飞的建议，其实是有他自己的长远考虑。俗话说：“独木难成林”。面对当时群雄争霸的局面，一个人要想干一番大事，如果没有自己的心腹干将，是万万不行的，而等自己有了一定的根基后，前来投奔的人固然不在少数，但这些人良莠不齐，不好把握。所以，与张飞、关羽结拜确实是刘备的聪明之举，对于日后帮助他打天下以及稳固他的权力地位都起到了实质性的作用。

然而这样一个口口相传的故事，近年来有人通过研究后，却认为它从未发生过，只不过是一个“美丽的谎言”而已。

那么，历史上究竟有没有发生过桃园结义这件事呢?

实际上，根据史书记载，刘、关、张三人关系确实非同一般。《三国志·关羽传》记载，刘备和关羽、张飞二人“寝则同床，恩若兄弟”。《三国志·张飞传》也记载：“张飞……少与关羽俱事先主，羽年长数岁，飞兄事之。”

不过，刘、关、张三人虽然情同手足，但仍然有人认为桃园结义的故事是虚构的。其理由主要有以下几点：

一是正史中从未提及此事。

除了有“三分真、七分假”之称的《三国演义》外，翻遍《三国志》和其他严肃的正史，均未找到记载三人桃园结义的只言片语。

《三国志·关羽传》中虽记载刘备与关、张二人“寝则同床，恩若兄弟”，但建安五年关羽战败被曹操生擒后，在回答张辽劝降的问话时却说：“吾受刘将军厚恩，誓以共死，不可背之。”由这句话，我们可以看出关羽对刘备的称呼不是“兄长”而是“刘将军”。

上文引述《三国志·张飞传》中的话说：“张飞……少与关羽俱事

先主，羽年长数岁，飞兄事之。”由此我们也可以看出，张飞对关羽称兄，但对刘备却称先主。这也从另一个侧面反映出刘、关、张三人并未桃园结义。

二是年龄与史书记载有差别。

《三国演义》中将三人的结拜定为刘备为大哥，关羽是老二，张飞为三弟。但据史书记载，刘备生于公元161年，卒于公元223年，而关羽生年不详，卒于公元220年，据清康熙年间一位名叫朱旦的官员写的一篇《关侯祖墓碑记》的文章，关羽生于汉延熹三年（公元160年），据此推断，关羽比刘备大一岁。而据《关公年谱》记载，张飞小刘备四岁。由此可以推算，这三个人中张飞最小，刘备次之，关羽最大。由此观之，桃园三结义如果为真，又岂会将三人的长幼顺序排列错误呢?

三是《三国演义》本身的描述也说明三人不是结义的兄弟关系。

关羽“大意失荆州”被东吴人杀害后，《三国演义》描述说，魏文帝曹丕诏问群臣：“刘备是否会出兵伐吴，为关羽报仇？”侍中刘晔回答说，刘备和关羽“义为君臣，恩犹父子”，又说“关羽被杀害，如果刘备不能为他报仇，对关羽的恩义就不算是全始全终了”。《三国志·刘晔传》也说：“且关羽与备，义为君臣，恩犹父子。”

在魏国人看来，刘备和关羽的关系是“恩犹父子”。古人有“君臣如父子”的观念，所以这个说法并不奇怪。但同时也可以反证：刘备和关羽的关系并不是“把兄弟”。

清朝人赵翼认为，三国的君主都善于用人，其用人各不相同，曹操“以权术相驭”，孙氏兄弟“以意气相投”，刘备“以性情相契”。所谓“以性情相契”，就是用感情相处，情深谊长，但这不等于就是兄弟关系。

从上述史料可以看出，刘、关、张三人的关系确实亲密得“恩若兄弟”，但“恩若兄弟”并不等于结拜兄弟。所以，刘、关、张桃园结义的故事仅仅是作者罗贯中的虚构而已。

不过，也有人坚持认为桃园结义的故事一定真实存在。因为史书没有记载不等于历史上没有发生过——史书没有记载的事情多了，难道它们就都不存在了吗？

至于所谓关羽对刘备的称呼不是“兄长”而是“刘将军”，那更好解释：当时是关羽面对张辽劝降时说的，那是在“外交场合”，当然要正式地称刘备为“刘将军”而非“兄长”了，其他称呼问题大多也能作如此解释。

至于所谓三人结拜时未按年龄大小“称兄道弟”的问题，那更不是问题——谁说结拜一定要按年龄来？历史上或文学作品中以小称大的结拜故事又不是没有。而且，就算刘备真的比关羽小一岁，以他“中山靖王刘胜之后”的出身也理当做大哥。何况正史中本就没有关羽和张飞年龄的确切记载，谁说刘备的年龄就一定不比关羽大呢？

看来，桃园结义这件事虽然不存在的可能性较高，但也未必就是定论。

当然，无论桃园结义的故事是真是假，它能流传至今，至少说明了人们对刘、关、张三个人义气相交、互帮互助、精诚团结这些品性的认可。

而这些，不正是人类理当具有的永恒品性吗？

匍匐，是为了更好地高飞

刘备的力量还很弱，但他很清醒，只有韬光养晦才能安全地崛起……

一个弱小的人要想壮大自己，方法和手段固然有很多，但借势借力无疑是一条捷径。

古往今来的成功者，大多都是善借别人之“势”的高手。这不是丢人，更不是无耻，而是一种韬光养晦的策略，也是一种人生智慧。

刘备成就自己霸业之前投靠过的人有刘焉、公孙瓒、陶谦、曹操、袁绍，故有“五易其主”之说。其中尤以投靠曹操留下的话题最多。

刘备投靠曹操当然不是无缘无故的。

刘、关、张三人桃园结义后，应征入伍，讨伐黄巾军。因作战有功，刘备被任命为徐州牧。

建安三年（公元 198 年），吕布派高顺和张辽进攻刘备，刘备大败，无奈之下，只得投靠曹操。这时的刘备当然并不是真心实意归附曹操，而是在没有办法的情况下采取的一种“曲线救国”策略。

曹操也并不是很厚道。虽然表面厚待刘备，对他十分尊重，出去同坐一车，居内同坐一席，实际上却很不放心，经常派人加以监视。

刘备知道曹操提防自己，便深居简出，闭门谢客，不参与其他人的活动。有时，刘备还在院子里刨地种菜，浇水捉虫，乐此不倦，一副悠然自得、胸无大志的样子。刘备此举是想避开曹操的注意力，以便自己更好地生存与发展。

作为一代枭雄，曹操岂能轻易被这些假象所迷惑，心里时刻想着试探刘备。

一天，曹操请刘备喝酒，二人举杯痛饮，纵谈天下哪些人是英雄。刘备故意列举了袁绍等一干平庸之辈，以掩饰自己。曹操却从容不迫地笑着对刘备说：“现在天下英雄，只有你和我。袁绍之流，何足挂齿！”

刘备一听曹操把自己说成是英雄，误以为自己的心思被曹操察觉，不觉大吃一惊，手中筷子惊落在地。恰巧，这时天上响过一阵惊雷。刘备灵机一动，俯身拾起筷子，不慌不忙地对曹操说：“圣人云‘惊雷烈风会使人惊惶变色’，这话讲得真有道理，雷震之威，想不到如此厉害！”巧妙地将自己的窘态掩饰过去了。

为此，罗贯中的《三国演义》有诗赞刘备：

勉从虎穴暂栖身，说破英雄惊煞人。

巧借闻雷来掩饰，随机应变信如神。

这就是历史上著名的“青梅煮酒论英雄”的故事。不过史书的记载极为简洁，远没有《三国演义》来得精彩。

此事过后，曹操仍然没有真正信任刘备。曹操的主要谋士郭嘉曾对曹操说："刘备有雄才大略而又甚得民心。张飞、关羽都是万夫不敌的勇将，与刘备誓同生死，我看刘备不会久居人下。古人有言'一日纵敌，数世之患'。应该尽早地除掉他，以免除后患。"

而这时的曹操刚刚"挟天子以令诸侯"，为了招揽各方英雄，向天下昭示自己的大信大义，所以没有听从郭嘉的劝告。

刘备也知道曹操不能长期容纳自己，早晚要将自己杀掉，因而也秘密地做着准备。

有一次，刘备与曹操等人去城外狩猎。狩猎中，曹操与其部下走散，关羽便密劝刘备趁机杀掉曹操。刘备为人谨慎，担心自己走不掉，于是没有同意，继续等待时机。

不久，袁术因被曹军打败，想经徐州北上，投奔其兄袁绍。曹操不愿他们联合，准备派兵截击。刘备趁机请求前往。曹操未加考虑，随口答应，刘备立即率兵离曹操而去。

郭嘉、程昱等人听说此事，赶紧跑来劝阻曹操说："今天放走刘备，岂不是纵虎归山，祸害很快就会发生。"

曹操感到后悔，但追赶已经来不及了，只好听天由命。

刘备逃到下邳，以突然袭击的方式杀死了徐州刺史车胄（zhòu），行使太守之职。徐州郡县纷纷响应，旬日之间，聚众数万人。

曹操见刘备居然如此行事，大怒，要求刘备立刻返回许昌。刘备不从，曹操迅即派兵征讨。这时的刘备哪里是曹操的对手，很快大败。这一回，他只得去投奔刘表。

刘表据有荆州，地方数千里，军队有十余万。但此人知足常乐，不愿参与中原逐鹿。刘备在此享了几年清福。有一次，刘备参加刘表召集的宴会，起身上厕所时，发现自己大腿的肌肉都松软了，身体也胖了起来，回到席上不禁一阵心酸，流下泪来。

刘表很惊奇，问这是怎么一回事。刘备说："过去我经常南征北战，身不离鞍，腿肉消瘦。现在长期闲居，腿肉增多了不少。时光荏苒，岁月蹉跎，而功业不就，是以悲伤。"

想想也是，刘备转战半生，辗转依附于他人，没有自己的地盘，过的是四处奔命的日子，前程也看不到光芒，怎能不伤怀?

更让他伤悲的是，刘表这里也快待不下去了。

原来，刘表请教刘备应该让谁继位，刘备不提倡废长立幼，这话被生了幼子的刘表夫人偷听，于是怀恨在心。刘表夫人与刘表手下大将蒯（kuǎi）越、蔡瑁设计，借刘表名义宴请刘备，准备在宴饮过程中杀害他。

幸好在席间刘备察觉蒯越、蔡瑁阴谋，便以上厕所为由，逃回刘表先前给他安排的驻地新野，方才躲过一劫。

刘备之所以居无定所，长期寄人篱下，还随时都有生命危险，主要原因是实力不足，没有自己的根据地，无法与曹操等人抗衡。

此外，还有一个重要的原因是身无良辅，缺少统筹全局的谋臣。所谓人才兴、事业兴，只靠关羽、张飞这样的武夫是打不了天下的。这一点，刘备本人一清二楚。因此，他必须寻找到能帮他真正谋天下的人。

那么，刘备找到了吗?

当然。

这个人的名字几乎所有中国人都知道。

他，就是大名鼎鼎的诸葛亮。

“三顾茅庐”求贤才

刘备“三顾茅庐”的故事真假难辨，但刘备那颗求贤若渴的心，日月可昭……

刘备一开始其实并不知道诸葛亮何许人也，可见这位诸葛先生真的非常低调。

刘备是在拜访著名隐士司马徽的过程中，才知道诸葛亮这个人的存在。

那是建安六年（公元201年）的一天，被曹操所败、依附于刘表的刘备为了对将来的前途有一个打算，前去向精通道学、奇门、兵法、经学，素有“水镜先生”之称的司马徽请教。司马徽对他说：“你从前所见的那些儒生都是见识浅陋的人，哪里知道什么天下大势？如果你真要想有什么作为，我给你推荐两位荆州地区的贤人，一位号称‘卧龙’，一位号称‘凤雏’。你只要得到其中一位相助，就能安定天下，建立霸业。”

刘备急忙追问：“卧龙、凤雏是谁？”

司马徽说：“是诸葛亮、庞统二人。”

刘备又问二人住处，司马徽却不再回答。刘备不好强人所难，只得退回。

后来，有个叫徐庶的人前来投奔，帮刘备打赢了几次战争。刘备十分器重徐庶，又请徐庶为他推荐一位贤士。

徐庶说：“有位叫诸葛亮的人，号称卧龙先生，不知主公可愿见他？”

刘备听徐庶又提起了诸葛亮，心想此人应该确实有过人之处，忙说：“愿意，愿意！请先生把他请来！”

徐庶说：“此人只可拜访，不能委屈他前来，还请主公屈尊去拜访他。”

刘备倒也没有什么官架子，当即答应前去拜访诸葛亮。

诸葛亮，字孔明，号卧龙先生，是汉朝司隶校尉诸葛丰的后人。因父亲去世得早，诸葛亮和弟弟诸葛均由叔父诸葛玄养大。诸葛玄去世后，诸葛亮为避战乱，隐居于南阳隆中的卧龙岗（今湖北襄阳市西）。平时，诸葛亮种植农田，不参与政事，却又密切注意时局的发展。

史书记载，诸葛亮身长八尺，面如美玉，相貌奇伟。他常把自己比作春秋战国时期的管仲、乐毅（相关事迹详见拙著《群雄逐鹿的春秋战国》），而时人却不以为然，只有其挚友崔州平、徐庶等人相信他的话。

这样的人才刘备当然不愿意放过。于是，刘备挑了一个良辰吉日，与关羽、张飞带着礼物到卧龙岗去拜访这位传奇人物。谁料诸葛亮当天恰巧外出了，只有一个书童在家，几番询问都无结果，书童说先生一时半会儿回不来，所以建议他们先行回去，改天再来。

刘备只得失望而归。

没几天，刘备又要去拜访诸葛亮。张飞觉得诸葛亮恐怕没有什么真才实学，才躲着不愿见人，所以不想再白跑一趟。后被刘备说服，和关羽三人又一起冒着大风雪携礼拜访。不料诸葛亮还是不在家，又外出闲游去了。

张飞气愤不已，称以后绝不再来，关羽也对诸葛亮是否确有其才表示怀疑，两人都催着要回去。刘备只得以笔代言，留书一封，表达自己对诸葛亮的敬佩和请他出来帮助自己挽救国家危难局面的诚意。

然而过了一段时间，诸葛亮还是没有做出任何反应，刘备便决定第三次去请诸葛亮。

关羽劝刘备,说诸葛亮也许是徒有虚名,未必有真才实学,不用去了。张飞却主张由他自己一个人去叫，如诸葛亮不来，就用绳子把他捆来。

刘备把张飞责备了一番，严令两人与之同行，关羽、张飞纵然有百般不愿，也不敢再说什么。

三人再次来到诸葛亮的茅屋前，这次诸葛亮在家，但正在午睡。刘备不敢惊动他，就一直站在门外等候，直到诸葛亮睡到自然醒，才彼此坐下谈话。在交谈中，诸葛亮对天下形势作了非常精辟的分析，刘备十分叹服。

刘备的诚意终于打动了诸葛亮，诸葛亮答应出山相助。这就是历史上著名的刘备“三顾茅庐”的故事。

后来，刘备尊诸葛亮为军师，对关羽、张飞说：“我之有孔明，犹鱼之有水也！”诸葛亮自此效忠于刘备，以智谋为其赢得了天下。

上述故事见之于历史小说《三国演义》，罗贯中将之写得有声有色，惟妙惟肖。后来，“三顾茅庐”还成了一个家喻户晓的成语，用以比喻一再诚心地邀请有才能的人。

但这段故事在今天却备受争议，争议的焦点主要在于，究竟是刘备礼贤下士“三顾茅庐”，还是诸葛亮遍访明君“毛遂自荐”？

我们先来看史书《三国志》的记载。

《三国志·诸葛亮传》对刘备与诸葛亮第一次见面的记载是：刘备屯兵新野时，徐庶见刘备，很受器重。徐庶对刘备说："诸葛孔明者，卧龙也，将军愿与他相见吗？"刘备说："您和他一起来吧。"徐庶说："可以登门去见此人，不能叫他屈驾来此。"于是，刘备亲自到诸葛亮那里去请教。凡三次前往，乃相见。但没有写关公、张飞同往，也没有写相见于茅庐之中。

注释《三国志》的裴松之引《襄阳记》说：刘备向司马徽请教时事。司马徽说："我乃儒生俗士，岂识时务？识时务者在乎俊杰。此间自有卧龙、凤雏。"刘备问是谁，司马徽说："诸葛孔明、庞士元（庞统字士元）也。"也就是说是司马徽首先向刘备推荐诸葛亮的。

罗贯中写《三国演义》时，把这两种史料都吸收了进去，但有所改动，没有让司马徽说出卧龙、凤雏是谁，后来是徐庶说出了诸葛亮的名字。

刘备见诸葛亮的隆中，即今湖北襄阳市西十余里的地方。这里至今还有"古隆中"牌坊、三顾堂等遗迹。河南省南阳市也有诸葛亮的躬耕遗迹。东汉时，隆中属今河南南阳管辖，所以两地都有诸葛亮的遗迹。

还有，诸葛亮自己写的《出师表》中也说："先帝不以臣卑鄙，猥自枉屈，三顾臣于草庐之中……"

人们由此认为，"三顾茅庐"在历史上是真实发生的事情。

实际上，自三国之后，历代很少有人对此事的真实性提出异议。后来的很多作家、诗人还把这个千古美谈引入自己的作品中。比如，唐代大诗人李白写道：

当其南阳时，陇亩躬自耕。
鱼水三顾合，风云四海生。

诗圣杜甫也写道：

三顾频烦天下计，两朝开济老臣心。
出师未捷身先死，长使英雄泪满襟。

明朝还有人写有《草庐记》，专门记叙这段故事。此外，京剧、徽剧、青阳腔、川剧、汉剧、滇剧、秦腔、豫剧、河北梆子、同州梆子等，都有这段故事的剧目，有的叫《三请诸葛》，有的叫《三请贤》或《三顾茅庐》，都很受群众的欢迎。

然而无论“三顾茅庐”是多么地为人称道，质疑其真实性的声音始终存在。

原因在于，所谓“三顾茅庐”，在史书《魏略》（曹魏时期的鱼豢所撰）和《九州春秋》（西晋司马彪所撰）中却并非如此。在两书的叙述中，这段君臣相遇的故事是从诸葛亮的“毛遂自荐”开始的。

这两本史书记载，建安十二年（公元207年），曹操已经基本统一了北方地区，荆州成为众矢之的，而荆州牧刘表又缺乏应对之策。当时，刘备正屯兵樊城（今湖北襄阳），为了使荆州免受战火的蹂躏，诸葛亮决定亲赴樊城去求见刘备。刘备当时正在会客，他不认识诸葛亮，见诸葛亮非常年轻，所以没有留意，也就当做一般的士人来接待。过了一会儿，别的客人都走了，只有诸葛亮还留在那里。接下来的故事前已述及，刘备顺手拿起一根别人送的牛尾巴毛编织起帽子来，因而受到了诸葛亮“明公志向哪里去了”的指责，刘备这才对诸葛亮高看一眼，和他攀谈起来。诸葛亮问刘备，你认为刘景升（刘表字景升）比得上曹操吗？刘备说比不上。诸葛亮又问，那将军您自己比得上曹操吗？刘备说也比不上。诸葛亮说，刘景升比不上曹操，将军您也比不上曹操，难道你们就坐在荆州等死吗？就等着人家来宰割吗？刘备说，那我们能有什么办法呢？于是，诸葛亮开始向他分析荆州的形势以及刘备应采取的对策。刘备听后大为动容，觉得眼前的年轻人是难得的人才，从此待以上宾之礼。

由于《魏略》的出现早于《三国志》，且作者鱼豢为三国时期人，而且该书向来以史料丰富、态度严谨见长。因此有人认为，诸葛亮“毛遂自荐”的说法应该比较可信。

但问题在于，诸葛亮所著的《出师表》经考证也是货真价实的（这里指“前出师表”，“后出师表”历来有争议），难道诸葛亮是为了抬高自己，在故意说谎话吗？人们由此形成了不同的说法。

一种说法认为，就当时的情况而言，刘备需要诸葛亮，诸葛亮更需要刘备。根据史书记载，诸葛亮十五岁时跟随叔父到荆州去投靠刘表，可是刘表为人优柔寡断，性格懦弱，并非命世之主，于是诸葛亮结庐襄阳城西的隆中山，隐居待时。而诸葛亮本身的性格是积极进取的，他“自比管仲、乐毅”，管仲、乐毅是什么样的人？他们都是要出将入相、建功立业的，那么诸葛亮不投靠曹操，不投靠孙权，也不想辅佐刘表，说明他想选择一个明君。当时的刘备已经很有名了，也有明君的做派，聪慧过人的诸葛亮不可能不知道。那么刘备要调他出山，当然正合其心意。而且像诸葛亮这样一个自比管仲、乐毅的人，岂能坐等刘备上门，别说三顾了，假如刘备连一次都不来，他该怎么办？而且当时荆州形势危急，诸葛亮有什么把握刘备一定会去“三顾”于他？所以“毛遂自荐”的可能性较大。

第二种说法认为，从年龄上看，当时的诸葛亮只不过二十六岁左右，毫无功绩，难为人知。而刘备已四十六岁，身经百战，是个有声望的政治家，他会愿意低三下四地到乡下请一个毫无名望的小青年来充当参谋吗？可能性实在太小。

第三种说法认为，《出师表》的记载不会有错，《魏略》和《九州春秋》的真实性也无可置疑。那么两者截然相反的记载又该作何解释呢？清代的洪颐煊认为事出有因。他在《诸史考异》中说，故事的版本是这样的：诸葛亮初见刘备于樊城，刘备虽以上宾待之，但没有特别器重他。等到徐庶举荐时，刘备再次与之相见，并重用了他，情好日密。并指出：初见是在建安十二年，再次相见是在建安十三年。诸葛亮以后大为感激，因而将其记入了《出师表》中。

看来，要真正说清“三顾茅庐”的真假，确非易事。那就留给历史吧。

当然，无论是诸葛亮“毛遂自荐”，还是刘备“三顾茅庐”，二人之间的君臣际遇都是后人非常羡慕的。毕竟，这样的事例在皇权高于一切的古代中国史上，很少，很少。

第四章

江东子弟多才俊

“耍帅”耍出的悲剧

假如孙坚不死，三国的历史又当如何？可惜他太喜欢“耍帅”……

就在曹操、刘备忙着为自己的事业打拼的时候，三国历史的另一主角东吴集团也没闲着。

东吴集团的奠基人叫孙坚。

孙坚，字文台，吴郡富春（今浙江杭州）人。史书上说孙坚“容貌不凡，性阔达，好奇节”，可见是一个豪爽的大帅哥，而且还颇有正义感，好打抱不平。

孙坚十七岁时，和父亲一道乘船路过钱塘江，忽遇一伙盗贼掠取商贾的财物，在岸上分赃。路过行人都不敢靠近，纷纷绕着走。

孙坚很气愤，觉得这帮人太嚣张了，就对父亲说：“我去收拾他们。”

说完不顾父亲劝阻，拿着刀，跳上岸，用手东一指，西一挥，像是在部署人马攻打这伙强盗的样子。

强盗们远远望见，以为真的是官兵来抓他们，丢下财物四散逃走。孙坚撵上一个跑得慢的，一刀杀了他。

父亲虽然很为儿子的勇猛自豪，却也不无忧虑地问：“你怎么断定就能吓跑盗贼呢？万一他们不怕呢？”

孙坚非常自信地告诉父亲：“盗贼抢劫之时，必齐心协力，而分赃之时，却各怀鬼胎，唯恐自己少得，所以很容易击退他们！”

孙坚智退盗贼的故事很快在当地传开，而且越传越厉害。有的说孙坚吓跑了一百多名盗贼，有的说孙坚力杀十几名盗贼。虽然传言越来越夸张，但孙坚却因此被推荐做了校尉。

成为校尉后，孙坚加紧训练兵马，他所带军队的战斗力有了明显提升。那时有一个叫许昭的人，凭借自己召集的几万人马，在会稽（今浙江绍兴）自称“阳明皇帝”，想起兵造反。孙坚奉命带领一千人马前去攻打许昭。许昭至少有三万大军，也就没把孙坚这个毛头小子放在眼里。孙坚知道敌我力量悬殊，不能硬攻，只能智取。

一天深夜，他派五百人去偷袭许昭大营。由于许昭轻敌，没有严加防备，那五百人很容易地进入了许昭大营，有的去偷兵器，有的去放走马匹。一切办妥后，他们以放火为信号，里外夹击。许昭从梦中惊醒，慌忙迎战，结果兵器、马匹全没有了，只好等着被杀。

孙坚以一千人马大败许昭三万人马，一战成名。

黄巾起义的烽火席卷全国后，孙坚又奉命到宛城去镇压黄巾军。

由于黄巾军大多数是农民出身，几乎没有受过正规训练，碰上孙坚这种训练有素的虎将，自然不是对手。孙坚很快就将宛城的起义军镇压。孙坚因英勇善战被提升为别部司马，不久后又被提升为长沙太守。

初平元年（公元 190 年），关东各州郡推举袁绍为盟主，组成“关东义军”讨伐董卓，早就看不惯董卓的孙坚也加入到联军的行列中。

这次诸侯共同讨伐董卓，由袁术负责粮草，孙坚为先锋。袁术于董卓刚刚得势之时，看清了洛阳不可久留，当即带兵占领了鲁阳一带。

袁术欢迎孙坚由长沙北上讨董，孙坚于是率军到达离鲁阳不远的南阳。

在南阳，孙坚做了两件大事。一是逼死了荆州刺史王睿，二是杀掉了南阳太守张咨。然后，他把南阳的地盘交给袁术，自己继续北上，向洛阳进军。

袁术的作风，正如当时一些军阀那样，虽明面上公开反对董卓、讨伐董卓，却仍旧对长安的朝廷上表，报告政务或推荐官员。以董卓为主导的东汉朝廷，有时候也接受军阀的要求或建议，有时候则不予理睬。军阀们倒也不在乎朝廷有没有“回文”，只要上一张表，就假定朝廷一定予以批准，不过是走一个程序而已。

袁术当时出于对孙坚给他南阳的感激，就上了一表，推荐孙坚为“破虏将军，领豫州刺史”。董卓有没有以皇帝的名义批准袁术的上表，已难以考证。但孙坚从此便自称为破虏将军，也被其他军阀称为破虏将军。

名号或许真的能刺激人的主观能动性。自从成了或真或假的破虏将军和豫州刺史后，孙坚把讨伐董卓的事，看得比谁都认真。他在向洛阳进军的过程中，与董卓的部队打了几仗，而且仗仗艰难，有一次差点儿连命都搭进去。

袁术这时却采取了不合作态度，不输送足够的军粮给他。并且，作为反董盟主的袁绍竟然派了一个周昂，来做所谓豫州刺史。

孙坚不可能不生气。他回军赶走了周昂，又来到南阳对袁术提出质问："董卓杀了你袁家大小几口，不曾杀我孙家一人。我去打董卓，是为公不是为私。若是论私，我可说是为你们袁家报仇，而不是为我孙家报仇。怎么你既不出兵，又不出粮？你是希望我战败吗？"

袁术虽然是个小心眼，好歹还懂廉耻。当下十分惭愧，答应以后不再马虎，一定源源不断供应军粮。

有了可靠的支援后，孙军士气大涨，很快北上击败了董卓大将吕布与胡轸二人。就连董卓亲自引兵与孙坚交战，也遭到重创。危急之下，董卓只好弃洛阳城而走，逃往长安。

在撤离之前，董卓下令放火，一场浩劫随即降临洛阳，豪华的宫殿、珍贵的书籍都被烧得一干二净。据说张衡的地动仪也被烧毁在这场大火之中，从而未能为后人留下真迹。

孙坚进洛阳城后，一面命人灭火，一面命人清扫。

说起来也真新鲜。据史书记载，当时洛阳城南有口大井，井栏上面刻着"甄官井"三个大字，井里乱七八糟地不知道扔了些什么东西。孙坚手下大将程普叫士兵们把这口井清理一下，果然捞出不少好东西。其中有一个玉匣，看来很名贵。程普不敢造次，将玉匣上交给了孙坚。孙坚打开一看，是颗大印，四寸见方，一只角是用金子镶成的。倒过来看，认出"受命于天、既寿永昌"八个字。原来是颗传国玉玺。

孙坚很是纳闷，传国玉玺怎么会出现在井里呢？

程普算得上是一位推理高手，他说："当初少帝被张让、赵忠他们劫走的时候，匆匆忙忙没带玉玺。那个管玉玺的内侍只怕被人夺去，就把它扔在了井里。大概后来那个内侍也被人杀了，就没有人知道这玉玺的下落了。不管怎么说，这颗传国的玉玺终归是落在将军手里了，这难道不是天意吗？”

谁不愿意天意向着自己呢？孙坚高兴无比，吩咐左右不准把这消息泄露出去。然后，他拿着玉玺抚摩了好久，还枕着它睡了一夜。几天过后，他便命令军队撤回长沙。

世上没有不透风的墙。袁绍很快得知孙坚私藏玉玺，十分生气，随即下令，命刘表在荆州堵截孙坚。孙坚万万没有想到刘表会突然袭击，结果损伤了几千人马，幸亏黄盖、程普等人舍命相救，他才活着跑回了长沙。

孙坚难以咽下这口气，经过一段时间的休整后，于初平三年（公元192年）四月，率兵攻打刘表。一开始战事进行得很顺利，可惜没过多久孙坚就中了刘表手下大将黄祖的埋伏，不幸在乱军之中被人射杀。这一年，孙坚才三十七岁。

据说黄祖的士兵当时埋伏在竹林间，本来不认识孙坚，但是他们都知道孙坚喜欢戴一个红头巾，结果如蝗的箭雨扑向红头巾……因此有人说，孙坚是“帅”死的。

孙坚虽然战死，但他为东吴开国打下了根基，特别是他培养出来的一批大将，如程普、黄盖、韩当等，为后来东吴集团的发展壮大奠定了坚实的人才基础。

非凡男人行非凡事

孙策最大的贡献，是完成了父亲遗愿，为江东打下了建国的物质基础……

我们知道，曹操曾对刘备说过，“天下英雄，惟使君与操耳”。这话尽管是在特定的语境下所说，但与实际确实相差很大。因为至少有一个人，相比曹、刘，不遑多让。

这个人就是孙坚的长子孙策。

孙策是个非凡的男人。据说，他完全继承了父亲的帅气和勇气，而且说话诙谐，又加上性情豁达，因此拥有不少的“粉丝”，被时人尤其是年轻女性亲切地称为“孙郎”。

帅气的孙郎还喜欢结交名士，十岁出头就与舒县（今安徽庐江西南）人周瑜成为挚友。而周瑜后来的作为也表明，他这个朋友没有白交。

可惜人生不能永远如意。

就在孙策十八岁那年，孙坚被射杀身亡。孙策和家人悲痛欲绝，袁术却暗暗高兴。因为袁术的大半壁江山，都是孙坚打下来的。用今天的话说，孙坚在袁术集团的控股已经超过百分之五十，这让袁术成天提心吊胆。现如今孙坚死了，袁术得到了本属孙坚的股份，顿时有种天下无敌的感觉。袁术飘飘欲仙，便把治所从鲁阳迁到了寿春，紧锣密鼓地筹备起称帝事宜。

可是，孙策找上门来了，要求袁术还给他孙家军的指挥权。

儿子要回父亲的遗产，本是天经地义，但是吃到嘴里的肉怎能吐出来呢？于是袁术用长辈慈爱的语气对孙策说：“年轻人，要开拓创新嘛，怎能做啃老族呢？我已经安排你的舅舅（吴景）为丹阳太守，你的堂兄（孙贲）为丹阳都尉，你可以去那里募兵。这对你来说，是一种难得的锻炼……”

孙策无奈，只得去丹阳募兵，但是失败了，只得再次回到寿春。

袁术没想到孙策还敢回来继续讨要部队，但心想一个孩子也成不了什么大气候，况且他也不愿意在这个节骨眼上扰乱自己的称帝事宜，于是就把孙家军交给了孙策指挥。但是，姜还是老的辣，袁术仍然限制着孙策——你指挥孙家军，我指挥你。实际上，孙策对孙家军并没有独立的指挥权。

孙策很郁闷，但也想不出什么好办法，只好每天在房中看兵书，看累了便自斟自饮，借酒消愁。

有一天，孙策又在愁眉苦脸地借酒消愁，忽然有人推门而入，问道："伯符（孙策字伯符），为什么整日抑郁寡欢，借酒消愁呢？"

孙策抬头一看，是父亲的谋士朱治，忽然想起父亲生前常对他说"朱治足智多谋，有事多和他商议"，忙起身让座。

朱治好像看穿了孙策的心思似的，说道："伯符，我知道你为什么整日不高兴，是不是因为袁术不肯重用你，你完成不了父亲的遗愿呢？"

孙策点点头道："家父战死他乡，做儿子的却不能为他报仇，不能完成父亲的遗愿，我真恨自己无能！"

朱治摇摇头说："非不能也，时不宜也。如今机会来了，扬州刺史刘繇（yáo）攻占了袁术的地盘丹阳，而这个地方恰是你舅舅吴景把守的，你可以借收复丹阳、救你舅舅吴景为名，回老家发展自己的势力，创建自己的宏图大业……"

二人正谈到兴奋处，忽听窗外有人说道："好啊，胆大包天的孙策，你竟敢有如此野心！"

孙、朱二人吓出了一身冷汗，他们万万没有想到窗外会有人偷听。

正在这时，窗外人推门而入，原来是袁术的谋士吕范。

吕范，字子衡，汝南郡细阳县（今安徽太和）人。此人素有谋略，但待人和气，深受孙策敬重，因此孙策急忙起身让座。

吕范哈哈大笑着说："非隔墙有耳，乃二位声音太大耳。"笑完后，他一本正经地说，"我是来为孙将军出谋划策的，不巧听见了两位的谈话，我深表同意。袁术这人心眼多得如筛子，不可以共谋大业，我有几百武士，愿助孙将军一臂之力。"

孙策非常高兴，说道："好倒是好，但恐怕袁术不会同意我出兵。"

朱治道："袁术心中一直想着传世玉玺，事到如今，我们不妨用玉玺作押，袁术一定会答应的。"

第二天，孙策以玉玺相押，不出所料，袁术果然点头答应。孙策带领朱治、吕范、黄盖、程普及三千人马直奔丹阳。

行军到半途，周瑜听说自己儿时的亲密伙伴孙策带兵打丹阳，也来加入。孙策高兴得差点蹦上天去，当即在心里大叫了三声：“天助我也！”

周瑜的加盟确实值得孙策如此兴奋。

周瑜，字公瑾，出身于名门大族，他的堂祖父周景、堂叔周忠，都官居汉朝太尉之职。其父周异，曾任洛阳令。周瑜本人身材高大、相貌俊美，而且在音律上造诣极深，以至时人常说“曲有误，周郎顾”。

更令人称道的是，周瑜从小就饱读诗书，胸有韬略，凡接触过的人均认为其有雄才大略。

因此，当刘繇听说孙策来战，还带着周瑜这样的帮手，心里当下就有些着慌。加之他生性胆小，对刀枪棍棒有一种天然的畏惧感，尽管人马比孙策多几倍，心里仍然全无战而胜之的底气。

没有自信能打仗么？打架恐怕都不成。果不其然，双方刚一交手，刘繇就被孙军打得大败而归。

第二天，孙策又带兵攻城。这时刘繇手下的猛将太史慈主动请战。太史慈身材修长，长着一把漂亮的胡须，很有一副“文艺范儿”；而且猿臂善射，弦不虚发，是个真正的神射手。可惜刘繇根本瞧不起他。但大敌当前，也无良策，只得让太史慈出战。

太史慈果然是一员猛将，连杀孙策几员战将。孙策一拍战马，和太史慈打在了一起。二人都使长枪，只见枪头乱撞，却不见人影，打得难解难分。太史慈便出了绝招回马枪，孙策知道来不及躲闪，伸出左手，一下抓住了枪杆，又出右手，用枪猛刺太史慈，太史慈也抓住了孙策的枪杆，二人用力，从马上翻了下来，长枪落地，又短兵相接。朱治唯恐孙策受伤，命人鸣锣收兵，二人这才回归本队。

以上情节在《三国志》等史书中多有记载，但以《三国演义》的渲染更为出彩。

后来孙策见很难取胜太史慈，便改攻他人。先是生擒了刘营大将于麋，后又枪挑樊能于马下。

刘繇一看，孙策果然厉害，自己绝无赢的可能，便投奔刘表，但太史慈坚决不投降，他带领手下人马，准备和孙策决一死战。

之后，孙策设计活捉了太史慈，并以诚心感动了这员猛将，最终在刘繇手下郁郁不得志的太史慈归降了孙策。

为了报孙策的知遇之恩，太史慈主动请缨去召集刘繇的散兵，并说好次日正午返回。孙策当即点头答应，有人怕太史慈乘机逃跑，孙策说："太史慈为人忠诚，明日正午定会返回。"

由于太史慈在将士们的心中很有威望，所以散去的人马都聚集到了他手下。太史慈带着他们如期回到了孙营。

后来，在太史慈等人的帮助下，孙策带兵打败了盘踞江东的军阀严虎（《三国演义》称作严白虎）。严虎逃到会稽太守王朗处，孙策又以此为借口，大败王朗，占领了会稽。

这样，经过几年的征战，孙策大抵占据了江东各郡。

建安五年（公元 200 年），曹操与袁绍在官渡对垒相持，孙策暗中盘算袭击许都，迎取汉献帝，便秘密整顿军队，部署将领。

当初孙策在打击严虎时，曾杀死了投靠严虎的原吴郡太守许贡。许贡的小儿子与许贡的忠心部下二三人，此后长期躲藏在长江边，等候机会为许贡报仇。建安五年四月初四，孙策独自一人骑马外出打猎，这几个人发现后，一起动手，把孙策打成了重伤。

孙策虽被赶来的侍卫救回，但终因伤重不治而亡，年仅二十六岁。临死之前，被《三国演义》誉为"小霸王"的孙策拉住二弟孙权的手说："举江东之众，决机于两阵之间，与天下争衡，卿不如我；举贤任能，各尽其心，以保江东，我不如卿。"这些话给了小孙权莫大的信心。

孙策同时也拜托了张昭等人，好好地辅佐孙权。

孙策虽然过早地死去，但他却拉起了一支有很强战斗力的队伍，也占据了一块相当大的地盘。这就为孙权在江南建国，奠定了极为重要的物质基础。

靠才华打天下

颜值出众的孙权，依靠自己的才华，在江东闯出了一番新天地……

孙策死后，二弟孙权继承了他的事业。

根据史书记载，孙家兄弟共有五人，个个都很俊秀，尤以孙权的相貌最为出众，“方颐大口，目有精光”。按照古人的说法，方颐，则骨络强壮；大口，则能吃四方；目有精光，则生命力十分充沛。可见是一个既能健康长寿又能永葆基业的最恰当人选。

此外，孙权还有两点异于常人之处：一是紫髯，二是长上短下。

“紫髯”，是说他身体好。至于“长上短下”，是指人的躯体长，两腿短。也就是站起来显矮，坐下去却显高。按古人的迷信说法，只有不需要站着侍候人，而坐着等别人侍候的贵人才是如此长相。刘备两手垂膝，也可说是“长上短下”。这当然是糊弄人的鬼话，不值一驳。

孙权从小就深受长兄孙策喜欢，打仗时孙策总带他在身边。孙策打下江东各郡后不久，就任命孙权当阳羡（今江苏宜兴）县令。而那时的孙权，仅仅只有十五岁。

孙策为什么如此喜欢孙权呢？最主要是因为孙权“性度弘朗，仁而多断”。孙策有时和孙权谈军政要务，孙权的看法每每颇为中肯，让孙策有时也自叹不如。孙权另有一个长处，很像孙策与父亲孙坚，那就是“好侠、养士”，也就是崇尚侠义、蓄养门客。“好侠”，就会声名远播；“养士”，就会有人相帮。孙策早就看出了乃弟的这一特长，所以才在临死之时说：“举贤任能，各尽其心，以保江东，我不如卿。”

孙策确实没有看走眼。孙权后来的作为也证明，颜值出众的他，从来都是靠才华吃饭。

继承了孙策的基业之后，孙权果然举贤任能，把父亲的老部下、哥哥的部下及好朋友们，都团结在了一起。

只有一人除外。

这个人叫李术，是孙策在世时任命的庐江郡（辖区在今安徽中部一带）太守。此人心术不正，孙策一死，他见孙权不过是一个二十岁不到的“小毛孩”，就公然收容了若干反对孙氏政权的人。

为了摸清楚李术的意图，孙权一开始并没有采取强硬的行动，而是致信李术，要求他交出这些反叛者。

这一招非常沉着镇定，李术果然沉不住气，公开表示“有德见归，无德见叛，不应复还”，也就是说，如果你孙权有德行有本事，这些人自然会团结在你身边，如果你啥也不是，他们当然要反叛你了，这样的人我能交给你吗？

这不明摆着欺负人吗？孙权当然不能忍。

更何况，孙权新官上任，正愁找不到立威扬名的机会，李术既然主动递上了刀子，我又岂能不接！因此，孙权决定拿李术开刀。

孙权心里很明白，李术之所以敢和自己对抗，是因暗中以曹操为后台之故。因此在动手之前，他先给曹操写了一封信，指出自己讨伐李术的原因是此人滥杀无辜，无端杀了曹操所用的扬州刺史严象。

严象其实是孙策在世时任命的，不过在手续上孙策曾经上表给朝廷，推荐严象为扬州刺史，曹操则顺水推舟，用献帝的名义任命了严象。

就如同曹操任命严象一样，孙权写信也只是个可有可无的程序而已，但给予了曹操足够的尊重。更重要的是，孙权同时在信中要求曹操不要出兵帮助李术。

结果真如孙权所愿，当他率军围攻李术时，无论李术如何向曹操求救，曹操都置之不理。

为什么孙权觉得有把握，曹操能答应他这个要求呢？这是因为孙权在继承父兄的基业不久，曹操已经开始拉拢他，上表给献帝，拜孙权为“讨虏将军，领会稽太守”。

正是因为孙权对大局洞若观火，才初露锋芒，便旗开得胜，一举解决了庐江太守李术，建立了他的威望。

此后，孙权以张昭为师，以周瑜、程普等旧臣统御诸军。又广招贤才，聘求名士，诸葛瑾、陆逊、徐盛、顾雍、顾邵等人均被招至其麾下。江南局势稳定了下来，人民也开始安居乐业。

尤其值得一提的是，这一时期有一个人的加入，为孙权以后成就霸业做出了突出的贡献。

这个人，就是在《三国演义》中被塑造成忠厚老实形象象征的鲁肃。

鲁肃，字子敬，临淮郡东城县（今安徽定远）人。与《三国演义》的描述不同，鲁肃体格魁伟，性格豪爽，喜读书，好骑射，是个文武全才。

鲁肃出身富裕之家，不过没有为富不仁，而是仗义疏财。黄巾起义爆发时，周瑜担任居巢（今安徽巢湖）县令，因缺粮向鲁肃求助，鲁肃二话不说就将一仓三千斛粮食慷慨赠给周瑜。从此，二人结为好友。

周瑜于建安三年（公元198年）投奔孙策时，鲁肃与之同行。孙策一见鲁肃便非常赏识。后因鲁肃的祖母去世，鲁肃回家奔丧，离开了孙策。

一晃两年过去，有人建议鲁肃投奔曹操。鲁肃觉得，如此重大的事情，不征求一下老友的意见说不过去，就跑去问询周瑜。

周瑜的意见很实在。他告诉鲁肃，当今天下，不仅君主可以选择臣下，臣下也可以选择君主，这就叫“良禽择木而栖，贤臣择主而事”。但是呢，要跟对人，走对路，才能做成事。如今孙权亲信贤人智士，接纳奇才异能，有识有志之士纷纷归附。你为何不留下来与我共襄盛举呢？

鲁肃觉得周瑜说得在理，也就听从他的劝告，留了下来。

此后，鲁肃竭尽所能辅佐孙权，每遇大事，他都参赞谋划，且思深虑远，有过人之明，尤其是在不久后的赤壁大战中表现得最为明显。

甚至可以这样说，没有鲁肃这个人，就没有赤壁之战，就没有孙刘联盟，也就没有了后来的三国鼎立。

第五章

谈笑间，樯橹灰飞烟灭

天无绝人之路

如果不是曹操几乎把刘备逼上绝路，可能就不会有未来的孙刘联盟……

赤壁之战的缘起，通常被认为是曹操对战略要地荆州的争夺而引起。但实际上，从某种程度上说其导火索是由孙权点燃的。或者换句话说，是由于孙权的咄咄逼人挑起的。

建安十三年（公元 208 年）春，为了报长兄孙策之仇，也为了扩展地盘，孙权一举攻破夏口城（今武汉汉口），杀了刘表的大将江夏太守黄祖。

这一事件使曹操颇为震惊。

当然要震惊。因为此战意味着孙权的势力已开始向西部扩展，下一步必将觊觎江陵，贪图襄阳，鲸吞荆州。这是曹操不能接受的。

其实在此之前，曹操干得也非常出色。

官渡之战后，袁绍的儿子袁熙、袁尚带领袁氏残军远逃辽西乌桓（中国古代北方少数民族），准备借乌桓的力量东山再起。

建安十二年，曹操率领大军远征乌桓。在名士田畴的引导下，曹军秘密穿过五百余里的崇山峻岭，突然出现在乌桓大本营附近，迅速击溃了乌桓军队和袁氏的残余势力。在回师途中，曹操写下了“东临碣石，以观沧海”的著名诗篇。

至此，战乱多时的北方基本实现了统一。而曹操内心深处随之涌起的，自然是对跃马南下、一统天下的渴望。

因此，面对孙权咄咄逼人的气势，已升任丞相的曹操不可能坐视不管，他迫不及待地想要拿下战略要地荆州，以防落入孙权之手。

荆州位于长江中游，地理位置极为重要。夺取了荆州，尤其是占领了南郡的郡治江陵（在今湖北荆州），逆流而上可以攻取益州（今四川成都及其周边部分地区），顺江而下可以攻取扬州，这也正是曹操、刘备和孙权都要拼命争夺荆州的原因。

不过要想得到荆州，得先问刘表同不同意，因为此时的荆州掌握在他手里。

刘表此人虽然胸无大志，但作为封疆大吏，其实他干得还算不错。在刚成为荆州牧时（公元190年），刘表面对的是盗贼四起、乱兵丛生的糟糕境况。在他的一番经营下，局势很快稳定。同时，他还劝课农桑，在荆州当地发展生产，安抚流民，原本一片乱象的荆州，很快出现了蒸蒸日上的势头。

除了发展生产，刘表还大力“兴文教”。他是儒生出身，对文化教育非常重视，在荆州各地兴建学校，甚至自己做老师在学校讲课。当时北方战乱，大批士子南逃荆州，刘表对这些人很礼遇，不但给他们财产和土地，更资助他们进行研究。中国文化史上著名的荆州学正是在此时形成，后来南北朝文化的交流，也是以此为起点。

再造荆州的刘表，更有东汉末年大多数官员不具备的品质——清廉。他是一个生活简朴、为官廉洁的官员，多年来呕心沥血，他的家中竟然连存款都没有。

正是由于刘表为官清廉而又勤政，他治下的荆州军民才过上了太平日子。鲁肃就曾很羡慕地对孙权说，荆州有千里沃野，这是帝王能够称霸的根本。明末大儒王夫之在反思明亡教训的时候，也曾把刘表拿出来说事，他说刘表“无显著之腻，故荆州自若”，也就是说，刘表因为他的休养生息，给荆州带来了幸福的和平时光。

可以这样说，在《三国演义》中被描述得碌碌无为甚至不堪的刘表，其实在荆州干得风生水起，而且甚得人心。

不过，真实的刘表和《三国演义》中的刘表至少有一个特性是一致的，那就是教子无方以及不善于处理家庭矛盾。

刘表有两个儿子，长子刘琦，次子刘琮（cóng）。最初，刘表因为长子刘琦与自己的相貌相似，十分喜爱他，想把他立为自己的继承人。但后来，次子刘琮娶了刘表继室蔡夫人的侄女，蔡氏就爱屋及乌，喜爱刘琮而讨厌刘琦。于是蔡氏经常在刘表面前诋毁刘琦，刘表因为宠信蔡氏，逐渐信以为真。另外，蔡氏之弟蔡瑁及其外甥张允也深受刘表信任，且二人又与刘琮关系非常不错，因此刘琦对自己的前途命运很是不安。孙权攻破夏口后，刘琦听从诸葛亮的建议，向刘表请缨代替战死的黄祖出任江夏太守，以求自保。刘表当即答允。

这年七月，曹操踌躇满志地率兵三十万，号称八十万，南下攻打荆州。

刘表一直以来似乎都对曹操不感冒，曾支持过袁绍和张绣与曹操对抗。因此对曹操的到来，已重病在身的刘表采取的是抵抗策略，至少他是不愿将荆州拱手让给曹操的。《三国演义》有所谓的“刘表让荆州于刘备”一事，根据北齐魏收所著《魏书》和东汉末年著名文学家王粲所著《英雄记》的记载，此事可能性较高，但刘备不忍乘人之危而拒绝。

八月，刘表病亡，接管荆州的自然是他的小儿子刘琮。

《三国演义》将刘琮刻划为一个没有才能的可怜傀儡，应当比较符合史实。其实，刘表的大儿子刘琦也没有什么大的能耐，所以曹操才说出了“刘景升儿子若豚犬耳”之语。

刘表旧部蒯越、韩嵩、傅巽（xùn）等人自然也知道刘琮的斤两，所以极力怂恿他向曹操投降。

刘琮倒是想显示一下少主人的骨气，他说：“咱们难道就不能守住先父基业，以观天下之变吗？再说不是还有刘备可以帮忙吗？”

傅巽说：“这是不可能的。曹操毕竟代表皇上、代表朝廷，我们要是跟他对着干，就是以人臣对抗人主，以地方对抗中央，既没有正当性，也毫无胜算，纯粹就是自己找死。”

刘琮无语。

傅巽见刘琮似乎还在犹豫，又问：“将军不妨扪心自问，你跟刘备相比怎么样？”

刘琮说："恐怕比不上。"

傅巽说："这不就简单了吗？您想想，如果我们起用刘备，要是他也不能战胜曹操，那我们同样没有好果子吃；可如果他胜了曹操，那么他还会听将军您的指挥吗？"

刘琮读过多少书不知道，但利害关系他还是懂的。他一盘算：对啊，如果我们想对抗曹操，目前就只能依靠刘备。可无论刘备是输是赢，自己都捞不着好果子吃。那为什么不投降呢？

刘琮一降，荆州便成了曹操的囊中物。刘琮这才派人去告诉刘备。刘备又惊又气，拔出刀对来人说："今天就算把你剁成肉酱也不解我心头之恨，只是不想脏了我的刀！"

不过现在说什么也都没有用了，刘备只能"三十六计——走为上"。然而刘备跑得快，曹操追得也快。难怪民间有谚：说曹操，曹操就到。

曹操亲自带领五千精兵，马不停蹄地直向刘备追了过去，试图将这个眼中钉、肉中刺彻底歼灭。刘备却跑得越来越慢。因为路过襄阳时，有许多百姓不愿依附曹操，都跟着他南撤。十几万男女老少，骑马、坐车的只是少数，大多靠步行，一天只能走十多里地。

这样下去，别说是快马加鞭的曹操了，一般的人都能追得上。

有人对刘备说："这样下去死路一条，咱们还是先走一步吧。"

刘备断然拒绝了此建议，他说："济大事必以人为本。既然人家选择追随我，我又岂能狠心抛弃他们！"

可能，这是刘备一生中最闪光的一笔。也可能，这是后世总是"抑曹拥刘"的原因之一。

无论何时何地，一个总是把普通民众的安危放在心上的统治者，都是值得赞许的。

不过，后果也十分严重。曹操很快就在当阳的长坂（今湖北当阳东北）追上了刘备。刘军大败，刘备最后连老婆孩子都顾不上了，只与诸葛亮、张飞等数十人落荒而逃，随行人员和车辆辎重全部被曹操缴获。

幸运的是，曹操此后放过了刘备，带兵直奔江陵而去。曹操之所以没有对刘备穷追猛打，并非善心大发，而是因为江陵屯集了舰船等大量军需物资，是绝不能让他人得手的。

绝处逢生的刘备，一口气跑到了夏口，与关羽等人会合一处。不久，刘表长子刘琦也率一万余人前来相会。

然而刘备这口气并没有歇多久。这年十二月，在江陵养足精神、备齐军需的曹操，率领大军顺江而下抵达巴丘（今湖南岳阳）。曹操此行的目的很明确：消灭刘备。

刘备眼看就要大难临头。

幸好天无绝人之路。

此时，刘备“三顾茅庐”的诚心换来了厚报。诸葛亮及时站了出来，对刘备说道：“现在已经到了最危险的时候，请让我去江东找孙权求救。”

就当时的情况来说，除非投降，否则这是唯一的出路。因为此时能救刘备的，确实只有孙权。

但是，很明显的是，孙权与荆州刘家有世仇，跟曹操也并未翻脸。而且，最主要的是，孙权似乎并没有趟这趟浑水的必要。因为他大可以坐山观虎斗，就算不能坐收渔翁之利，也不会失去什么。

也就是说，诸葛亮此行能否成功，完全取决于孙权的态度。

那么，孙权的态度又如何呢？

其实，重要的不是孙权的态度，而是鲁肃的态度。

妙策定天下

《三国演义》把孙刘联盟的成功完全归功于诸葛亮，这实在是对历史的不尊重……

当年周瑜把鲁肃推荐给孙权后，孙权第一时间就和鲁肃很随意地坐在一张床上，一边喝酒，一边议论国家大事。就在这次谈话中，鲁肃向孙权提出了著名的“鼎足江东”的“榻上策”。

当时孙权说，他想建立齐桓公和晋文公那样的霸业，希望鲁肃能帮他实现这一梦想。

但鲁肃却给孙权当头泼了一瓢冷水。

鲁肃认为，急于仿效齐桓公、晋文公图霸王之业的设想是不现实的，因为曹操已取得控制汉献帝的有利地位。汉室已不可能恢复，曹操的力量也不可能从根本铲除。

那么办呢？

鲁肃提供的对策是：割据江东，等待时机。利用曹操无暇南下的机会，进攻刘表，占据荆州，然后建号称帝，逐步夺取天下。鲁肃还明确指出，由于北方存在着许多不安定因素，有些麻烦事不易处理，因此曹操统一全国的目标很难实现，这为江东出现割据政权提供了有利条件。

应当说，鲁肃的“榻上策”和诸葛亮的“隆中对”，在许多观点上是一致或相似的。两者都比较准确地把握了当时的客观形势，并提出了远大的政治目标。具有如此深刻的洞察力和政治眼光的政治家，在汉末、三国时期除了诸葛亮和鲁肃外是不多见的。而鲁肃“榻上策”的提出还比“隆中对”早七年，鲁肃的本事可见一斑。

既如此，当“荆州危机”发生时，鲁肃不可能没有自己的洞见。

实际上，刘表病故后，政治上极为敏感的鲁肃立即意识到此事的重要性，便以吊唁的名义出使荆州。当走到江陵得知刘琮投降的消息后，他又立即北上，与刘备相会于当阳。

鲁肃向刘备询问今后的去向。刘备回答说，想到苍梧（今广西梧州）去投奔在那里担任太守的老友吴巨。鲁肃劝阻刘备说，吴巨所在的地方太过偏僻，不可能有大的作为，迟早会为人吞并，不是托身的好地方。他还介绍了江东的实力和孙权的为人，指出刘备只有联合江东抗曹才有出路。

在当阳，鲁肃还结识了诸葛亮。由于诸葛亮也是主张孙刘联盟的人，两人非常投缘，很快成了知心朋友。

正是由于鲁肃的建议，刘备才放弃投奔吴巨的计划，改向东行至夏口。鲁肃也同行，后来又随刘备东移到樊口（今湖北鄂城境内）。

当诸葛亮提出去江东求救于孙权的建议后，刘备当即派诸葛亮随从鲁肃至柴桑（今江西九江西南）会见孙权，商讨两方联盟抗曹的大事。

然而当诸葛亮表达了己方愿望后，孙权却没有表态。

孙权不表态，是因为他心里一直在打鼓：不帮刘备吧，荆州肯定就姓曹了；帮刘备吧，荆州很有可能就属于刘备了。也就是说，不管帮与不帮，荆州都不可能属于自己；更麻烦的是，帮与不帮都可能让战火烧到自己家门口。这实在是一件不好决策的麻烦事。

后来的结果，我们都知道，是孙权联刘抗曹。

那么，孙权又为何如此呢？

因为问题变了，不再是要不要帮助刘备，而是要不要投降曹操。孙权得到消息，曹操拿下刘备以后还要进军江东。而且，据说曹操还给孙权写了一封信："近者奉辞伐罪，旄麾南指，刘琮束手。今治水军八十万众，方与将军会猎于吴。"曹操写起战书来惜字如金，但"会猎"一词却透露出他的诗人气质。他是一个把战争当做狩猎艺术的人，而且在战争方面也的确是一个艺术家。

孙权却无心欣赏这封信。他集合文武群僚，扬着信，失去了往日的从容。

"办法有没有？希望有没有？"孙权着急地问。

无人吭声。

陶谦、吕布、张邈、袁术、袁绍、刘表……张昭拿出一张纸，在上面写着人名。这些曾经闪耀着金光的名字，都是响当当的一方诸侯。可是，他们在曹操面前笑到最后了吗？

曾经闹哄哄的中原，你方唱罢我登场，最后还不是只剩下曹操一人？而如今，曹操又将势力延伸到了江南。还有人是他的对手吗？

张昭想了想，慢慢地在纸上又写下了一个名字——刘备。

随即，张昭露出轻蔑的神情，恨恨地想：这个家伙本是一个卖草鞋的地摊主，居然也参与到了争霸的行列！跟他联盟，不就是陪着他跳崖吗？

想到这儿，张昭毫不犹豫地说出了自己的看法——投降。

此结论一出，在座的几乎所有人都表示同意，只有鲁肃仍然沉默。孙权非常失望。几十万大军啊，不是几十万蚂蚁。千里江东，最大的优势就是地广，最大的劣势就是人稀。地广人稀，对于防守方来说，只能任敌人长驱直入。

孙权决定暂时休会。这是关乎生和死的问题，自然不能轻率下决定。

孙权起身去上厕所。现代医学认为，人在紧张的时候，肾上腺素就会超量分泌，这时就会有如厕的生理需要。

一言未发的鲁肃也跟了上去。追到檐下，孙权意识到鲁肃可能有重要的事情要说，就停下来问道："爱卿有话要说？"

鲁肃点点头，小声说道："将军，投降不是不可以，但适合我不适合您。"

孙权不解，问："此话怎讲？"

鲁肃说："如果我投降，可以慢慢高升，说不定能当个郡守、州牧什么的，这叫有利可图。可如果将军您投降的话，能升到哪步？曹操总不能让您代替他吧？但如果您身处江东，跟曹操有什么区别？"

这话一下说到孙权心坎里去了。实际上，孙权一直都非常推崇鲁肃的"榻上策"，而且他心明如镜，投降曹操吃香喝辣自无问题，但也仅能如此。只有联刘抗曹，才可能在目前保全江东，将来成就帝业。

于是孙权长叹一声说："张昭他们的看法真的很让人失望，还是爱卿懂我！唉……还是容我再三思吧。"

其实事已至此，孙权的心里已很清楚，不降曹就只有联刘，别无选择。问题是，要是打不赢怎么办？

二人直到上完厕所出来，鲁肃也没说这事，孙权也没再问一句。

不是二人不想谈，而是心照不宣：因为战败的结果跟直接投降没什么两样，但却光荣得多，有骨气得多。至少对于孙权，是如此。

那么，孙权为什么还要"三思"，不直接拍板呢？

因为他还有话要问两个人。

这两个人，就是诸葛亮和周瑜。

英雄所见略同

无论是诸葛亮，还是周瑜、鲁肃，他们对时局的看法其实大致不差……

就在与鲁肃谈话的同一天，孙权接见了诸葛亮。

这可不是一次简单的礼节性会见。孙权意有所指，那就是他必须弄清楚刘备有多少实力，又有多大的决心。

不过两人正式见面时，孙权却好像有点脑袋发懵，直到寒暄完毕，仍然没有想好试探的路子。

诸葛亮率先亮了开场白："海内大乱，将军起兵据有江东，刘豫州（指刘备，因曾任豫州牧而得名）亦收众兵于汉南（汉水之南），与曹操并争天下。现在曹操已经平定了北方之乱，又攻下荆州，威震四海。"

诸葛亮的这段话堪称高明。不仅告诉孙权他和刘备目前共同面对的严峻形势，同时也借机抬高了刘备的实力与身份，因为同一个量级的人物才有平等谈判的可能。而且说话的次序也很讲究：先孙权，再刘备，最后曹操。其实曹操起兵时，又有几人知谁是孙权，谁是刘备？

不过这种"戴高帽"的说法，孙权是爱听的；而"与曹操并争天下"云云，则向孙权明白无误地传递了一个信号，那就是谁是你的朋友，谁是你的敌人。

谈判尚未正式开始，阵营已然分明。这种拉近双方关系的开场白，委实精彩。

接下来，诸葛亮反客为主，开始替孙权谋划："将军应该对自己的实力和目前情势有一个综合研判。如果贵国的军力足以和曹军抗衡，则应该早早和曹军断交为好；若是无法与曹军相抗衡，则应尽快解除武装，臣服于曹操方为上策。”

这话不能说没有道理。能打则打，不能打则降，这样瞻前顾后、犹犹豫豫算怎么回事？

但年轻气盛的孙权觉得诸葛亮的话有点伤自尊，便反唇相讥：“照你的说法，刘备为何不向曹操投降呢？”

诸葛亮何许人也，当然知道此时绝不能长他人志气，灭自己威风，必须将抵抗到底的信息传达给对方。于是他慷慨激昂地说：“汉初的田横，不过是齐地的一位壮士，他尚且能守义而不屈，何况刘豫州乃堂堂汉室之后，英武盖世，众望所归，焉有投降之理？即便抵抗失败，那也是天意。投降曹贼，绝无可能！”

这话说得那是相当的硬气，却只能作“外交辞令”看。其实早就五易其主的刘备这回哪里是骨头硬？分明是他早就看准了投降也没有用，曹操仍然不会放过他。既如此，能不死抗到底吗？

不过孙权倒是很欣赏刘备方面的这个态度，于是他点了点头说道：“这个我倒是清楚，除了刘豫州，确实没人可以和曹操对抗到底。”

孙权的意思虽然已很明显，但战争毕竟不是儿戏，在决策之前，他仍然必须仔细盘算战胜的可能性，因此直截了当地问：“刘豫州新败之后，还能抵挡得住曹操吗？”

显然，针对这个问题唱高调是不行的，得实实在在地算账。于是，诸葛亮一五一十地向孙权分析了敌我双方的力量对比，他说：“刘豫州虽然在长坂战败，但现在陆续归来的部下和关羽、刘琦率领的江夏之军，总共不下两万人。曹军兵力众多，但远道而来，为了进行追击，一日一夜行军三百多里，早已疲惫不堪。况且北方人不习水战，这是曹军在短期内无法克服的弱点。还有，荆州的民众虽然暂时归附曹操，但那是迫于形势，并非心悦诚服……”

见孙权听得很认真，诸葛亮继续说道：“现在将军您如果真能派出猛将，带领数万大军和刘豫州联合起来，同心协力作战，那就一定能够打败曹操。曹操兵败之后，必然向北方撤退。这样，荆州、江东不但都能安然保全，而且势力会大大增强，那么天下鼎足而立的局面就形成了。所以，成败的关键，在于今日，孙将军切不可坐失良机。”

诸葛亮这一番话说得孙权连连称是。

从诸葛亮与孙权的上述对话中，我们不难看出，诸葛亮不愧为一代卓越的“外交家”。他首先指出孙刘双方共同面临的危机，拉近了彼此的关系。接着，使出激将法，说孙权如果不能打败曹操，就干脆投降得了，戳中孙权的痛点，迫使孙权说出了“为什么刘备不投降曹操”的话。这句话正好落入诸葛亮的圈套之中，诸葛亮以田横的事例来表明刘备的气节，同时也反将了孙权一军——若要保住父兄名声及个人尊严，只能断绝退路，硬着头皮去对抗曹操。虽然这句话激起了孙权的同感，但还是不够，孙权尚有疑虑。所以，诸葛亮为孙权分析了双方的实力对比，说明了如何能打败曹操，从而使孙权打消疑虑，坚定了抗曹的决心。

通过诸葛亮说服孙权的过程我们可以发现，诸葛亮所说的每一句话，都不是在说我方如何如何的惨，而是站在对方的角度，从对方的利益来考虑，暗示了如果不联手抗曹，吃亏最大的人还是你，从而使孙权最终下定了决心。

然而，孙权虽然决心已下，但孙刘联盟之事却还没有达成。因为孙权还在等待一个人的到来，他必须要征求这个人的意见。

孙权等待的这个人是周瑜。

周瑜是经鲁肃建议从前方召回的。

鲁肃这个人的聪明之处在于，虽然他知道孙权看重自己，也明白孙权就算不与诸葛亮见面，内心深处其实已基本接受了联刘抗曹的主张。但鲁肃很清醒，他知道跟张昭一起同为孙权左膀右臂的周瑜，才有资格、有能力决定这一切。

做人做事如鲁肃，夸一句忠厚确实不为过。

从前方赶回的周瑜对战局的判断跟诸葛亮完全一致。他对孙权说：

“曹操虽然托名汉相，实际上是汉贼。将军以神武雄才，兼仗父兄功业，割据江东，土地方圆数千里，兵精足用，英雄乐业，应完全有能力扫荡天下，为汉家除残去秽。”

显然，周瑜回避了曹操已经共享长江天险的事实，因为在他看来，无论曹操占据怎样的优势，东吴都能取胜。

当然，孙权调周瑜回来，不是要他做励志演讲，而是要他做军事分析，从专业的角度探讨双方的胜负概率。

周瑜顾不得劳累，直接在纸上列出了三条：一、北方并未完全平定，马超、韩遂尚在关西为乱；二、曹操舍弃战马，在船上与吴越争衡，不是中原特长，又加上正逢寒冬，战马缺少草料；三、北方士兵远涉江湖，不习水土，必生疾病。

总而言之，周瑜的看法与鲁肃、诸葛亮大致不差，曹操是在一个错误的时间，来到一个错误的地点，用错误的方法，挑起了一场错误的战争。所以，必败无疑。

孙权再无顾虑，“噌”的一下拔出刀来，“嘭”一刀砍在桌子上，大声说道：“敢再说投降曹操者，下场与此案相同！”

也就在这天晚上，孙权还和周瑜进行了一次单独谈话。谈话表达了三层意思：一是孙权已选好了三万精兵，准备好了所需的舰船、粮草和武器。二是决定由周瑜带领鲁肃和程普在前线指挥，孙权自己则坐镇江东为后援。三是如果战事不利，孙权将亲自上前线与曹操决一死战。

可见，正如鲁肃所料，孙权其实早就做好了参战的准备，也原本就打算与刘备合作。只不过，他必须得到刘备方面的保证，必须明确听到将来实际作战的周瑜和鲁肃的意见，同时还想借此机会考察一下集团成员的忠诚程度，所以才装出没有主见的样子，迟迟不肯表态。

这样的孙权堪称老谋深算，尽管他当时只有二十六岁。

部署既已妥当，吴军即刻出发。他们以周瑜和程普为左右都督，鲁肃为赞军校尉，浩浩荡荡开往樊口。

刘备盼星星、盼月亮，终于盼来了救兵，高兴之情溢于言表。他连夜只身一人乘坐一叶扁舟去见周瑜，两人一番嘘寒问暖后，刘备拉着周瑜的手说："咱们虽然坚信打败曹操指日可待，但打仗终归还得靠人，却不知将军带了多少人马？"

周瑜笑了笑，伸出三个指头。

刘备有些担忧地问："三万？成吗？"

周瑜昂起头，从鼻孔里发出了"哼"的一声，然后意气风发地说："刘将军就请宽心吧，只管备下足够的酒菜，待我破敌之后再与诸君痛饮！"

不知何时，天空泛起了鱼肚白，看来天就要亮了。

刘备长长地出了一口气，他知道，决定命运的时刻就要到了……

一场输得不明不白的战争

赤壁之战最终以曹操的彻底失败而告终，但疑云始终存在，那就是曹军究竟因何而败……

周瑜确实没有夸海口，因为吹牛不是他的风格。

赤壁之战最终以曹操的失败而告终。然而战争本身的情况，包括时间、地点、规模和胜败原因，从古至今都有各种各样的说法，很难有统一意见。但综合来看，《三国志》的记载还是比较靠谱的。

建安十三年（公元 208 年）十二月，曹军从江陵顺江而下，孙刘联军从樊口来到赤壁（今湖北赤壁）驻扎，与长江北岸的曹军对峙。

果如周瑜所料，曹军士兵因来自北方，水土不服，很不习惯南方潮湿的气候，再加上不习惯乘船，没多久就病倒了一大片。

曹操急得口角生疮，只好召集谋士们商量对策。有人献上连环计，说："将大小战船分别用铁环锁住，十几条船一排，每排船上铺上宽阔的木板，不仅人可以在上面行走自如，就是马也可以在上面跑起来。"

曹操很高兴，重赏了这个出“金点子”的人，然后下令：“连夜打造连环大钉，锁住大小战船。”这样做后，效果果然不错，人在船上走，如履平地，一点也不觉得摇晃。

驻防在长江南岸的孙刘联军，看见曹操将战船连在了一起，很快想到了火攻。正在发愁无法将火种靠近敌船时，周瑜手下的大将黄盖出主意说，这还不简单吗？我假装前去投降曹操就行。

周瑜大喜，当即以黄盖的口吻给曹操写了一封信，大意是说，曹公啊，你就是我心中的战神，这辈子要是不追随你，我活着还有什么意义！

曹操还以为是黄盖看清了形势，要弃暗投明，高兴得都有点忘乎所以。周瑜则将各路人马布置停当，只等东南风起，便火攻曹营。

天公也真作美，到了冬至那天，原本刮西北风的赤壁一带忽然刮起了东南风。黄盖又去了一封信给曹操，约定晚上带着几十只粮船到北营来投降。

到了黄昏时分，风越刮越大。在黄盖的带领下，数十艘战舰装满柴草，又浇了油，蒙上布幔，插上旗帜，浩浩荡荡地驶向北岸。每只船后又拴着三只划动灵活的小船，小船里都埋伏着弓箭手。

那天晚上，星光闪闪，江面上还望得见船只移动。曹操带着几个谋士和侍卫正在楼船上瞭望。忽然瞧见对岸的船队顺风而来，隐隐约约还能看见船头飘着的旗帜。

曹操捋了捋胡子，不无得意地说：“黄盖果然来了。”

谋士贾诩则皱着眉头说：“今天起了东南风，咱们得防备意外。”

另一谋士程昱也说：“来船轻快得很，好像不是粮船。”

曹操也觉得有些不对，“哎呀”一声道：“那还了得！”立刻下令派出一队小船去传送命令，“来船抛在江心，不准过来！”一面叫各船将士准备弓箭。

可惜已经来不及了。黄盖的大船离北岸约二里左右时，只见黄盖大刀一挥，数十艘大船一齐着起火来，火焰腾空而起，像狂舞的火龙，飞驰着一起撞入曹操的水军中。

火趁风势，风助火威，一眨眼的工夫，曹军的水寨成了一片火海。由于水寨外围都是用铁钉和木板连起来的首尾相接的连环船，一时间拆也无法拆，逃也逃不走，只好眼巴巴地看着大火烧燃战船。

黄盖他们则早已跳上小船，不慌不忙地接近北营，向岸上发射火箭。这样一来，不但水寨里的战船被烧，连岸上的营寨也着了火。一时间，江面上火逐风飞，一片通红。

岸上的人和马烧死了不少，船上的士兵更是烧得焦头烂额，在一片哭爹喊妈声中，扑通扑通直往水里掉。淹死的、烧死的，不计其数。

曹操正在上岸不得、下水不能的紧要关头，幸亏大将张辽带着一队小船把他救了出来。曹操上了岸，逃了一程，将士们陆续找到了他。曹操集合起一队人马，急忙向乌林（今湖北洪湖市东南）退去。沿路又被赵云、张飞、关羽等人截击，等到东方发白，才逃出了虎口。

孙刘联军继续水陆并进，追击曹操到了江陵。这时，曹操的军队病饿交加，死了将近大半。曹操只好留下征南将军曹仁、横野将军徐晃把守江陵，折冲将军乐进把守襄阳，自己则率领残兵败将退回了北方。

赤壁之战至此结束。在这一战中，曹操可谓一败涂地，损失惨重。

赚得盆满钵满的是刘备。

赤壁之战前，他寄人篱下，累累如丧家之犬。赤壁大战后，他乘胜取得武陵、长沙、桂阳、零陵四郡，次年又任荆州牧，治所在孱陵的油江口，并将孱陵改作公安（今湖北公安县），实力得到了空前的发展。

孙权也斩获不小。

赤壁大战的主战场刚刚结束，周瑜就趁势围攻由曹仁和徐晃把守的江陵，同时派出大将甘宁攻占了夷陵（今湖北宜昌市夷陵区）。曹、徐二人坚守了一段时间后，弃城而逃，江陵落入孙权之手。孙权还经由刘备向朝廷推荐，做了徐州牧。此后，江东政权进一步巩固，孙权算是彻底坐稳了江东第一把手的位子。

因此，赤壁之战委实是三国史上的关键点。经由这场战争，鼎立之势出现，对峙之势已成。

第六章

各有各的手段

总算熬出了头

刘备得西川，与他打着“仁义”的旗号是分不开的，虽然这有点假……

赤壁之战结束以后，刘备虽然拥有了真正属于自己的地盘，但这显然满足不了他的胃口，何况江南四郡还是荆州最穷的地方。因此，刘备将目光盯在了天府之国益州，这也是“隆中对”中诸葛亮提出的“霸业可成，汉室可兴”的先决条件之一。

不幸的是，孙权也早就在打益州的主意了。周瑜攻下江陵后，孙权控制了西起夷陵东至寻阳（今湖北黄梅）的长江防线，并占有荆州的江夏郡，便开始觊觎益州。

但孙权有一个大麻烦是，江东与益州并不接壤。如果要走北路经安康进汉中，显然是不可能的，因为曹操不会答应；如果走南路沿长江而西进，则要经过刘备的地盘。

于是孙权决定和刘备再一次合作。

他派人给刘备送了一封亲笔信，信中说：“张鲁霸占巴郡（辖境在今重庆全境、四川东部、贵州北部、陕西南部、湖北西部等地）、汉中当土皇帝，甘心为曹操作耳目。刘璋更不是一个合格的管理者，把益州搞得乌烟瘴气。如果曹操霸占了益州，就会往西重夺荆州，这样你就危险了。所以我想和你联合起来，先攻打刘璋，然后再去教训张鲁，把巴蜀和吴楚之地连接起来。如果成功了，就可以高枕无忧了。”

刘备接到孙权来信后，立即召开了一次内部会议。有人建议不妨先假装答应孙权，因为就算孙权打下了益州，那也只是一块“飞地”，他不可能从空中飞过去治理，那样益州还不是归咱们所有吗？

荆州主簿殷观则不这样认为，他说：“我们在西，孙权在东，如果联合，我们必然替江东集团打头阵，就算拿下了益州，我们也成了炮灰；如果拿不下，孙权也可趁机把我们挤出荆州。”

刘备出于礼尚往来，也给孙权写了一封信：“益州地势险要，民丰国富，老百姓生活水平高。刘璋虽然不中用，但他在文臣武将的帮助之下，还是可以自守门户的。张鲁是一个见风使舵的小人，未必甘心当曹操的爪牙。现在贸然进兵，千里迢迢跑去抢人家的地盘，兵马粮草运转于万里之间，操作难度实在太大了。就是吴起、孙武在世，他们也不敢保证一定会成功。再说曹操在赤壁被我们胖揍一顿后，哪里还有精力、有能力去打大西南的主意呢？我们还是先经营好自己的一亩三分地为好。”

孙权当然明白刘备在耍什么心眼，但面对益州这样一块香喷喷的大蛋糕，他实在舍不得放弃，于是决定单干。他命堂兄孙瑜率领江东水军驻扎在夏口，摆出一副即将出兵益州的架势。

孙权的意图刘备猜得一清二楚，迅即做出应对之策：让关羽屯兵江陵，张飞屯兵秭归，诸葛亮屯兵南郡，自己则坐镇公安统一指挥。

部署好防务后，刘备还派人给孙权写了一封信，信中说：“将军如果强行通过我的地盘去攻打刘璋，我就只好披头散发归隐山林，从此不见于江湖。绝不食言！”明眼人一看便知，刘备这句话的潜台词是：如果你非要去欺负我们老刘家的人，我就跟你死磕！

三十不到的孙权当然不愿和五十岁的刘备为了这么个事拼个你死我活，只好撤回了孙瑜。

孙瑜一走，刘备立刻把工作重心转移到西进夺取益州上。正所谓“瞌睡碰着了枕头”，建安十六年（公元 211 年）春的一天，正当刘备苦恼于该找一个什么理由出兵益州时，益州牧刘璋却派人邀请他进驻益州。

这是怎么回事呢？

一切要从几年前的一个事件说起。

当时曹操刚打下荆州，作为益州的当家人，刘璋看出了曹操的实力独步天下，无人可挡。为了自己的安全和处境着想，他派出使者向曹操致以最崇高的敬意，说穿了就是想巴结曹操。

使者的名字叫张松，是刘璋的别驾从事（相当于秘书）。根据史书记载，张松长得可不像青松般伟岸挺拔，而是身材矮小，相貌丑陋。

不过张松人虽丑，自尊心却很强。当他风餐露宿、马不停蹄地来到荆州见到曹操后，正春风得意的丞相大人却没把他这个形貌猥琐的使者放在眼里。不但没有按常规外交礼仪接待他，甚至都不怎么搭理他。这让张松很受伤，觉得做人的尊严荡然无存。

怀着一肚子怨气的张松随即又去见了刘备，没想到这位刘皇叔却对他热情备至，待为上宾。

两相比较，张松愤意难平。他在心里发誓说，要不给曹操的后代一点颜色瞧瞧，我的面子往哪搁？以后还能在江湖上混吗？

因此，一回益州，张松就在刘璋面前大肆诋毁曹操，并竭力劝刘璋与曹操断绝往来而交好刘备。特别是张松关于"刘豫州和你是同宗兄弟，可以成为你的心腹"的话，让刘璋很是受用，因而采纳其意见，决定派一个人去荆州与刘备通好。

派谁去呢？张松推荐了自己的好朋友法正。

法正，字孝直，扶风郿（今陕西眉县）人，时任刘璋手下的军议校尉，也就是一个小小的军事参谋人员。这对出身名门（其爷爷为名士法真）的法正来说，颇有怀才不遇之感，因而脑袋里时不时地就会蹦出跳槽的念头。那么跳槽到何处呢？法正心里也没谱，只是隐约觉得，实在不得已的话，刘备处也值得一试。

不过当刘璋真的把出使荆州的任务交给法正时，法正却推辞了。他的理由是官卑职小，难以胜任。

刘璋不答应，坚持要法正出使荆州。法正这才做出了勉强接受使命的样子，前往荆州联系刘备。

当然，刘璋永远不会知道，这是张松与法正共同导演的双簧戏，为的就是避嫌，其目的是不想引起怀疑。

法正来到荆州，通过与刘备的一番接触，觉得这是一个能干大事的人，是值得为之效劳的人。法正回到益州后，便与张松多番密谋，决定一俟时机成熟，就拥戴刘备为益州之主。

这一等就是三年。

建安十六年春，曹操扬言要进攻汉中的张鲁。汉中是益州的门户，刘璋很清楚，曹操一旦过了张鲁这一关，自己就将是他砧板上的下一块肉。

这让刘璋紧张万分，不知所措。

张松、法正认为时机已到，就对刘璋说："刘豫州是汉朝的宗室，跟您是一家，跟曹操是仇敌。他又善于用兵，如果让他来讨伐张鲁，一定会成功。张鲁一败，由刘豫州坐镇汉中，即使曹操前来，也不用怕了。"

刘璋当然愿意有个刘家人帮他看家护院，于是采纳张松的建议，派法正率兵四千，去荆州迎请刘备入蜀。

没曾想法正到了荆州，一分钟也不愿耽搁，当即向刘备陈述了夺取益州而不是汉中的计策，并献上标示有蜀中山川处所等的详细地图。

对益州垂涎三尺的刘备内心高兴至极，脸上却露出一丝犹豫之色——他当然不是不想要，只是觉得有点不好意思。

说来也是。人家请你去帮忙，你却趁机把人家灭了，这算什么事呢？更何况，刘备曾四处对人讲，我之所以能成功，就是因为做人做事跟曹操不一样。他暴躁，我宽和；他残忍，我仁慈；他奸诈，我忠厚。自个儿往脸上贴了无数层金了，这回又怎能失信于人？

就在刘备感到为难时，庞统发言了。

庞统，字士元，荆州襄阳人。在史书和《三国演义》中都有"凤雏"的雅称，似乎在历史上的名声与诸葛亮不相上下。

其实不然。

综观庞统一生的作为，跟诸葛亮明显不在一个量级。不过，此人有一个爱好胜过诸葛亮，那就是特别喜欢评价别人，而且从不出恶语，总是把别人往高了说。当时的人们对这种"夸张式"评价很不解，就跑去问他。

庞统说："方今天下大乱，善人少而恶人多，正能量更是缺乏。我之所以这样做，不过是帮助别人培养起名声，以便使他们成为榜样，为世风的改善起到引领作用。否则，大家都对社会感到失望，善人自然会越来越少。”

庞统的见解是否合适，姑不评论。但他接下来帮刘备打消顾虑的说辞，却很难让人为他鼓掌。

他告诉刘备说，身处乱世，有些为人处世的规矩和原则就不必遵守了，要随机权变才好。况且吞并弱小，攻击愚昧，本就是天经地义的事。只要咱们将来给刘璋一个大官做，再封给他一片土地，不就对得起他了吗？世人又能说什么呢？但是如果现在不动手，就会被别人占了先机，到时悔之晚矣。

坦率地说，庞统这番话纯属强盗逻辑，但刘备其实只是要一个说法而已，庞统的话则正好解除了他的心理负担。因此，他欣然接受。

建安十六年十二月，刘备留下诸葛亮、关羽和张飞驻守荆州，自己和军师庞统率领数万人，沿江而上往益州进发。

闻知刘备入蜀，刘璋带兵出成都迎接，两人相会于涪城（今四川绵阳）。在当日的接风宴上，庞统劝刘备拿下刘璋，强占益州。刘备认为这样太失道义，予以拒绝。

庞统又献上中下三策。上策是派精兵出其不意，奇袭成都；中策是诈称曹操进犯要还救孙权，向刘璋借兵借粮，刘璋不借，名正言顺讨伐；下策是退回白帝城，巩固荆州，徐图进取。

刘备取中策，等待时机。

在涪城欢宴数日后，刘备按原来的约定带兵北上攻打张鲁。刘璋给刘军补充了许多物资，又派大将杨怀、高沛统领白水军，听从刘备指挥。

此时的刘备，堪称兵多粮足。那么，他去攻打张鲁了吗？

怎么可能！

兵至刘璋地盘与张鲁地盘交界处的葭萌（今四川广元），刘备就停兵不前，在川北一带广树恩德，收买人心，等待机会。

机会说来就来。

建安十七年（公元212年）十月，曹操南征孙权。孙权旋即向刘备求救。刘备便装模作样地给刘璋写信，信中说："曹操征吴，孙权危在旦夕。我与孙将军唇齿相依，不能见死不救。还有，乐进与关羽相拒，而荆州兵力微弱，如果不回师救援，一旦荆州失守，益州危害大矣。汉中张鲁不过是自守之贼，不足为虑。"说完冠冕堂皇的话后，刘备又在信中向刘璋借兵一万，以及相应军资粮草。

刘璋本就对刘备在葭萌止步不前很是不高兴，对他要求回荆州的举动更是有所疑惑，便打了个折扣，借兵四千，粮草军资给半数。

这时，作为刘备内应的张松，不知刘备借口东行是用计，当即写信给刘备说："如今大事唾手可成，为何放过这机会远走呢？"

可惜张松的信还没发出，便被自己的哥哥、广汉太守张肃发现。张肃向刘璋告密，刘璋诛杀了张松，并下发命令，要求各关口加强戒备，不再听命于刘备。

张松的被杀和刘璋的狐疑，给了刘备伐蜀的口实。他先是召见白水关（在今四川省青川县境内）守将杨怀、高沛，指责他们待客无礼，立即军法处斩。然后长驱南下，占据了涪城。

据说占领涪城后，刘备曾大宴庆功。席间，他乘着酒兴对庞统说："今天先生应该高兴吧？"

不曾想此时的庞统不知是良心发现，还是出于提醒刘备的目的，说了一番大煞风景的话："占了人家的地盘还高兴，恐怕不是仁者之兵。"

醉意朦胧的刘备一听此话，勃然大怒说："武王伐纣，前歌后舞，难道也不是仁义之师吗？你给我滚！"

庞统默然退出。

过了一会儿，刘备可能觉得自己的做法有些过火，便又把庞统请了回来。庞统回到原来的位置坐下，不看刘备，也不道歉，只顾自己吃喝。

刘备问："刚才我们到底谁不对？"

庞统说："都不对。"

刘备大笑，酒宴上又恢复了欢乐的气氛。

就在这次宴会后不久，刘备在攻克雒（luò）城（今四川广汉北）的过程中，庞统不幸中箭而亡。据说，今四川省德阳市罗江区白马关镇有一个叫落凤坡的地方，即是当年庞统身亡处。

庞统一死，刘备自感失去了一只臂膀，很是悲伤。幸好，此时诸葛亮和张飞、赵云率领援军到来，刘备合兵一处，于建安十九年（公元214年）包围成都。

刘璋虽成瓮中之鳖，但此时城中尚有三万精兵，粮食也够支撑一年，因此官吏和百姓都想抵抗。

然而刘璋仰天长叹一声说："我父子二人在益州二十多年，对百姓既无恩亦无德，反而连累他们受了三年战争之苦，我于心何忍啊！"于是打开城门投降。

刘备却仰天长笑。是啊，刘备确实应该笑。他已经五十多岁了，半生颠沛，一路坎坷，现在总算熬出头了，能不笑吗？

但他很快就笑不出来了。

据说，投降当天，成都城内哭声一片。显然，这里的人们并不欢迎刘备这个"外人"。

那么，刘备该如何治理这个新得来的天府之国呢？

"能攻心则反侧自消"

治蜀先治心。刘备在治蜀方面的做法值得后世深思……

四川省成都市的诸葛武侯祠前有一副对联：

能攻心则反侧自消，自古知兵非好战；

不审势即宽严皆误，后来治蜀要深思。

虽然一般认为，此联是在赞叹诸葛亮的治蜀之道，以鉴于后世。但平心而论，作为蜀国的最高统治者，治蜀之功无论如何都少不了刘备的一份功劳，而且还应该是大功劳。

实际上，刘备占领益州后，一直采取的是“攻心”政策。

刚进成都时，首要的任务自然是稳定社会秩序、巩固政权。按照当时的惯例，城破之后，所有的金银财物都可作为战利品赏给众将士。刘备自然也不敢破这个例，但还是作了变通：金银财宝分给众将士，谷帛等生活必需品则各还其主，以保证人民的生活。

刘备的部下还曾建议将名田豪宅赏赐给诸将，但遭到大将赵云的反对。赵云劝刘备不要把老百姓的田产私自处置，他说，我们从东边打进益州，这里的百姓已经遭受了不必要的惊扰和损失，为此我们更应该采取休养生息政策，让百姓耕其田，住其屋，以消除不利影响。况且，房子和地都是百姓的心头肉，你抢走了，蜀地百姓还能跟着你干吗？刘备欣然采纳了赵云的建议。

刘备采取的另一项重要“攻心”措施，就是实行“蜀人治蜀”的方针。

刘备刚刚入主益州时，大力提拔重用的，是他从荆州等地带过来的人。这部分人跟随刘备多年，东拼西杀，历尽磨难，刘备重用他们是情理之中的事。

但刘备也清醒地认识到，光用这部分人显然是不行的，也是不可能的。况且“强龙”还不压“地头蛇”，一旦“地头蛇”捣起乱来，凭着他们人多势众、关系千丝万缕、熟悉当地各种情况，以及强大的本土号召力，后果将不堪设想。为此，刘备很注意留用刘璋的旧部，以为己用。

不过，刘璋的旧部很多，成分也很复杂，既有庸庸无能之辈，又有真知灼见之才；而且少数人对刘备有好感，多数人对刘备有敌意。但对这些情况，刘备并不是很了解。这时候，又是法正站了出来。

法正以许靖为例，提醒刘备要破除门户之见，广泛地把刘璋旧部团结在新政权的周围。他说：“许靖是益州有名望的士人，只要主公诚恳地对待他，就可以利用他的影响力去感化益州所有对主公有敌意的人。”

刘备深以为然，先是任命许靖为益州长史，不久又提拔他为司徒。

由于许靖的故旧很多，资历深，名声大，被起用后，不仅在蜀国有影响，连曹操政权中的一些名人，如华歆、王朗等人，也对刘备政权刮目相看。

尝到了甜头后，刘备开始更加大胆地起用刘璋的旧部，李严可以说是其中的一个代表。

李严，字正方，南阳人。年轻时一直在荆州为官，以才干知名。曹操率军南下攻打荆州时，李严正担任秭归县令，他见荆州一带战乱将起，便弃官西行，入蜀投靠刘璋，刘璋任命他为成都县令。任职期间，李严以治事能干闻名。

建安十八年（公元 213 年），刘璋升李严为护军（军中监督官），派他到绵竹督促诸军抵御刘备的进攻。李严阵前倒戈，率军投降了刘备。攻占成都后，刘备委任李严为犍为郡太守、兴业将军。

在犍为太守任上，李严充分展露才干，表现了出众的应变能力。建安二十三年（公元 218 年），刘备与曹操争夺汉中，蜀军几乎倾巢出动，盗贼马秦、高胜趁机在郪（qī）县（今四川三台）起事，聚众数万人，进军至距成都仅二百多里的资中县，直接威胁蜀汉王朝都城的安全。

此时李严手中只有五千人的治安部队，平叛难度很大。但他见汉中战事吃紧，就未向刘备请求援兵，而是果断地率五千人出击，以迅雷不及掩耳之势斩其头目马秦、高胜。随后，李严注意安抚四处逃窜的叛匪余党，告诉他们只要放下武器不再作乱，均不处罚，还让他们恢复民籍，回乡务农。这样，叛乱很快就平定了。

就在这一年，越嶲（xī）郡（辖地包括今四川凉山等地）的高定出动大军包围了距犍为郡很近的新道县（今四川荥经县）。新道县自古即被称为川西地区“后户”，在当时成都与越嶲的交通上具有不可忽视的战略地位。如攻取新道县，退则可以凭借灵关（今四川宝兴南）天险，阻断道路，拥兵固守；进则可以挥兵直入犍为，窥视兵力空虚的川西地区，威胁益州安全。李严闻讯后毫不迟疑，立即率所部士兵星夜驰援，在新道县击破高定的大军，高定被迫退回越嶲郡内。

李严在犍为太守任上，还做过许多留名青史的好事，比如修路修桥，兴修水利工程等。史书对此评价很高，说李严作为犍为郡的太守，在两汉三国间无人可比。

此后，李严的官职不断升迁，先后任辅汉将军、前将军、骠骑将军等高级武职，地位日渐显赫。

正是由于刘备诚心对待刘璋的旧部，逐步获得了益州绝大多数人士的认可，基本解决了夺取益州的善后工作，这对刘备稳固自己的统治是至关重要的。

如果说，刘备团结、拉拢刘璋的旧部表现出的是一种政治家的风度，那么他对这些人的使用，则充分体现着一种求实精神，这也是刘备本着维护政权稳定的初衷采取的正确策略。

刘备占有成都后，重用了法正、许靖、董和、黄权、李严、吴懿、费观、刘巴等人，这其中有一半以上是刘璋在任时的幕僚、将官。这些人虽有这样或那样的才干，但也有这样或那样的缺点。刘备对他们从不求全责备，任用时尽力做到因事设职，扬其所长，有时为了发挥他们的长处，对他们的种种错误，还暂时采取了宽容的态度。

法正是刘备集团中仅次于诸葛亮的智囊人物，虽然很有本事，但气量较为狭小。只要有人跟他结仇，他就会不顾一切地打击报复，直到自己满意为止。有时候甚至是一点小事，法正也会毫不留情地重罚与他有仇的人，甚至不惜将此人置于死地。为此，刘备经常接到报告，说法正擅自轻罪重罚，还有意公报私仇。

刘备深知，如果撤了法正的职，就失掉了一个难得的人才；如果断然干预法正的工作，又无法发挥他的作用。所以，刘备对于状告法正的公文，一律睁一只眼，闭一只眼。告状人只好找到诸葛亮，让诸葛亮转告刘备制裁法正。

诸葛亮说：“现在曹操在北，孙权在东，明公考虑的是如何应付这些大事，至于那些鸡毛蒜皮的小事，还得靠法正处理，哪能制裁他呢？”

这番话揭示了刘备当时的苦衷，在益州还未完全稳定的时候，只能容忍那些有才干但不守法纪的手下，才能确保自己的权力不出现危险。

但刘备也深知，一直这样下去是肯定不行的，因此等大局稳定后，立即将法正调到身边，安排他担任尚书令，这是一个不容易使法正犯错误，又能使其更好地工作的职务。刘备对法正的处理，表现出了他在用人管人上，确实有一套。

对待“怪人”刘巴，刘备的用人管人策略体现得更加淋漓尽致。

刘巴，字子初，荆州人士。此人年少时即以才能出众而出名，此外，他还以“讨厌刘备”而出名。至于刘巴何时开始讨厌刘备、为什么讨厌刘备，不得而知。总之，他就是怎么看刘备都不顺眼。

在赤壁之战前夕，刘备被曹操打得落花流水，开始逃难，荆州一带的名士都跟着刘备走，只有刘巴一个人北上，去投靠曹操。他还四处宣扬说，宁愿去当“汉贼”，也不要跟随刘备。

曹操又惊又喜，任命他做掾属（类似于私人助理），让他去招抚长沙、零陵等地人士。不久后，曹操在赤壁战败，荆州南部的四郡都归了刘备，刘巴被困在了荆南，不能北上复命。

刘备爱惜刘巴的才能，想请他出来为自己效力，结果刘巴直接逃到了交趾（在今越南北部）。宁愿跋山涉水、背井离乡也不愿为刘备服务，可见刘巴是多么讨厌刘备。

刘备再怎么迟钝，也发现了刘巴真的不喜欢自己。贤才虽说都有点架子，但当初刘备三顾茅庐时，诸葛亮尽管也躲了他几次，至少没有逃走啊，刘备觉得自己受到了很大的伤害。

如果刘备知道刘巴接下来的作为，可能会更伤心。原来刘巴逃到交趾后，怕刘备通过其他途径找到他，竟然改了名换了姓。

真可谓“不是冤家不聚头”。

逃到交趾改姓张的刘巴，在交趾的太守士燮手下做事，但两人相处得很不好，刘巴只好离开，北上来到益州投奔刘璋。结果没多久，刘备又拿下了益州。

虽然“流水无情”，但“落花有意”。

刘备倒是一点都不嫌弃刘巴，在围攻成都时，他特意下了一道命令：

“不管谁杀害刘巴，我都要灭他的三族！”

刘巴本来还想再度展开他的“远离刘备之旅”的，可惜没跑掉。连诸葛亮也写信给刘巴说：“你躲不掉的！天命如此，认命吧！”

后来通过诸葛亮反复做工作，刘巴总算认命了。先是做了一段时间刘备的助理，后来接替法正当了尚书令。

刘巴虽然不得已开始为刘备效命，但他还是继续讨厌刘备。所谓“恨屋及乌”，他对张飞、关羽等人也没有好脸色。

据说张飞有一次到刘巴处就宿，刘巴却不理他，这让张飞既尴尬又恼怒。

诸葛亮听说后，劝刘巴说：“张飞虽是武人，但他非常仰慕先生你。明公正召集文武人才，以成就一番大事业。先生你虽然天性清高，但也应该多少放低一些身段吧？”

刘巴却回答说：“大丈夫处世，当交四海英雄，怎么能让我去和一介武夫打交道？”

刘备听闻后异常愤怒，但他终究从大局着想，连批评刘巴的话都没有一句。

话又说回来，刘巴虽然很清高，却有清高的资本。刘备攻取益州之后，国库空空，刘备十分忧心。刘巴说：“小事一件，我一定把这件事情做好。”于是，他认真做了三件事情：一是铸值百钱的铜板通行；二是统一益州物价；三是实行公卖制度。这些措施确实有效，数月之后，府库充实。

刘巴做过的事还有很多。比如，蜀国建立后，诏命公文都是刘巴写的，国号、年号也都是他定的。但他似乎不太愿意让后人知道他的存在，因此史书关于他的记载很少。

刘巴卒于公元222年，去世时年仅三十九岁。他花了生命中三分之一的时间躲刘备，最后八年才认命。当然，他的“认命”，离不开刘备的耐心、爱心和宽容心。说到底，还是源于刘备的“攻心”。

刘备为稳定益州的政局确实煞费苦心，他采用“攻心”策略，大肆笼络益州的士人和反对派，在最大程度上为自己建立了统一战线。

此外，刘备的“攻心”策略同样表现在对少数民族的政策上。进入益州后，刘备采纳诸葛亮的建议，给予当地少数民族首领诸多好处，让他们独立自主地管理本族的事务，同时任命一些部将去协助他们加强管理，这些措施推动了民族间的交流，确保了整个益州的稳定。直到刘备去世，蜀汉政权都是相对稳定的，这体现了刘备在稳固蜀汉政权方面总体决策的正确性。

把“变脸”玩得滚瓜烂熟

就在刘备处心积虑谋取益州的差不多同时，曹操和孙权也在忙活着……

在赤壁吃了败仗后，元气大伤的曹操坚信阳光总在风雨后，自己还会站起来的，所以在沉寂了一段时间后，他再次开始了自己的战斗人生。

这一次倒霉的是马超和韩遂。

建安十六年（公元211年）春，曹操出兵征讨盘踞关中的凉州军阀马超和韩遂。不过马超、韩遂在名义上是拥护汉献帝和曹操的，如果骤然兴兵讨伐，显然师出无名。不过，曹操很快找到了一个借口，那就是攻击张鲁。因为张鲁位于汉中，要攻击他必须经过马超和韩遂的防地。于是，曹操采用“伐虢取虞”的谋略，名征汉中张鲁，暗逼马、韩反叛。马、韩二人果然中计，结果被曹操名正言顺地击败。关中很快被曹操占领，马超、韩遂逃奔凉州。后来，马超走投无路，又投奔了刘备，成为蜀中名将。

曹操忙着打关中时，孙权也很忙，忙着搬家——迁都。孙权选定的新都地点是秣陵。

秣陵也就是今天的南京。说起南京，人们常爱用一个特定的成语来形容它——龙蟠虎踞。南京有山有水，紫金山像一条飞龙横跨南北，长江犹如一条潜龙横卧门口。在古人看来，这里风水极好，蕴含着帝王之气。当然，抛开迷信的角度，孙权迁都到此确实好处多多，一则这里具有得天独厚的地形优势，适合防御北方；二则这里气候适宜，利于耕种，可以为军队提供充裕的粮食；三则还能阻断物资北上，控制南方经济中心区域。

经过一番加固、维修和扩展后，孙权给新都秣陵改了一个颇有内涵的名字——建业，大约是取建功立业之意吧。

看着这座雄伟壮观的城池，孙权觉得还有必要布置一条防线来保护它的安全。于是，他派出几万人马修筑濡须坞，作为建业的屏障。

濡须坞位于今安徽境内，实指濡须山和七宝山之间的水口。此处地形地势险要，易守难攻，可以有效抵挡曹操的进攻。

孙权还真是有先见之明，就在他的濡须坞刚修完不久，平定了关中地区的曹操就在建安十八年（公元 213 年）春，带兵前来报仇了——报赤壁之仇！

为了这次南征，曹操已经忍了孙权很久——整整四年。四年来，每当夜深人静的时候，曹操就会不由自主地想起当日的情景。几十万大军被几万人打得落花流水，自己差点光着屁股跑回北方——此仇不报，自己还是个男人吗？

为了提高气势，震慑敌人，曹操一如往常般，将自己的人马至少翻倍了说，号称四十万。

孙权早就把曹操这种伎俩摸得“门儿清”。这老家伙不就喜欢虚张声势，搞数据造假嘛。江东水军摆好阵势，严阵以待。孙权本人则平静地站在船头，坚毅的脸上，写满了“自信”二字。

曹操远远望见孙权军队旌旗蔽日，江东众将士摩拳擦掌，完全是一副饿狼的模样。作为一个有着丰富作战经验的军事家，曹操知道对方士气正旺，不能对战，于是命令军队扎下营寨，按兵不动。

曹操不动，处于弱势一方的孙权自然也不动。双方就这样相持了一个多月。大伙儿都隔江大眼瞪小眼，活生生把一场战争搞成了阅兵式。

战争就是一场消耗战，远道而来的曹操首先忍不住了，决定先发制人。

一天深夜，曹操用小船偷运了一部分士兵到濡须口附近的一个沙洲上，打算偷袭江东军队。

孙权的情报人员也不是吃素的，很快就汇报了这一发现。孙权马上调集精锐部队包围了沙洲。结果，活捉了曹军三千余人，缴获了一大批兵器，还将另外一部分曹兵赶到了长江里喂鱼。

曹操气得差点吐血，孙权却开始有些忘乎所以，自信心爆棚的他，频频率兵上门挑战，想让双方主力一决雌雄。

曹军众将见孙军实在太嚣张了，纷纷请求出战，欲痛揍孙权这个不知天高地厚的家伙。曹操知道打水战没有必胜的把握，所以下令坚守不出。众将气得吹胡子瞪眼，却也无可奈何。

孙权看见曹军高挂免战牌，心里很不爽，决定去刺激他们一下。于是，他坐了一条快艇来到曹操的水军营前。

是可忍，孰不可忍。曹营诸将义愤填膺，拿刀的拿刀，拿枪的拿枪，准备好好教训一下这帮欺人太甚的家伙。

曹操却摆摆手，说："这一定是孙权那小子亲自来打探消息，那就索性让他见识见识我的军容吧。"于是命令严整军队，弓弩不得妄发。

孙权围着曹操的水军营转了一圈才回去，返回的路上还让人演奏起欢快的乐曲。曲声飘进曹军将士的耳中，众人听在耳里，痛在心里。

倒是曹操很沉得住气，他见江东军队军容整齐，孙权气宇轩昂，不禁脱口叹道："生子当如孙仲谋！"

孙权回去后，给曹操写了一封只有八个字的信："春水方生，公宜速去。"又附一张小纸条说："足下不死，孤不得安。"

曹操看了，很是感叹了一番。的确，春雨绵绵，洪水将至，很不利于北方将士作战。"足下不死，孤不得安"，也是实话。

曹操于是笑笑说"孙权这小子确实没有欺骗我！"遂撤军北还邺城。

曹操回到邺城后不久，刘备夺取了益州。曹操知道，刘备下一步计划必定是向汉中进军，这可不是一件能容忍的事。

汉中位于今天的陕西省西南部，自古就被誉为“鱼米之乡”，也是有名的“天府之国”，素有“汉家发祥地，中华聚宝盆”之美誉。简言之，在曹操看来，汉中是绝不能落到刘备手里的。

于是，曹操趁刘备还没来得及对汉中用兵之机，抢先于建安二十年（公元 215 年）三月，西征张鲁。

张鲁雄踞汉中二十多年，算得上是汉末一支颇有实力的割据势力。不过面对曹操大军，他未战先怯，完全没有一丝孙权的风范。在曹操的一番招抚下，很快就选择了投降。

在曹操西征张鲁的当口，孙权主动发起了一场对曹军的战争。

事情的起因是，曹操为了充实军粮，派遣庐江太守朱光到皖城（今安徽潜山）附近屯田。朱光来到皖城后，一边组织大量流民垦荒种稻谷，一边又派人招降鄱阳湖一带的强盗头目。

鄱阳湖是江东水军的训练基地，对孙权来说，朱光的举动无疑非常不友好，因此孙权于建安十九年（公元 214 年）五月，亲自率军沿长江而上，进攻皖城。

朱光搞农业生产很在行，但守城打仗却完全是一个“菜鸟”。在江东大将甘宁、吕蒙等人的猛攻下，朱光几乎没有组织起一次有效的防守就被破了城。远在汉中的曹操得知消息后，很是痛心，无奈鞭长莫及，只能徒呼奈何。

不过，孙权也没得意多久。

建安二十一年（公元 216 年）五月，征张鲁归来的曹操被汉献帝封为魏王。

这可不是一次普通的册封。遥想当年，汉高祖刘邦曾经与文武百官歃（shà）血为盟：异姓不得为王（详见拙著《气势磅礴的大汉王朝》）。所以，从汉献帝册封曹操为魏王那一刻起，实际上已经意味着大汉王朝在实质上成了历史。

这时的曹操已六十二岁，已经到了可以颐养天年的年纪了。但曹操怎么能“退休”呢？还有无限的工作等着他用有限的生命去完成。

比如，讨伐孙权。

建安二十二年（公元217年）春，在做了充足的准备后，曹操再次南征，率军猛攻孙权所在的濡须口。这一次，做了王的曹操“老夫聊发少年狂”，亲自擂起战鼓，指挥军队进退。

不知道三十五岁的孙权是不是怕了，他先是领兵退走，然后又选择了投降。

对于孙权降曹，历来众说纷纭。但原因之一，显然是为形势所迫。当时刘备已占有益州，彻底断了孙权西进之路；而驻守荆州的关羽，则让孙权如鲠在喉。这让孙权觉得，防西线的刘备甚于防曹操，而两边都防的话，凭江东的力量，恐怕难以应付。假如这时把与曹操的战事停下来，一方面能够得到喘息的机会，另一方面也可以专务西线。换句话说，与曹操休战就是为了专心西线防务，然后再伺机夺回荆州，这恐怕才是孙权投降曹操的本意。后来局势的发展，也证明了孙权这个决策的正确性。

由此带来的一个问题是，既然孙权降曹不过是权宜之计，并非出自真心，曹操不会看不出这一点，那么他为什么还会同意呢？

也许是刘备有意汉中，让曹操有所忌惮；也许是关羽在荆州随时可以进攻襄樊，让曹操不能不防；又或者是曹操确实对孙权怀有好感，愿意放他一马；当然，也可能是曹操确实老了，厌倦了来回奔波……所以才愿意和孙权和解——这种投降，实际上就是一种和解。

不过怎么说，孙权一会儿和曹操战，一会儿又与曹操和，把“变脸”这种招术玩得烂熟，也从中捞到了实惠。接下来的日子里，孙权还会把这种招术继续玩下去……

第七章 大汉王朝成历史

“可爱”的遗嘱

世人皆云曹操是“奸雄”，然而这奸雄却也有可爱甚至伟大的一面……

曹操为讨伐孙权率主力退出汉中后，刘备随即向汉中发起进攻。建安二十三年（公元218年）初夏，刘备亲率大军进至阳平关（今陕西勉县西），与曹操留下的守将夏侯渊等人对峙。

七月，曹操怕夏侯渊等人不是刘备对手，亲赴长安，以便随时指挥汉中战局。

次年正月，刘备自阳平关南渡沔水（今汉水），依山而进，驻军于定军山（今陕西勉县东南）。夏侯渊出兵与刘备争夺地势，被刘备大将黄忠斩杀，曹军大败。之后，曹操亲率大军夺取汉中，但是刘备坚壁不出，两军相持数月，曹操见无利可图，遂放弃汉中。此时，恰逢关羽围攻樊城，曹操便从关中赶到洛阳，亲自指挥救援。后又进至摩陂（今河南郏县东南），临近指挥。

不久，襄樊战事结束，曹操遂于建安二十五年（公元220年）正月还军洛阳。他本想过一段时间后回邺城，不幸得了急病，而且情况不甚乐观，只好暂时留在洛阳的行营中养病。

几天后，曹操的病情急剧恶化，他自知生命已到尽头，即刻传召二儿子——颇具武风的曹彰赶到洛阳会面。可惜曹彰还没到来，曹操已于正月二十三日溘然长逝，享年六十六岁。

打从壮年时代起，曹操的健康状况便不是很理想，史料记载他有严重的头痛宿疾。到底是什么时候开始已不可考，大约是兴义兵讨伐董卓前后，便有这个毛病。

最严重的一次是官渡大战前夕，曹操头痛得根本无法思考，但他仍坚持到官渡的行营中养病，由此可见曹操对工作的认真及责任感。当时，很多大夫诊断其为“头风病”。

由于官渡前线非常紧张，根本不可能让曹操真正安心养病，因此谋士荀彧等遍访名医，经人推荐认识了有神医之称的华佗。华佗是位传奇人物，甚至有点“超能力”，据说他能用针灸疗病，对止痛颇具心得。

或许由于战局空前困难，曹操的心理压力过大，华佗用银针在曹操的头部扎了几针后，曹操紧绷的神经放松了下来，头痛缓解了不少。曹操见疗效不错，便将华佗留在身旁，以便随时治疗。

然而针灸虽然能缓解疼痛，却无法去除病根，必须长期接受治疗。看着身边活蹦乱跳的人们，常以英雄自称的曹操，逐渐在心理上产生了严重的不平衡感。正因如此，他对华佗日益不满。后来，华佗也厌倦了这位愈来愈不合作的病人，便假借理由一跑了之。曹操在得知自己受到欺骗后，一怒之下处死了华佗。

华佗一死，曹操的头痛更加严重，并开始出现幻觉，常常在白天声称见到从前被自己处死的冤魂来索命，耳中又听到营外男女哭声不绝。臣下建议曹操找一个道士来“捉鬼除灾”。

曹操倒是硬汉一个，坚决不允许，他说：“如果自己获罪于天，搞这些玩意儿能有啥用？再说了，鬼啊妖啊，我还怕它们不成？”

曹操又撑了一段时间后，忽一日感觉气血上涌，目不见物，自知生命已到尽头，留下一份写得断断续续的《遗令》后，驾鹤西去。

在曹操的《遗令》也就是遗书里，这位杰出的政治家和军事家，却出人意外地不谈政治和军国大事，对自己一生的功过得失也只说了一句话：“我在军中执法，总的来说是对的。至于发的小脾气，犯的大错误，不值得效法。”

余下的篇幅，就是一些琐事的安排。比如：

古之葬者，必居瘠薄之地，因此我择定西门豹祠堂的西边山岗作我的寿陵，暂时不用封闭也不必种树……以后有功的公卿大臣列将，可以陪葬我的旁边，所以陵墓的基础宜做得宽广些……

天下尚未安定，我的丧事一切从简，不可依循古法，过分铺张。

我有头痛，必须随时包头巾，我死之后，必须着礼服下葬，记得把头巾拿掉，以免违反大礼。百官在殿上服丧只要十五天即可，时间到去除丧服，一切恢复平常。其余驻屯各地的将兵，不必奔丧，不可擅离防区，所有各部门官吏，仍要谨守岗位，不可借口耽误工作。

收殓我的时候，依一般礼节即可，不必大费周章……。

我的嫔妃们一向勤劳节俭，把他们安置在铜雀台，好好地对待他们。在铜雀台的正堂上安放一个六尺长的床，挂上灵幔。早晚供上肉干、米饭之类的祭物，每月初一、十五两天，从早至午向着灵帐歌舞一下即可。

你们兄弟几个可时常登上铜雀台，吊拜一下我。我遗下的熏香可分给诸位夫人，不要用来祭祀我，浪费。

各房的人没事做，可以学着编织丝带和草鞋来卖，以贴补家用。我历年来的官服，包好放于墓中。我平常用的衣裳，也帮我在墓中准备一箱，剩余放不下的，你们兄弟几个就分掉……

通篇遗嘱看起来，颇有些絮絮叨叨、婆婆妈妈，哪像一个英雄好汉或者“奸雄”所言？

这就很让后世的一些人看不起。陆机是晋人，说得还算委婉，也说得文绉绉的：“系情累于外物，留曲念于闺房”“惜内顾之缠绵，恨末命之微详”（《吊魏武帝文》）。

北宋大文豪苏东坡就不那么客气了。他说不管什么人，只有“临难不惧，谈笑就死”，才称得上是英雄。像曹操这样，临死之前，哭哭啼啼，“留连妾妇，分香卖屦（jù）”，算什么事呢？因此他撇了撇嘴说：“平生奸伪，死见真性。”（《孔北海赞》）意思也很明显：别看曹操平时人模狗样的，装得一副英雄豪杰气派，却是地地道道的一个奸雄，事到临头，还是露了马脚。

当然，苏东坡的说法或许也有一定道理，但仅是一家之言，并不能让所有人都信服。

实际上，平心而论，曹操一生“奸”也好，“伪”也罢，他的遗嘱却充满着“人情味”，显得很有“人性”。

假如出以公心，遍观史书便不难发现，曹操并非杀人机器或政治符号。他是一个人，一个有血有肉有思想有感情的人。如果说，平时为了政治斗争或军事战争的需要，他不得不把内心世界遮蔽起来（即所谓“平生奸伪”），那么，临死之前，就没什么顾忌了（即所谓“死见真性”）。“鸟之将死也，其鸣也哀；人之将死也，其言也善。”曹操临终前的“善言”，流露出的是他对生活的眷恋和对亲人的感情。

曹操一生南征北战，用以享受天伦的时间并不多，因此对家人的感情特别珍惜。他在临终前还说过这样的话，他说：“我一生所作所为，没有什么可后悔的，也不觉得对不起谁，唯独不知到了九泉之下，如果子修向我要母亲，我该怎么回答？”

子修就是曹昂，是曹操的长子。曹昂的生母刘夫人早逝，便由没有生育的正室丁夫人抚育，丁夫人也视之为已出。后来曹昂阵亡，丁夫人哭得死去活来，又常常哭着骂着数落曹操：“把我儿子杀了，你也不管。”曹操一烦，便把她打发回了娘家，因此去世前有这样的说法。

其实曹操后来还是做过一番努力的。他亲自到丁夫人娘家去接她，丁夫人却坐在织布机前织布，动也不动，理也不理。曹操便抚着她的背，很温柔地说：“我们一起回家去，好吗？”

丁夫人不理他。

曹操走到门外，又回过头来问：“跟我回去，行不行呀？”

丁夫人还是不理他。

曹操没有办法，只好和她分手。以曹操脾气之暴躁，为人之凶狠，做到这一步已很不简单。何况曹操还让丁夫人改嫁，不让她守活寡，只是丁夫人不肯，她父母也不敢。

曹操临终前放心不下的，还有小儿子曹干。曹干三岁时，生母陈姬就去世了，这时他也才五岁。于是曹操又专门给自己的继承人曹丕下了一道遗令：“此儿三岁亡母，五岁失父，以累汝也。”因为有这道遗令，也因为曹干的生母在立嗣问题上帮过曹丕，所以后来曹丕做了魏国皇帝后，对曹干颇有些“长兄如父”的样子。曹丕临终前，又把他托付给明帝曹叡。曹叡对他也相当不错，恩宠有加，一直封到赵王。陆机对此也有一番议论：“伤哉！曩（nǎng）以天下自任，今以爱子托人。”虽然这“别人”也是自己的儿子，说起来还是有点令人伤感，但这又确是一个人的真情。

鲁迅先生说：“无情未必真豪杰，怜子如何不丈夫。”曹操怜子，怎么就不能算真豪杰、大丈夫呢？

而且，曹操的遗嘱中还透露出另外一些信息：一是可以看出他的勤俭爱民。不愿占用人民可以使用的土地，选择贫瘠地作陵墓，并要求有功的公卿大臣列将和自己共葬，以免这些有权势的人，死后占用好的土地，妨害民生。

二是可以看出曹操私底下并非很有钱，即使贵为魏王，他在平常仍相当清廉节俭。他留下的个人财产似乎并不多，死后嫔妃仍需工作以谋生。他反对厚葬，即使日后祭典也要求从简。他的要求“精神面”多于“物质面”，充满着文学家和诗人的浪漫情操。只要初一及十五，由嫔妃们歌舞一下以娱其亡灵，一切便很满足了。

从这里，我们不难看出，作为一位权倾朝野、不可一世的政治及军事领袖，曹操其实具有非常可爱的童真的一面，无论他是不是一个“大奸雄”，他的遗嘱都显得那么的“可爱”！

或许，正如鲁迅先生所说，曹操是“一个很有本事的人，至少是一个英雄”。而且，还是一个有几分可爱、也有几分奸诈的英雄。

不是吗？

一个难解之谜

曹操为什么不称帝？千百年来，人们总是在问……

曹操在《三国志》等史书中通常被称为“武帝”，也就是“太祖武皇帝”，不过这只是曹操死后由其子魏文帝曹丕给予的“名分”。终其曹操一生，他并没有称帝，这是最让后人百思不得其解的地方。

实际上，曹操是完全有实力和机会称帝的。

建安二十二年（公元217年）四月，汉献帝诏令曹操设置只有天子才可以使用的旌旗，外出时像皇帝那样，左右严密警戒，不让行人通行。六月，曹操任命军师华歆为御史大夫。十月，献帝诏令曹操像天子那样头戴悬垂有十二根玉串的礼帽，乘坐专门的金银车，套六马。同时，封曹操长子曹丕为魏国太子。

至此，曹操完成了夺取帝位和世袭权力的所有准备，在通向帝王的道路上，几乎走到了终点。曹操不但早已在事实上控制了朝廷的一切大权，而且在形式上，他也同皇帝毫无两样。可是奇怪的是，从他有条件称帝直到公元220年去世，曹操为什么始终都没有跨越这一步呢？

据后人研究，也许有以下几个方面的原因：

其一，也许曹操不想背上“乱臣贼子”的千古骂名。东汉末年，虽然天下大乱，但朝纲伦常依然存在着，儒家文化的忠、孝、仁、义等理念依然是当时的价值标准。曹操虽然具有不同于常人的雄才大略，但依然摆脱不了儒家文化的影响。他在争夺权力、对外征战的过程中，一直以汉朝天子的名义进行，使自己站在正义的一面，取得道义上的支持。如果曹操取汉献帝之位而代之，那他跟自己当初征讨的图谋篡汉的董卓、吕布又有什么区别呢？董卓、吕布当初的叛逆行径让他们成为人人欲得而诛之的对象，曹操的智慧谋略都远在这二人之上，当然不愿成为千夫所指的罪人。

其二，曹操对形势有自己清醒的判断。江东的孙权曾力劝曹操称帝，而综观曹操一生也难说其没有称帝之心。但曹操清醒地知道，孙权是从自己的利益出发，故意把自己“往火炉上赶”而从中得利。首先，孙权认为这样做可以获得曹操的信任，从而实现和曹操之间的和解，自己就可以专心对付刘备。襄樊之役中，孙权为了从刘备手中夺回荆州，从背后袭击关羽，帮了曹操的大忙，但却得罪了刘备，孙、刘之间长达十年的联盟关系就此结束。这时，他比任何时候都更需要缓和同曹操的矛盾，否则就会陷入腹背受敌的不利境地。其实，孙权认为，曹操如果真的称帝，拥汉派将会强烈反对，曹操将因此陷入困境，从而减轻对江东的威胁。因此，曹操看穿了孙权的意图，不肯轻易上当。其次，从当时形势看，如果贸然称帝，确实会给政敌和拥汉派势力一个舆论上的借口，使自己在政治上陷入被动。综观曹操的一生，内部的反对和反叛大都发生在他被封为魏公、魏王之后，这就是最好的证明。因此，继续维持汉献帝这块招牌，对于安抚拥汉派、巩固内部，仍有不可忽视的作用。

其三，曹操不想做一个言而无信的人。至少从建安十五年（公元210年）起，曹操一再“自明本志”，说自己绝对没有代汉自立的意图，言辞恳切，说了差不多十年。如果后来突然改变主意，否定自己，对自己的声誉名节必然会造成不利影响。

其四，更重要的是，曹操是一个讲求实际的人，只要掌握了实权，虚名并不重要，“施于有政，是亦为政”一语，是他内心想法的真实写照。

曹操是一个志向远大、雄心勃勃的人，年轻时即打算建功立业、有所作为，然而生逢乱世，朝政废弛，才华得不到发挥，只好走上了军阀争战的道路。他的目标很明确，就是要统一天下，安邦定国，其他的都是手段，只要有利于他实现这个目的，什么方法都可以用。比如选择“挟天子以令诸侯”，让他在军阀混战中处于优势地位。比如他的用人原则是不问出身，唯才是举。谋士荀攸等人正是因此而被招到他的麾下，帮助他奠定了霸王基业。

这种讲究实际、不务虚表的作风在是否称帝的问题上得到了极致的体现。曹操平定北方之后，一步步剥夺了汉献帝的权力，直到让皇帝完全成为他的傀儡，成为他发号施令的工具。这时的曹操，称不称帝只是一个名号的问题。天子的诏令由他口授，官员的任命由他授意，朝廷的政策由他决定，他是“形丞相”而“实皇帝”，既如此，又何必去计较“皇帝”这个称号呢？

曹操在《述志令》中曾说：“身为宰相，人臣之贵已极，意望已过矣！”他觉得自己能够做到宰相已经非常尊贵、非常满足了，何况还享受到了皇帝的各种待遇，也就没有必要去公然登基称帝了。或许这是曹操的真心话。

不过，曹操不称帝，不代表他不认同自己的儿子称帝。他曾对那些劝他称帝的人说过：“若天命在吾，吾为周文王矣！”也就是说，如果一定要这个皇帝的名号，那就让自己的儿子去做吧。后来的历史也证明，曹操的确是为自己儿子的称帝做好了准备。

青出于蓝而胜于蓝

曹操可以终生不称帝，但他的儿子可就没有这么客气了……

曹操在洛阳病逝后，曹丕闻讯悲痛欲绝。

曹丕，字子桓，是曹操与正室卞夫人所生的嫡长子。曹丕自幼文武双全，尤爱博览经书，通晓诸子百家学说。建安二十二年（公元217年），曹丕击败了其弟曹植，被曹操以魏王的身份立为世子（古代诸侯王有继承权的儿子的称号）。

正因得到父亲的厚爱，曹丕一度陷入丧父之痛，几乎丧失理智。不过，他的侍从官司马孚却很清醒，劝谏说：“大王去世后，天下的人都在等着您发布命令。您应当上为祖宗基业着想，下为四方百姓生活考虑，怎么能够跟普通老百姓一样只是儿女情长呢？”

曹丕这才从悲痛中醒悟过来，说：“你说的确实很对。”

当时在邺城的其他大臣一听到曹操的死讯，都哭成了一团，朝堂内外一片混乱。司马孚走上前去厉声说道：“现在大王去世了，天下震动，我们应当及早拜见继任的新王来稳定全国的局势，你们难道只知道哭吗？”说完之后，他解散了群臣，布置了戒备森严的警卫，开始办理丧事。

有些大臣认为，必须等到汉献帝的诏令下达，世子曹丕才能即魏王位。尚书陈矫驳斥道：“魏王在外地去世，全国惊惶恐惧，人心不稳。世子应该节制悲痛，立即即位，以安定全国上下的人心。况且，魏王钟爱的儿子曹彰正守在灵柩旁边，他若此时有不义的举动，生出变故来，那么国家就危险了。”

说完，陈矫立即召集百官，安排新王即位礼仪，一天之内，全部办理完毕。

就这样，曹丕接了父亲曹操的班，做了新的魏王。

不过，曹丕可不像曹操。曹操是半辈子把皇袍当内衣穿，要不要皇帝的外衣也无所谓，曹丕却不想玩什么“挟天子以令诸侯”之类的小把戏，所以魏王于他，还不够塞牙缝。他要的是皇袍加身，做那实实在在的真皇帝。至于“篡汉之贼”、千古骂名什么的，管它做甚？

打定主意的曹丕毫不拖泥带水，马上给汉献帝上了一道奏折，称曹魏代汉已是大势所趋，识时务者为俊杰，赶紧禅位让贤吧，如果你还执迷不悟，后果不是你能承担得起的。

当了半生傀儡皇帝的汉献帝刘协，见自己连傀儡也当不成了，想着祖宗几百年的基业就要毁在自己手里，不禁泪如雨下，但心里还想着作最后的抵抗。

就在曹丕上完奏折的第二天早晨，一群大臣在曹洪和曹休的带领下，杀气腾腾地奔皇帝后宫而来，看来曹丕是要霸王硬上弓了。

刘协被一群人堵在后宫不敢出去，倒是皇后为他出了头。为什么身为女流之辈的皇后如此胆大？因为她是曹操的女儿，曹丕的妹妹。

一日夫妻百日恩，见哥哥来抢丈夫的家业，皇后心里十分气愤。冲出后宫将众大臣劈头盖脸地骂了一顿：“我父亲一辈子东征西战，劳苦功高，都不敢有篡夺皇位的非分之想，如今老父尸骨未寒，哥哥就要做这等不仁不义之事，简直是大逆不道！”

在刀枪棍棒面前，骂能解决什么问题？刘协还是被众大臣揪出来逼到了墙角，大家也不再顾什么君臣礼仪，厉声质问刘协到底交不交出皇位？曹洪和曹休更是拔出刀剑，欲抢夺皇帝的玉玺。

管玉玺的大臣祖弼是个忠臣，他不仅不肯交出玉玺，反而厉声指责众大臣助纣为虐，阴谋篡位。曹洪一生气，就一刀杀了他。

鲜血刺激了刘协的神经，他意识到自己如果再作无谓的抵抗不仅皇位保不住，自己的性命也有危险。人在层檐下，怎敢不低头？走投无路的汉献帝只好宣布愿意让位，并在众大臣的威逼下写了禅位的诏书。

曹丕是个急性子，加之被接到禅位诏书的喜悦冲昏了头脑，因此准备连夜登基。

有个头脑冷静的大臣心想，这心急吃不了热豆腐，何况还是皇位，再说这火急火燎的样子不等于授人以柄，给反对者递刀子吗？于是劝谏说："虽然刘协让出了皇位，但您也不能太着急，怎么着也要客气一下，省得天下人说三道四。"

曹丕不好意思地笑了笑，觉得自己确实猴急了些，该演的戏还得要演，于是假意给献帝回信说："本人无才无德，恐怕会辜负圣上的重托，皇位还是您来坐吧。"

曹丕的回信把刘协给弄糊涂了，这皇位到底该谁坐啊？旁边的大臣点拨说："人家这是客气，您看不出来吗？他推辞您就继续让啊。"

可怜的傀儡皇帝这才反应过来。想来也悲哀，少年时的刘协好歹还给人聪明伶俐的感觉，人到中午却连基本的领悟力都已丧失，这样的人又岂能为一国之君？

接下来就是一场"秀"。曹丕与刘协之间互相谦让了三次，曹丕见客气的目的已经达到，觉得这下便可以即位了吧？却有大臣又劝谏说："想让天下人信服，一些必要的程序还是要走的，咱们要举行一个禅让仪式。"

曹丕虽然性子急躁，却也听得进人言，于是选了个良辰吉日，让刘协进行公开禅让。这时，又有人给曹丕出主意，让刘协建一座受禅坛，身为鱼肉的刘协只好照办。

经过一系列冠冕堂皇的程序，曹丕终于在汉献帝延康元年（公元220年）十月二十九日登上受禅坛，接受玉玺，即皇帝位（史称魏文帝）。随即，曹丕改延康元年为黄初元年，建国号为魏，追尊曹操为武皇帝，庙号太祖，封刘协为山阳公。曹丕同时给刘协留了一句客气话："天下的好东西，我跟你一起享受。"

至此，曹丕终于坐上了梦寐以求的皇帝宝座，立国四百余年的大汉朝也正式灭亡。

都说榜样的力量是无穷的。可不，你曹丕做得皇帝为何别人做不得？

于是，刘备也开始动手了……

第八章

输了个精光

有借无还，兵戎相见

俗话说“有借有还，再借不难”。如果只借不还呢？且看孙权的做法……

公元221年农历四月，也就是曹丕代汉称帝大约半年后，刘备也于成都称帝，国号“汉”（史称“蜀汉”，简称“蜀”），建元章武。

孙权内心深处有没有“羡慕嫉妒恨”，不清楚，但他至少表面上还算沉得住气，什么动静也没有，而且于当年八月接受了曹丕册封的“吴王”称号，建立了吴国，次年建元黄武。

这样一来，天下就有了两个独立的政权曹魏和蜀汉，以及一个名义上从属于曹魏实际上是独立王国的孙吴。年号也一变为三，分别是曹魏的黄初、蜀汉的章武和孙吴的黄武。

三分天下之势已形成。

与此同时，孙刘联盟也公开破裂。破裂的原因，通常认为是由于关羽被孙权所杀，而实际上，矛盾的源头在于荆州的纠纷。

我们知道，赤壁之战结束后，刘备先后取得长江以南的武陵、长沙、桂阳、零陵四郡，使自己的势力在荆州得到了极大的发展，同时也自然而然地成为孙权西进的障碍。

北有曹操，西有刘备，面对来自两方面的威胁，采取何种对策是赤壁战后江东政权必须迅速解决的重大问题。

恰巧，刘备在赤壁之战两年后，也就是建安十五年（公元210年）十二月，从公安到京口（今江苏镇江）来见孙权，希望孙权把江东占据的荆州土地（也就是江陵，当时是南郡的治所）划归他来管辖，他想将此作为荆州牧的治所。

于是，在如何处理荆州的决策上，江东政权内部出现分歧。周瑜反对借荆州给刘备，并主张趁机将刘备软禁起来。周瑜说，刘备乃一代枭雄，又有关羽、张飞这样的虎将襄助，岂肯长久受制于人？如果得到江陵，只怕是蛟龙入海，大鹏高飞，再也奈何他不得。

周瑜这一招虽然可以一劳永逸，但后果也很严重。别的不说，关羽和张飞多半会杀上门来，就算夺不回刘备，双方也会成为死敌，给曹操可乘之机。所以孙权并未同意。

周瑜出完这主意没多久，就在巴丘病逝，时年三十六岁。继任者是鲁肃。

鲁肃的意见跟周瑜截然不同，他反对因土地问题破坏孙刘联盟。鲁肃认为，实力依然强大的曹操仍是江东的主要敌人。暂且借给刘备土地，等于为曹操树立一个对手，为自己增加一个盟友，可以分散、转移曹操对江东的兵力，避免被各个击破。

借给刘备土地，孙权并不情愿，然而鲁肃的分析说服了他。孙权认识到，巩固同刘备的联盟是当务之急，采取极端手法对待刘备不一定能达到目的。于是将江陵借给了刘备，并要求刘备在夺取益州后归还。

这就是历史上所谓的“借荆州”说法的来历。

据说，孙权借荆州的消息传到北方后，正在写字的曹操惊得连手中的笔都掉到了地上。可见，借荆州对曹操的打击是比较大的。

实际上，曹操怕，孙权也怕。孙权怕刘备借了不还。因此，当刘备攻陷成都、占据益州的消息传来后，孙权立即于建安二十年(公元215年)五月，遣使到成都，要求刘备归还荆州。

刘备却打起了太极，回答说，他正攻打凉州，等凉州打下后，一定将荆州全部归还江东。

孙权知道刘备并没有归还荆州的诚意，不禁勃然大怒。江陵不要了成吗？我要你的长沙、桂阳、零陵三郡！于是直接向这三郡派遣官员。

没想到驻守荆州的关羽也毫不客气，把孙权派去的地方官统统驱逐出境。

孙权怒不可遏，决定报复。他一面派遣吕蒙等人强行攻取长沙、零陵、桂阳三郡，一面命令鲁肃屯守巴丘（今湖南岳阳），防备关羽的救援。

吕蒙，字子明，有胆有识，是江东一代名将，他三下五除二就攻下了长沙、零陵、桂阳三郡。

刘备闻讯，情知形势严峻，便留诸葛亮驻守成都，自己率军五万回到公安，同时命令关羽率军三万进驻益阳（今湖南益阳），准备与孙权决一死战。

孙权也毫不示弱，立即从京县（今江苏镇江）赶赴陆口（今湖北嘉鱼西南陆水入江处）指挥调度。同时派鲁肃带一万人进驻益阳，与关羽对抗。

随后，发生了历史上有名的“单刀赴会”。

不过，此事与《三国演义》的描述，颇有出入。并非一个叫周仓的人拿把单刀跟随关羽去赴会，而是双方的将领只带着佩刀去赴会。所谓单刀，意思是不带部队前往。双方的部队，彼此停留在百步距离之外。

这样的一次“阵前会谈”，其结果是极难预料的。谈得好，双方化干戈为玉帛；谈得不好，恐怕就只能兵戎相见。

会谈是鲁肃提出的，因此他首先发言：“我们主公好心好意地把土地借给贵方，是因为贵军当时远道而来，连个落脚之地都没有。现在你们既然已经得到了益州，有了自己的根据地，就应该归还荆州。而且我们从双方关系的大局着眼，并没有要求你们归还整个荆州，只是要了三个郡，没想到你们居然都不肯给！是不是太不讲道理了？”

其实鲁肃这话才没有道理。

首先，刘备借荆州时，整个荆州一分为三，刘备、孙权、曹操各占了一部分，所谓“并没有要求你们归还整个荆州”云云，纯粹胡扯，都没借过整个荆州，何来此语？而且，刘备借之前已经占有了江南四郡和南郡的一半，并非什么“远道而来，连个落脚之地都没有”；其次，孙权索要的长沙、桂阳、零陵三郡，原本就不是东吴的，而是刘备自己打下来的。刘备所借的，不过是荆州南郡的江陵而已。难道向你借了一个江陵，便连其他地方也都成了借的？都该“还”给你？

不过话又说回来，有借有还终归是天理。所以，素以信义著称的关羽当时多少觉得有些难为情，加之作为一介武夫，在外交场合就不一定像他舞大刀那样得心应手，因此一下子没有反应过来，脸气得通红，却一句话也说不出。

这世间有一种人，吵架吵不过，就喜欢动手。关羽大约也是如此，沉默了一阵后，觉得自己吃了亏，就握紧了佩刀，似有干架的样子。

幸好有一个人解了围。这个人《三国演义》说是周仓，但《三国志》无记载（《三国志》中无周仓此人）。他站起来大声说道：“这天底下的土地是归有德之人的，怎么可以一直属于哪个人？”

这当然是一句不要脸的话，何谓有德，何谓无德？有德就可以不还？如果我借了你们家的钱，是不是也可以以有“德”为由不还？所以鲁肃当时就急了，开始厉声呵斥。

关羽也听不下去了，起身怒骂道：“这是国家大事，有你发言的份儿吗？”然后使了一个眼神，示意此人出去。

其实这个不知名的人看似冒失的无赖话，在事实上挽救了双方在言语上相持不下的僵局。没有他挺身而出，打个诨，关羽没准儿就会被鲁肃不讲道理的话，气得立刻打起来。

倘若真是如此，鲁肃一定会吃大亏。论个人的武艺，他只会被关羽打得满地找牙；论兵员的数目，他一万人，关羽三万人，还是只能满地找牙。

更重要的是，鲁肃败了以后，孙权一定不肯善罢甘休。那么，占便宜的只会是曹操。

事实上，无论鲁肃胜还是败，看样子都是曹操赢。

只可惜，聪明一世的曹操却在这时犯了糊涂。他听说孙刘二人就要为区区荆州三郡而拼个你死我活时，高兴得不得了，同时也急得不得了，竟然下令立刻进军汉中，收拾张鲁，以便为将来到益州收拾刘备铺路。

曹操犯傻，刘备却无比清醒。当他得知曹操西征张鲁后，马上明白现在不是跟孙权翻脸的时候，便主动遣使向孙权求和。

孙权也自感兵力不足，取胜把握不大，便同意讲和。双方重新修好结盟，达成协议：除曹操手中的南阳和襄阳外，以湘水为界瓜分荆州。长沙、江夏、桂阳以东归孙权，南郡、零陵、武陵以西归刘备。刘备失去了湘水以东的地区，但避免了孙权和曹操的两面夹攻，算是“以土地换和平”。

夺得荆州三郡后，鲁肃仍然与关羽和平共处，并劝说孙权等人不要挑起战争。他认为，只要曹操存在，江东就要受到他的威胁，孙刘两方的敌人是共同的，联盟只能巩固，不能破坏。

不久之后的建安二十二年（公元 217 年），鲁肃病故，年仅四十五岁。孙权很悲伤，亲临主持了他的葬礼。远在益州的诸葛亮，也表达了自己的深切悼念之情。

鲁肃去世后，吕蒙接管了他的兵权。不同于主张“联刘”的鲁肃，吕蒙跟周瑜一样，是一位一贯主张“吞刘”的强硬派人物。在他的主导下，荆州不掀起血雨腥风是不可能的。

不过，相比于周瑜的雄心万丈，足智多谋的吕蒙更善于审时度势，他需要等待一个机会……

“大意”，真的会“失荆州”吗？

关于荆州之失，人们大多认为是关羽大意之故。事实真的如此吗……

吕蒙要的机会很快到来了。

建安二十四年（公元 219 年）五月，刘备从曹操手里夺得汉中，并自称汉中王，后还师成都，任命关羽为前将军，张飞为右将军，马超为左将军，黄忠为后将军（《三国演义》将当时级别较低的赵云加上，谓之蜀国“五虎上将”）。备受鼓舞的关羽意气风发，毅然于当年七月发动了夺取襄阳和樊城的襄樊战争。

战争一开始还算顺利，在洪水的帮忙下，关羽“水淹七军”，致曹军大败。于禁、胡修、傅芳等曹军将领或被俘或投降，而主将曹仁则被困在樊城，动弹不得。

曹操得知消息后，大吃一惊。他知道如果襄樊一失，黄河以南就姓刘了，而许昌也将难保。因此，他一面派大将徐晃南下救援，一面与百官商议，将汉献帝迁到离关羽远一点的地方。

此时曹操手下的得力干将司马懿分析说：“如今孙刘两家虽然表面上仍是同盟关系，但彼此已出现了裂痕。孙权对刘备的扩张早有不满，加上刘备借荆州不还，孙权对刘备的意见很大。如果我们去游说孙权，要其趁机从关羽背后下手，我想孙权是不会拒绝的。只要孙权偷袭关羽，樊城之围必解。”

曹操采纳了这个建议，马上派使臣去东吴游说孙权，希望双方化敌为友，好好合作。

此时的孙权对刘备集团正充满着怨恨：一是因为双方此前在荆州的借还事件上闹得很不愉快，一直没有彻底解开心结；二是因为不久前孙权曾想与关羽联姻（希望关羽将女儿嫁给自己的儿子为妻），不料却遭到了关羽“虎女焉能配犬子”的侮辱，这让孙权对关羽充满恨意。因此，看到曹操伸出橄榄枝后，孙权毫不犹豫地接了下来。

关羽其实也知道己方与东吴的关系不是铁板一块，所以北伐曹操之前，在荆州留下了许多兵马，以防东吴的偷袭。

身体本就不好的吕蒙见关羽防守严密、无懈可击，便假装生病，他明文上书孙权要求回去疗养，孙权也故意用不加密封的公文，招吕蒙回建业治疗。

此计果然使关羽放松了警惕。随着前方战事吃紧，尤其是曹军大将徐晃来援后，关羽感受到了压力，于是不断调兵北上增援。

吕蒙意识到机会来了，开始部署对关羽后方的偷袭。他先是派兵攻占了寻阳，随即进军公安和江陵。守卫两地的蜀将糜芳和傅士仁，之前由于粮草供应问题曾多次遭到关羽的责骂，因此对关羽早就心怀不满，二人在吕蒙的劝降下，毫不犹豫地投降了东吴。关羽的后路被截断。

正在前方与曹军激战的关羽得知吕蒙出兵后大呼不妙，赶紧挥师南下，攻打吕蒙。在南下的途中，关羽接二连三地派去使者与吕蒙联系，质问吕蒙为什么背信弃义，对盟军下手。

吕蒙来者不拒，对关羽派来的使者热情接待，还带他们在南郡各地四处参观。对关羽部下滞留在南郡的家属则送钱送粮，表示慰问。使者返回之后，关羽的部属私下向其询问自己家人的情况，得知家里一切安好而且受到的待遇超过从前，将士们也便无心恋战。

因此，当关羽匆忙赶回南郡时，南郡的人心已经归顺了吕蒙，再没有人愿意替关羽卖命。

此时，孙权任命的宜都太守陆逊，已经率军占领了夷陵等战略要地，切断了关羽退入西蜀的道路。

关羽自知大势已去，只好率部西走麦城（今湖北当阳市两河镇）。孙权乘胜西进，将麦城东西南三面包围。关羽自知寡不敌众，只好从麦城北面逃跑，结果在临沮（今湖北远安）被孙权早已布下的伏兵所擒，最后为孙权所杀。

说起关羽的失败，后人总结出了一句话，叫“大意失荆州”。后来，这句话成了一句千古流传的民谚，用以比喻因疏忽大意或骄傲轻敌而导致失败或造成损失。

然而人们始终有一个疑问：荆州之失，真的是由于关羽的“大意”吗？近些年来，人们对此提出了各种不同的观点。

一、荆州之失应由关羽负主要责任吗？

一种意见认为，丢失荆州这块战略要地，关羽应负主要责任。理由是：

其一，刘备指派关羽镇守荆州，要求他“北拒曹操，东和孙权”，采取守势，等待时机再行北伐曹魏。但关羽麻痹轻敌，仓促行事，擅离防地，盲目发动对曹军的襄樊之役，给了东吴可乘之机。

其二，关羽骄横无礼，不把盟友孙权放在眼里。孙权欲以关羽之女为其子妻，关羽不但不允诺，反以“虎女不嫁犬子”来肆意辱骂，破坏了孙刘之间的友好邦交，触发了孙权之后的负盟背约，造成了自身的腹背受敌。

其三，吕蒙巧施离职就医的小计，关羽又丧失了应有的警惕，撤除了江防重兵，全力投入襄樊之战，使后方空虚，招致荆州之失。

另一种意见则认为，综观关羽的一生，他并非完全是个骄矜自负、勇而无谋的匹夫。荆州之失的原因很多，主要不在于关羽的大意。那时，刘备在西线取得了很大的胜利，气势正盛，刘、孙之间又有盟约，关羽发动襄樊战役的时机应该说是成熟的。如果不是孙权背信弃义，袭击后方，关羽在军事上的形势是十分有利的。再说，关羽发动襄樊战役时，在内部也作了积极的部署，以糜芳守江陵，命傅士仁屯兵公安，还留下部分兵力，提防孙权袭击后方，足见关羽并没有丝毫大意。

二、荆州之失是诸葛亮战略上的失误吗？

一种意见认为，荆州之失的主要原因，是诸葛亮在战略上犯了轻重倒置的错误。他对这一地区的战略地位以及复杂的矛盾斗争，缺乏足够的认识，以致关羽孤军远悬，在兵力上处于劣势。从《隆中对》中，就可找到祸根所在，当时诸葛亮说：“天下有变，则命一上将将荆州之军以向宛洛，将军（刘备）身率益州之众出于秦川。”显然，他把益州、秦川一线当作主力，把荆州、宛洛一线则看作偏师。

另一种意见则认为，仅凭《隆中对》中的这段话。就把荆州之失的责任推给诸葛亮，这是不公正的。事实上，诸葛亮对荆州的战略地位，一直有比较清醒的认识。在兵力部署上，他没有轻视荆州，公元 211 年他与刘备分兵之时，刘备只带了黄忠、魏延等少数将领入益州，而诸葛亮本人则和关羽、张飞、赵云这些大将共同镇守荆州。

三、荆州之失是刘备一手造成的吗？

一种意见认为，荆州之失的主要责任在刘备，是他违背了诸葛亮的战略部署，导致了关羽军孤悬荆州的被动局面。理由是：

其一，诸葛亮对益州的战略思想是出奇兵巧取。当刘备入益州之时，庞统也力劝刘备在涪城擒杀刘璋，以收兵不血刃而定益州之效，但遭到了刘备的拒绝。后来，刘备假征汉中到葭萌时，庞统又建议他“阴选精兵，昼夜兼道，径袭成都”，刘备也没有采纳，结果造成了军事上的被动，不得不从荆州调诸葛亮、张飞、赵云入益州。

其二，当诸葛亮、张飞、赵云入益州后，刘备又没有及时添补力量去辅助关羽，而是让他独当一面。当曹操与孙权合流，南北夹击关羽之时，刘备也没有给他添过一兵一卒，这就使得关羽在军力上处于绝对劣势。

因此，刘备对失荆州应负主要责任。

另一种意见则认为，刘备为了开拓疆土，攻占益州，进军汉中，在不得已的情况下，这才调出诸葛亮、张飞和赵云。在多方用兵之际，关羽却自作主张，另辟战场，从而遭致惨败和身死。何况益州与荆州相距遥远，刘备纵有天大的本领，也是来不及调兵增援的。

以上主张看似都各有其道理，很难说得清孰是孰非。但是综观史实，我们还应当看到，关羽失荆州是有其深刻的社会背景的。

从客观上说：其一，当时无论是北魏还是东吴都要比西蜀强大，也不乏人才，东吴即使没有吕蒙，关键时刻也会派出其他的能人。曹魏也是如此。其二，荆州地处军事要地，发生战争是迟早的事情。曹孙刘三家围绕荆州都布有重兵，在此地任何两家联盟夹击第三方，第三方基本就只能放弃了。这些客观现实是关羽一个人改变不了的。

从主观上说：其一，西蜀上下一向藐视东吴，正是因为西蜀领导层的这种“看不起”，导致蜀吴联盟瓦解，而西蜀自身却又缺乏应有的警惕。其二，刘备入蜀时没有留下足够对付吴、魏的兵力。夺取西川后其实是有时间补充荆州兵将的，刘备、诸葛亮等决策层却未能这么做。其三，刘备自立汉中王其实很冒失，此举激怒了曹操，恐怕孙权心里也不服。孙曹连兵夹击关羽不能说与此一点关系都没有。其四，如上所言，刘备、诸葛亮自始至终没有为荆州添过一兵一卒，却又让（至少没有阻止）关羽先发制人攻打樊城，没想到樊城守卫极好，加上曹操派于禁领七军来救，关羽久攻不下，只能不断抽调荆州守兵增援。而实际上，荆州此时没有出击的实力，能守住就不错了。其五，诸葛亮多次说过关羽既“刚”且“骄”，显然不适合独自带兵独挡一方。作为与关羽“桃园三结义”的大哥，刘备对关羽的禀性也不可能不知道。然而二人却非要让关羽镇守荆州，显然是识人不明、用人不当。

总结以上原因，可以认为，如果一味将失荆州的责任归结为关羽的“大意”，显然是难以让人信服的。

然而，无论荆州之失是否是由于关羽的大意，刘备这口气都是咽不下去的。这个仇，他一定得报……

栽了一个大跟头

刘备一生行事还算谨慎，然而他却在最后的关头栽了个大跟头……

刘备是在章武元年（公元 221 年）的七月起兵伐吴，为关羽报仇的。

刘备与关羽感情极深，无论历史上有没有过桃园结义，二人都是生死患难之交。

关羽早年跟随刘备，食则同席，寝则同床，恩若兄弟。后来，他们又共同经历了四处奔波、寄人篱下的岁月。

官渡之战前，刘备被曹操打败，关羽也被曹操捉去。曹操十分佩服关羽的为人，任命他做了偏将军，又封他为汉寿亭侯。关羽却始终不为所动，他说：“吾受刘将军厚恩，誓以共死，不可背之。”不久，关羽果然寻机逃回了刘备身边。

刘备、诸葛亮先后入蜀以后，关羽依然留守荆州，为保证刘备夺取益州作出了很大贡献。

因此，关羽突然被孙权杀死，刘备从感情上是难以接受的，所以他不可能不为关羽报仇。这一点连曹操的谋士刘晔都料到了，他说：“关羽与刘备，义为君臣，恩犹父子，关羽死了，刘备不为他兴军报仇，怎么着也是说不过去的。”

不过，刘备并没有立刻为关羽报仇，而是在关羽被杀的两年半后才东征东吴的。这时候，曹丕和刘备已分别于公元220年十月和次年的四月称帝，孙权也于刘备称帝四个月后做了曹丕册封的吴王。这一系列的事件说明,刘备之东征,并不完全是为了给关羽报仇,而是还有其他目的。

其实，从当时的局势看，刘备也确实有攻击孙权的理由，那就是重新夺回荆州。前已多次述及，诸葛亮“隆中对”为刘备制定的蓝图中，把占据荆州作为了刘备能否完成帝业的重要条件之一。如今荆州已失，北面直接受到来自曹魏方面的威胁，东南失去大量物质财富的来源，刘备仅靠益州，处境是非常艰难的。所以，刘备当然不会善罢甘休。

不过，对于刘备的东征，蜀中群臣大多持否定态度。镇军将军赵云就谏阻说：“现在国贼是曹操，而不是孙权。曹操虽然已死，其子曹丕篡汉盗国，应当遵从民心，图取关中，居高临下以讨凶逆之贼。而不是置曹魏于不顾，先与东吴交战。须知，战端一起，就不易停止了，实非上策。”

刘备不听。诸葛亮见刘备决心已定，知道劝也无用，遂缄口不言。

就在出发前夕，车骑将军张飞被部将刺杀。此前，刘备派人通知这位和自己情同手足的猛将，让他率兵万人会师江州（今重庆）。谁知张飞因脾气暴躁，经常打骂将士，帐下部将张达、范强不堪其苦，临出发前，二人叛变，暗杀了张飞，拿着他的首级投奔东吴去了。这样，刘备尚未出兵，又损失了一员大将。

刘备不管不顾，仍于称帝半年后，发动了讨伐孙权的战争。

孙权一开始曾派人向刘备讲和，但被拒绝。为了固守荆州，孙权一方面遣使向魏称臣，避免两面受敌，一方面迁都武昌（今湖北鄂城），任命年轻大将陆逊为大都督（统帅诸军的大将），率领朱然、潘璋、韩当、徐盛、孙桓等得力干将和五万大军，前去迎战。

蜀军由三峡顺流而下，很快攻破东吴的巫县（今重庆巫山）、秭归防线。

随后，刘备命令将军吴班、陈式率水军屯驻秭归，自己则率陆军从秭归出发继续攻吴。偏将军黄权对刘备说，吴军骁勇善战，不好对付；我军顺江而下，进易退难。因此黄权建议，由他自己担任先锋试探深浅，刘备则在后方坐镇指挥，以免冒孤军深入的风险。

刘备不听。他把黄权打发到江北，将陆军主力由秭归推进到猇（xiāo）亭（今湖北宜都北）。在秭归与猇亭之间，他的军队分驻在几十个营盘中，最前的一个与最后的一个，相距有“七百里”，犯了兵家分散兵力的大忌。

此外，刘备还犯了另一个错误，他的营房全部是用江岸两旁山上的树木建造，而不是用泥土与石块。

此时，东吴大都督陆逊也已赶到了夷陵前线。

陆逊，字伯言，吴郡吴县（今江苏苏州）人。出生于江东大族的他，二十岁时即已入孙权幕府为官，因其卓越的军事指挥才能而深受孙权的赏识。

陆逊到了夷陵后，安营扎寨，坚守不战，脑子里却在高速盘算着破敌之策。

当时，东吴将领孙桓在夷道（今湖北宜都西北）被蜀军包围，孙桓派人向陆逊求救。陆逊手下的将领纷纷要求派兵前去。陆逊不肯，他对众将说：“孙将军很得军心，夷道城池也牢固，粮草充足，不必忧虑。且等我的计谋实现以后，孙将军自然就解围了。”

孙权见陆逊一直按兵不动，派人催问。陆逊说：“刘备历次用兵，多败少胜，以此论之，不足为忧。起初，我担心刘军水陆并进，而现在刘军舍船就步，处处结营，我观察其布置，没有其他的变化，请您高枕无忧，不要为战事担心。”

此时，蜀、吴两军已经相持了半年多，陆大都督日思夜想，终于研究出了蜀军的强点与弱点，即蜀军的几十个营盘互为犄角，不容易被单独击破，只有用几十支小兵力，同时对它们发起进攻才可；而且，最好用火来攻。

陆逊动手的时间，是章武二年（公元222年）闰六月。

一天夜里，陆逊命令士兵每人拿一捆茅草，冲入蜀营，顺风点火，发动攻势。当时正值盛暑天气，风猛火烈，蜀军的营寨顿时陷入一片火海之中。

火起后，陆逊率领大军，兵分四路，乘机大举反攻，一连攻破蜀军四十余座营寨。混战中，杀死蜀军大将张南、冯习等人。

蜀军被这突如其来的打击搞得晕头转向，纷纷逃命，包围夷道的蜀军也闻讯溃逃。

刘备带领军队边战边退，一直退到夷陵西北一个叫“马鞍山”的高地之上，准备凭险防守。

陆逊岂能给刘备喘息之机，他亲自到阵前督促大军从四面加紧围攻，杀死蜀军一万多人。刘备见大势已去，只好乘夜冲出重围，狼狈地逃回了白帝城（今重庆奉节东）。

这一仗，刘备损失了三万多兵马，船只器械也几乎全部被丢光。吴军取得了完胜。

这次夷陵之战，历史上又称作猇亭之战。它跟官渡之战、赤壁之战一样，也是三国时期以少胜多的著名战例。

此战过后，曹魏固然过不了长江，孙吴和蜀汉也吞并不了对方。

三国鼎立，已成定局。

不过，打败了的刘备却输得一点都不服气。据说，在驻跸白帝城期间，他曾写信给陆逊，表示等自己养好身体的伤病后，一定会卷土重来。陆逊则回信说，还是安心养伤为好，何必前来送死。

陆逊说得很坦诚，却也是事实。此时的刘备已时日不多，他重整汉家天下的野心已经画上了句号。

艰难的盘算

刘备托孤，历来都是中国历史上的一个大热点。只是，这背后的盘算很复杂……

讨伐东吴的惨败大大削弱了蜀国的实力，产生了非常严重的后果。刘备对此心知肚明，因此心情抑郁，神情恍惚；加上长期用兵，劳累过度，终于病倒了。

章武三年（公元223年）四月，刘备病情恶化，无药可治，去世于白帝城永安宫，终年六十三岁。

临终前，刘备派人把诸葛亮请到了白帝城，托付后事。他言词恳切地对诸葛亮说："先生的才能十倍于曹丕，定能安邦治国成就大业。如果觉得我的儿子刘禅还行，请先生辅佐他。如果这孩子实在不成器的话，'君可自取'。"

诸葛亮哭着说："我一定竭尽全力，效忠贞之节，死而后已！"

刘备点点头，也流着泪对刘禅说："我死之后，你要把丞相看作父亲一样，和他共同治理好蜀汉。"

刘备又留下遗书，叮嘱刘禅不可懈怠，凡事不能以为是小恶就随便做，也不能以为是小善而不去做——这就是人们常说的："勿以恶小而为之，勿以善小而不为。"还有一句则是可供后世统治者镜鉴的，那就是"惟贤惟德，可以服人"。或许，这是刘备留给后人最宝贵的精神财产之一吧。

刘备死后，太子刘禅即皇帝位（史称后主），改元建兴。刘禅封丞相诸葛亮为武乡侯，兼任益州牧。此后，蜀国政事无论大小，全由诸葛亮决断定夺。就连刘禅自己都说："政由葛氏，祭则寡人。"

可以说，此后的蜀国皇帝大多数时候成了一种象征和摆设，诸葛亮才是蜀汉政权真正的第一负责人。

那么，人们的心中不免要有几个疑问：

疑问一，既然刘备知道诸葛亮的才能十倍于曹丕（更不知道多少倍于刘禅了），出现这样一种“相强君弱”的局面刘备不可能不会预料到，那他为何还要托孤于诸葛亮呢？

实际上，无论刘备愿不愿意，他都只能如此。

刘备政治生涯的前半期颠沛流离，没有固定的据点。难得的是有一群忠实的人才始终聚集在他的周围，比如关羽、张飞、简雍、糜竺、糜芳、赵云等。这些人主要来自北方，构成了蜀汉政权的原始派系（或者叫元老派），也应当是刘备最信得过的一群人。但是这一派人数有限，到刘备去世前，已仅剩赵云这一“大佬”。

刘备得到荆州后，当地世族中的杰出人士如庞统、马良、马谡、黄忠、伊籍、诸葛亮、张南、冯习等人都投入了刘备阵营。这些荆州世族人多势众，组成了作为蜀汉政权支柱的荆州派系。

刘备取得益州后，法正、张松、孟达、黄权、刘巴、李严、吴懿等人加入进来，这些人组成了蜀汉政权中的益州派系。

到刘备托孤之时，控制蜀汉军队和政权的主要是荆州派系，诸葛亮则是这一派系的核心人物。

另外，刘备东征之前，庞统、法正、关羽、张飞、黄忠就已经先后亡故。东征失败，张南、冯习战死，马良遇害，黄权被迫投降魏国。同时，声望和资历甚高的司徒许靖、尚书令刘巴，以及骠骑将军马超和刘备的妻舅、安汉将军糜竺等相继去世。可以说，蜀国已经没有人可以在资历和名望上与时任丞相的诸葛亮匹敌了。当然，更没有人能在权力上与诸葛亮相提并论了。

既如此，此时的蜀国除了诸葛亮，刘备还可以向谁托孤呢？换句话说，要想延续刘氏政权，要想让自己的儿子坐稳皇帝之位（哪怕是名义上的），刘备无论是否心甘情愿，都只有这一种选择。

疑问二，刘备在托孤时，真的对诸葛亮那么放心吗？

要说清楚这个问题，就有必要弄清楚刘备托孤时所谓的如果我的儿子不成器的话，“君可自取”是什么意思？

一般认为，君可自取，就是授权诸葛亮取代刘禅自己当皇帝。那么，这是刘备的真心话吗？

有人认为是真心话。陈寿在《三国志·先主传》的评语里高度评价道：“举国托孤于诸葛亮，而心神无贰。诚君臣之至公，古今之盛轨也。”清代著名学者赵翼也说：“千载之下，犹见其肝膈本怀，岂非真情流露？”

也有人认为是权谋的把戏。是刘备不得不托孤于诸葛亮，又心生猜忌，于是“阴怀诡诈”逼诸葛亮表尽忠之态。明朝王夫之的《读通鉴论》中就提到“非剖心出血以示之，其能无疑哉？”

同意王夫之观点的人认为，实际上刘备对诸葛亮并非那么“绝对信任”，而是一直存有戒心的，以下三点可为明证。

首先，刘备对诸葛亮的才能是有所忌惮的。刘备很清楚，蜀国上下，除他以外便是对诸葛亮最敬重了，若刘禅真的是个昏庸无能的人，那么，诸葛亮想取代刘禅将是轻而易举的事，因此他并不信任诸葛亮。关于这一点，其实在刘备入西川的时候就已显露出来。刘备当时带的人是庞统，而把诸葛亮和关羽一起安置在荆州，就是为了限制诸葛亮，避免其功劳太大而欺君。

实际上，刘备的担心也不能说没有一点道理，后来的事实其实也印证了他的担心。在刘禅即位后，蜀国的大事小事全部由诸葛亮自行处理，几乎没刘禅什么事。就连历史上著名的“六出祁山”（实际是五次）这类重大的战略部署也没怎么和刘禅商量。所以，姑且不论刘禅是否昏庸，但就诸葛亮的行为来看，确实是把自己凌驾在了刘禅之上。

其次，刘备一直在想办法制衡诸葛亮。白帝托孤之时，刘备并非只找了一个诸葛亮，而是同时找了李严作为副托孤大臣。

相比较而言，诸葛亮此前在政治和外交上展示了他的出众能力，但在军事上并没有什么特别重大的建树，因此刘备在托孤时很明智地做出了这样的决定：“李严与诸葛亮并受遗诏辅佐少主。以李严为中都护，统内外军事。”

这样的安排，明眼人都能看出，刘备的用意何在。

再次，刘备之托孤于诸葛亮，实际上是用了“欲擒故纵”法。刘备在托孤时之所以说“君可自取”之类的话，其实就是逼迫诸葛亮当众表态要尽忠辅佐刘禅，决不取而代之。

这样一来，倘若日后刘禅昏庸而诸葛亮真的想要取而代之，那他就要先背上个辅佐不力、背主食言的骂名，在政治、舆论以及民心上都将会面对“不臣不忠不义”的罪名，并因此导致师出无名而居于劣势。

所以，刘备“君可自取”这话与其说是信任与托付，不如说是一种先发制人的威胁策略，亦或说是无奈之下欲擒故纵的一种权谋。

除此而外，还有一种说法认为，所谓“君可自取”，是说如果刘禅实在“烂泥扶不上墙”的话，就让诸葛亮从刘备的其他儿子中另选一个做皇帝，也就是赋予诸葛亮废立之权。

这种说法，也不能说没有道理。

看来，刘备托孤的真相，除非他本人能活过来，世人已不可能全盘知晓，那就任由分析吧。

无论如何，刘备托孤于诸葛亮，都是他一生中做的最后也是最正确的选择和安排。事实上，也只有忠诚、谨慎而务实的诸葛亮，才能呵护住蜀汉那“多愁多病之身”。

当然，诸葛亮也由此开启了真正属于自己的时代。

第九章

出师未捷身先死

殚精竭虑治国忙

在刘备去世后如何治理蜀国，这确实让诸葛亮大费周章。当然，他干得很棒……

刘备去世后，全权负责蜀国事务的诸葛亮做的第一件大事，就是恢复和孙吴的联盟。

这是当时必然的战略选择。

刘备东征孙权失败，不但使蜀汉军事力量大为削弱，而且导致了内部政局的不稳。头脑清醒的诸葛亮知道，当务之急是减轻蜀汉政权的压力，而减压的有效措施莫过于釜底抽薪，化敌为友。为此，他不但没有兴兵为刘备报夷陵之战的一箭之仇，而是派邓芝出使东吴，希望与东吴重归于好。

此时的孙权尚臣服于曹魏，因此对蜀国的要求犹豫不决。孙权对邓芝说："我早就想与蜀国和好，但蜀国国小势薄，一旦被魏国打败，我也自身难保。"

邓芝则回答说："吴蜀两国占据四州之地，蜀国地势险要，吴国有长江天险，两国合在一起，唇齿相依，进可以兼并天下，退可以与魏鼎足而立。如果您归附曹魏，曹丕一定会要求您去朝拜，还会要求您派太子去做人质。如果您不服从，曹魏就会以讨伐叛逆为借口，向您发动进攻。若如此，蜀国也难保不会顺流东下，这样一来江南之地可就不归您了。"

邓芝一番有理有利有节的话直接触及了孙权的软肋，于是孙权和曹魏断绝了关系，与蜀汉和好。

外交上的成功，为蜀国的发展赢得了宝贵的战略机遇期，诸葛亮开始将精力集中到对蜀国的内部整顿上。

首先是以农为本，重视农业生产。

诸葛亮曾经说过，“唯劝农业，无夺其时，唯薄赋敛，无尽民财”，才能国富民强。重视农业、为农时让路自不必说，减轻农民赋税也极为重要。轻税薄役，在休养生息中鼓励农耕，调动百姓积极性，才是发展农业生产的前提。

诸葛亮始终坚持这一宗旨。多年后，在北伐中以农养战，如“休士劝农”与“分兵屯田”等，也是减轻农民负担的继续。

说到农业，又离不开水，尤其是以水稻种植为主的成都平原，灌溉是第一要务。为此，诸葛亮设立了一名专职堰官来管理和维护成都平原最重要的水利设施都江堰，确保了农业生产的灌溉用水。受诸葛亮的影响，此后历代均设专职官吏，负责都江堰水利。

当时，在成都西北的柏条河水量较大，时常造成洪涝灾害。为了保护农田，诸葛亮命人沿河修筑了一条九里长堤，世称“诸葛堤”，至今遗迹可辨。

由于诸葛亮重视农业，加强水利建设，成都平原一时灌渠如网，稻谷飘香，展现出欣欣向荣的新气象。

其次是实行盐铁官营，保证国库收入。

中国历代封建统治者都认为，国家掌握盐铁经营权，不仅能够增加税收，而且更利于备战。西汉时期，盐铁官营成为国家财政来源的重要一环。东汉年间，由于盐铁官营取消，国家盐铁生产权旁落，助长了豪强崛起。刘备占有益州后，又恢复了盐铁官营。到诸葛亮执政时，仍然延用刘备时期的政策，而且“利入甚多，有裨国用”。

当时四川盆地的煮盐业也比较发达，天然气也得到了应用，成都附近临邛（今四川邛崃）、广都（今四川双流）、什邡等地都有了盐井和天然气井。而且，用天然气煮盐，已经成为一种高效益的生产方式。

西晋人张华所著的《博物志》一书中曾提到：“临邛火井一所，纵广五丈，深二三丈，井在县南百里。昔时，人以竹木投以取火，诸葛丞相视之后，火转盛热，盆盖井上，煮盐的盐，入于家火即灭，讫今不复燃也。”

这一记载虽然充满着迷信色彩，但也说明诸葛亮对当时蜀汉的煮盐业和天然气应用已非常重视，而且通过亲自视察，将天然气煮盐的优势提升到了一个新档次。

再次是厉行法治，以法治蜀。

突出表现就是诸葛亮赏罚分明，依法办事，不徇私情。李严与诸葛亮同时受遗诏辅佐后主刘禅，地位仅次于诸葛亮。但后来由于李严运输粮草耽误时日，贻误战机，又兼有假传圣旨之嫌，被诸葛亮削职为民。

诸葛亮在惩治违法乱纪者的同时，还对有才能的人予以重用。蒋琬（wǎn）本是荆州一个写文书的小吏，由于随刘备入蜀后为政清廉，办事有章法，受到诸葛亮的重视。诸葛亮临终时向刘禅推荐，由蒋琬做自己的继承人。费祎、郭攸之、董允、张裔、王连、陈震等人，因各有所长，且都是诚实善良、能够以死报国的忠臣，也受到了诸葛亮的重用。

除了对国家大事呕心沥血、鞠躬尽瘁外，诸葛亮对自我的约束也为人称道。

在生活上，诸葛亮一生非常节俭。他家人的生活来源全部依靠在成都的八百棵桑树和十五顷田地，而他自己的一切费用，就是国家每月发给他的那点微薄的俸禄，除此以外，再也没有别的产业。直到他死的时候，家里既没有多余的绢帛，也没有多余的钱财。

在工作上，诸葛亮责任感极强。担任丞相的时候，不管有多么繁忙，他都要亲自批阅公文，而且十分认真仔细，从没有一丝一毫的偷懒和懈怠。

不过，凡事有利有弊，也有人对诸葛亮的事必躬亲不以为然。

有一次，诸葛亮在案前登记在册的账本，主簿杨颙（yóng）担心诸葛亮的身体，于是闯进去对他说："治理国家有一定的规则和秩序，上下职责也不能混淆，否则就会乱套。所以古人说，坐而论道的是王公，执行命令、亲自去做事的是士大夫。如今您管理全国政务，却连登记账本这种芝麻大的事都要亲自去做，不是太劳累了吗？"

杨颙的话确为至理名言。在这世上，无论你职务有多高，本事有多大，都不可能一个人做完、做好所有的事，所以才有各司其职、各安其位、各尽其责之说。

诸葛亮当然也明白这个道理，所以他对杨颙的关心表示了感谢，并做了诚恳的自我批评。可惜，知道不一定能做到，这为诸葛亮后来壮年而逝埋下了祸根。

尽管事事亲力亲为，但由于任务实在太繁重，诸葛亮担心自己有些决策和措施不能保证全部正确。为此，他再三鼓励下属随时指正自己的错误，而且还向百官发出文告说："所谓参与朝政，管理政务，就是要集合众人的心思，采纳有益国家的意见。只有听取不同的意见，才能得出正确的结论。"这种见解，有些类似于后世的民主决策。

坦率地说，在专制社会的官场，有类似意思的话语并不少见，但说是说，做是做。许多时候，执政者不过是把它作为一种招揽民心的宣传手段而已，从未当真过。诸葛亮的可贵之处就在于，他不但在这样说，而且在这样做。

诸葛亮手下的董和，参与朝政、署理政务七年，曾因觉得一项措施有不稳妥的地方，和诸葛亮反复争论了十次。诸葛亮不但没有责备他，反而当众表扬了他这种做事勤勉、尽职效忠的精神，并鼓励大家向他学习。

诸葛亮这种执政风格，值得后人为他竖起大拇指。

在诸葛亮的精心治理下，蜀国社会安定，经济有所发展，初步具备了与曹魏、东吴相抗衡的实力。

不过，此时的蜀国还不到对外争锋的时候，因为还有"内忧"未除，那就是南中地区的反叛。

为此，诸葛亮必须亲自往南方走一遭。

以德服人者，人恒服之

无论"七擒孟获"的故事是否真实，诸葛亮的民族政策都值得肯定……

三国时期的南中，包括今天的云南、贵州和四川西昌一带。当时，这里少数民族众多，诸葛亮在“隆中对”中曾设想“南抚夷越”，也就是要把这里建成刘备集团的统治后方。刘备占领益州后，曾选派善于处理民族关系的安远将军邓方治理南中地区，取得了较好的成绩。

然而刘备东征失败后，南中地区突然发生了叛乱。叛乱的首领是当地的土豪雍闿（kǎi），其煽动民变的伎俩，是中国历史上屡见不鲜的造谣。

当时，雍闿等人四处宣扬说，官家要你们缴纳三百条黑狗，必须胸部及其以上完全乌黑，还要你们搜集不少于三斗的玛瑙和单个三丈以上长度的三千根断木。三斗玛瑙已很难寻觅，符合条件的黑狗恐怕更得寻上三五年，断木则更无可能，因为这种“断木”是当地的特产，却没有长过两丈的。这样一来，当地人认为受罚是必然的。既如此，不造反还等什么呢？干他一票，说不定还能侥幸获胜。

叛乱发生后，诸葛亮火速让李严给雍闿写了一封信，劝他权衡利害，停止幻想，赶紧投降，否则后果自负。

雍闿很幽默，回信说，天无二日，地无二王，可现在出了三个太阳三个王，你叫我们投降哪个王？

当时刘备刚死，蜀吴对立，内部不稳，诸葛亮无暇他顾，只得把雍闿的回信扔到垃圾桶里，任由他蹦跶去。

等到蜀吴联盟恢复、内部政局稳定后，诸葛亮认为平叛的时机已成熟，遂于建兴三年（公元225年）春向南中进军。

大军分为三路，东路军由马忠率领，中路军由李恢率领，西路军则由诸葛亮本人亲自率领。三路大军同时开进，叛军根本不是对手，与蜀军交战多半都是一触即溃。

蜀军势如破竹，渡过金沙江，一直打到今天云南曲靖附近的盘江上游地区。此时叛军内部发生分裂，雍闿被杀，孟获成为新的首领。孟获将兵力集中一处，继续与诸葛亮周旋。

孟获此人不但作战勇敢，意志坚强，而且待人忠厚，为人诚恳，在当地少数民族中很有威望，就是汉族中也有不少人买他的账。所以诸葛亮认为，擒贼先擒王，服人先服心，只要抓住孟获让他心悦诚服，南中叛乱自然平定。为此，两军开战前，诸葛亮特意下令，对孟获只能生擒，不许伤害。

孟获虽然打仗是一把好手，但那只限于双方阵前的硬碰硬，对“兵不厌诈”之类的谋略，估计诸葛亮可以甩他八条街。

因此双方第一次交战，诸葛亮故意让他三分，命令军队节节后退。孟获却以为诸葛亮用兵不过尔尔，哪有那么神奇，于是率军狂追，结果陷入重围，被蜀军活捉。

诸葛亮听说孟获被擒，就命人将他押来，问道：“先帝待南人甚厚，你们为何起兵谋反？”

孟获说话倒还有两下子，回答说：“我们南人世代居于此地，不过是起兵守土而已，怎能说是谋反？”

诸葛亮把脸一沉，说：“我也不听你狡辩，我只问你，你今日被擒，心里服是不服？”

孟获把头一抬，昂然说道：“你们这些人就跟那竹筛子似的，心眼太多，岂能让我服气！”

诸葛亮微微一笑，说：“既如此，我放你走。你也多长点心眼，尽管使出百般手段，我们再战。”

当天晚上，被放回去的孟获以为自己刚被释放，诸葛亮一定会认为他要养兵蓄锐，故而不设防，因此带领人马前去偷袭蜀营，结果陷入包围圈，很快又被捉住。

孟获认定自己要被诸葛亮处死，因此一直抬头望天，不出一言，认为这样死去像个好汉，不丢人。不料诸葛亮亲自给他松绑，还陪他观看已经布置好的军营，然后问他：“你看这阵营怎么样？”

孟获见全是些老弱残兵，就说：“以前我不知道你们军队的虚实，给你赢了两阵。这会儿看了你们的阵营，如果就是这个样子，不是我说大话，要赢你也不难。”

诸葛亮没说什么，又放了他。

孟获回去后，得意洋洋地对他的部下说："我到了蜀兵的军营，仔细看了他们扎寨的情况和守卫的士兵，真没有什么了不起的。今天晚上三更时分，咱们悄悄过去劫寨，说不定能逮住那个叫诸葛孔明的家伙。只要把他逮住，别的人就容易对付了。"

当天夜里，孟获亲自挑选了五百名刀斧手，悄悄地摸进蜀军大营，发现竟然什么阻挡也没有。孟获暗暗高兴，以为成功在即，不料蜀军伏兵四起，孟获又被擒住。

都说吃一堑长一智，可孟获连续两次跌进同一个坑里，因此他有些垂头丧气。诸葛亮见状，就杀牛宰马招待他，然后问："这次你又被我逮住，心里该服气了吧？"

孟获说："这次仍然是我上了你的当而已，又不是我打了败仗，怎么能叫我服气呢？"顿了顿，孟获又说，"要不这样，你再放我回去，让我好好地准备一下，咱俩真刀真枪见个高低。要是再给你逮住，我才服你。"

诸葛亮答应了，而且连他们的兵器都还给了他们。

孟获吃了几次亏后，学乖了，再也不敢鲁莽行事。他带领所有人马退到泸水南岸，只守不攻。

蜀兵到了泸水，没有船不能过去，天气又热，困难重重。诸葛亮下令造了一些木筏子和竹筏子，一面派少量士兵假装渡河，但到了河心一碰到对岸射来的箭立即退回来，随后再去渡河；一面将大军分成两路，绕到上游和下游的狭窄处，渡过河去包围了孟获。此时孟获身边仅有少量人马，结果战败又被捉。

诸葛亮见他还不服气，又放走了他，就这样一捉一放又是好几次。

孟获第七次被擒后，诸葛亮说："我知道你还是不服，没关系，我放你回去，咱们再来第八次。"

孟获"啪"的一声就跪下了，然后心悦诚服地说道："事不过三，您都放了我七回了，我就是铁石心肠的人这回也该感动了，我不是您的对手，我服了，我们再也不造反了。”就这样，诸葛亮终于用诚心打动了孟获。

这就是后来被广泛传播的诸葛亮“七擒孟获”的故事。虽然版本众多，但情节大致相同。

然而对这件事的真伪，历史上一直有争议。更多的观点认为，所谓“七擒七纵”，不过是艺术的虚构。

首先，除了《三国演义》和其他一些历史小说，以及戏剧、评书等的描述外，主流史书记载不多，仅东晋人常璩（qú）所著《华阳国志》、东晋人习凿齿所著《汉晋春秋》等有简要的记载。《三国志》则通篇不着一字，就连诸葛亮自己所写的《出师表》中，也仅仅提到“故五月渡泸，深入不毛。今南方已定”等语，从未提及“七擒七纵”之事。

其次，从流传的“七擒孟获”版本来看，其中提到的擒获地点，覆盖了云南省内的广大地区。从当时的交通情况看，是兵卒步行，辎重马匹驮运。而诸葛亮的南征，从建兴三年春开始到当年的秋天回到成都，总共用了半年左右的时间。其中，从成都出发，到“五月渡泸，深入不毛”的渡泸处，已经用了差不多三个月时间，剩下的时间除去返回成都的时间，即使完全不停地走也走不完各点，更谈不上还要在七个地点打仗了。

第三，从常识来说，平定叛乱是一件极为严肃的军国大事，诸葛亮岂能将叛军首领孟获当小孩一样随便捉了放、放了捉？而且流传的“七擒孟获”版本中，大多充斥着近乎离奇甚至荒诞的情节，更让人觉得不可信。

因此，主流的观点认为，诸葛亮俘孟获不杀的可能性是存在的，“七擒七纵”则是艺术家言，当不得真。

但不管怎么说，诸葛亮平定南中叛乱是真实存在的。

平定南中后，诸葛亮对这一地区采取安抚政策，仍然保留原有少数民族的部落组织，重用之前的官吏，对一些有影响的少数民族上层人物，还授予高官。

朝中有些官员对诸葛亮的做法很不理解，诸葛亮便向他们解释说：“如果留外地人为官，就要留驻军队，这样粮食供给就会有困难。现在这些人刚刚经受创伤，若留外人为官而不留军队，则容易生祸乱。所以，我们要让他们自己统治自己，这样法令纲纪可以得到贯彻，他们也能消停下来。”

官员们这才明白了诸葛亮的良苦用心。

诸葛亮不仅任用本地人为官，而且还让一些在当地有影响力的少数民族豪绅到蜀汉中央政府任职，如孟获后来官至御史中丞。诸葛亮这样做，缓和了少数民族与蜀汉政权之间的矛盾，给西南少数民族留下了很好的印象。

此外，为了改变南中地区的落后面貌，诸葛亮派人在这里推广先进的农业生产技术，提倡兴修水利，发展生产。后来，南中发展成为蜀汉政权比较稳定的后方和财政收入来源地。那里的金、银、丹漆、耕牛、战马以及其他物资，被大量地运送出来，补充了蜀汉政权的财政和军事之需。

南中平定后，蜀汉后顾之忧解除。诸葛亮将目光投向了北方，他决心出兵伐魏，复兴汉室。

蜀魏之间的较量就此展开。

忙活半天，只留下“一地鸡毛”

诸葛亮的第一次北伐，除了留下伤心和遗憾，他什么也没得到……

建兴六年（公元 228 年）春，诸葛亮第一次率军北伐。然而这是一场注定要失败的战争——因为北伐的条件已丧失。

我们知道，北伐曹魏，统一中国，是诸葛亮“隆中对”中设定的目标。但当年他在隆中说得很清楚，北定中原，复兴汉室，一要天下有变，二要分两路（荆州、益州）出兵。现在，天下无变，荆州却已被刘备东征搞丢，岂是可以大举兴兵推翻曹魏的时候？

但诸葛亮仍然出兵了。

这就很令人诧异，为什么他明知山有虎，偏向虎山行呢？是出于勇敢无畏？还是说一根筋？

实际上，无论诸葛亮是什么样的性格，他都只能这么做。

一则是诸葛亮心有不甘。众所周知，诸葛是一个伟大的政治家。政治家不同于政客，政客的眼里只有实实在在的利益，政治家却有自己的理想和抱负。而重整天下、匡扶汉室，则始终是诸葛亮一生的政治理想和追求。为了实现这个理想，他才没有选择实力更为强大的曹操，而委身于当时一无所有甚至性命难保的刘备。因为刘备是汉室之胄，代表着正统，曹操则不过是“汉贼”。所以，不北伐，诸葛亮首先就没法跟自己交待。

二则是为了报恩。诸葛亮在《出师表》说过：“先帝知臣谨慎，故临崩寄臣以大事也。受命以来，夙夜忧叹，恐托付不效，以伤先帝之明；今南方已定，兵甲已足，当奖率三军，北定中原，庶竭驽钝，攘除奸凶，兴复汉室，还于旧都……”可见，诸葛亮北伐是为了报答先帝刘备对他的知遇之恩，完成先帝光复汉室的遗愿。不北伐，他将来在九泉之下也没法跟刘备交待。

三则是形势使然。这从诸葛亮的《出师表》中同样看得出来，他说：“先帝创业未半而中道崩殂。今天下三分，益州疲弊，此诚危急存亡之秋也。”

为什么蜀汉处于“危急存亡之秋”？“外患”显然没有（曹魏、东吴并无侵犯），那就只有“内忧”。

“内忧”在何处呢？

一是因为连年的战争，搞得国家无钱，百姓无粮。俗语说“贫贱夫妻百事哀”，对一个家庭如此，对一个国家亦然。无钱少粮，虽然还没有到民不聊生的地步，但百姓的怨气是有的，爆发不测事件的可能性也是存在的。

二是因为派系纷争。前曾述及，蜀国的统治集团天然地分为元老派、荆州派和益州派等几个派系。为了各自派系的既得利益，他们之间冲突不断，而且绝无可能在短时间内消除，哪怕诸葛亮人品再好，能力再强，也不行。

那怎么办？

战争是最好的办法。因为无论是转移国内民众的注意力，还是加强国民的凝聚力，战争都是最好的手段。如果再趁机整治或镇压反对派系，更是便利得多。

所以，对诸葛亮来说，无论于公于私，他都必须北伐曹魏，让国家处于战争状态，以外战防内战。不如此，则蜀国危矣。

目标既已定下，剩下的就是战争时机的选择了。

曹魏黄初七年（公元 226 年），年仅四十岁的魏文帝曹丕病死，其子曹叡（ruì）继位，是为魏明帝。

东吴的孙权认为曹丕刚死，新君初立，魏国还处于忙乱中，不妨趁乱捞它一把，于是亲自带兵从东面向曹魏发动进攻。虽然孙权此次兴兵没有取得什么战果，却牵制了曹魏的大部分兵力。诸葛亮认为有机可乘，便在蜀汉建兴五年（公元 227 年）亲率二十万大军开进汉中。

临行前，诸葛亮对朝廷事务作了细致的布置，但还是对后主刘禅不放心，因此他给刘禅上了一封奏章，这就是广为人知的《出师表》。

《出师表》陈述了北伐的目的，表明了诸葛亮统一中原的壮志，并对朝廷的执法、用人、纳谏等问题提出了自己的看法和安排。同时，诸葛亮还在《出师表》中表达了希望刘禅广开言路，严明赏罚，向明君的目标迈进。

可惜的是，这篇令人感动的《出师表》，虽然感动了这位年轻的后主，也感动了一千七百多年以来很多的人，但感动归感动，几天热度过后，这位年轻人便将之忘得一干二净。

刘禅不求上进，魏明帝曹叡却积极向上。年轻气盛的他听说诸葛亮率军进驻汉中后，便想亲自率兵去给诸葛亮来个先发制人的打击。

有个叫孙资的大臣劝阻说："如果现在发大军征讨诸葛亮，不仅道路艰险，还要调集重兵、周转物资，容易引起天下骚动且耗费巨大，不划算。不如派大将据守险要之处，先保边境安然无事，给将士们一个养精蓄锐的时间。待几年过后，魏国强盛了，一切就都不在话下了。"

曹叡听了孙资这番话后深以为然，于是放弃了主动进攻的打算，并加强了本国的防御。

曹叡放弃，诸葛亮却步步进逼。

建兴六年（公元 228 年）春，诸葛亮采取声东击西的战术，兵分两路进攻魏国。一路由赵云、邓芝率领，作为疑军进驻箕谷（今陕西汉中市西北），一路由诸葛亮亲率，从祁山（今甘肃礼县东）方向进攻。诸葛亮大军到来后，曹魏的陇右（指陇山即今六盘山以西、黄河以东地区）三郡天水、南安、安定很快归附蜀国，天水将领姜维也主动投降。

姜维，字伯约，天水郡冀县（今甘肃甘谷县）人。文武双全，很有些本事。

当诸葛亮大军到来之时，姜维正陪同天水太守马遵在各地巡查。马遵得知蜀汉大军到来，又听说各县都有人响应蜀军，便怀疑姜维等人也会如法炮制，于是扔下他们，一溜烟逃往他处。

姜维等人追之不及，回城时城门已闭，只好率部前往冀县，而冀县也不放姜维入城。姜维不得已，只好投降了诸葛亮。

此后，姜维受到了诸葛亮的重用，逐渐成为蜀汉举足轻重的人物，甚至差点成为诸葛亮的接班人。

再说诸葛亮连占三城的消息传到魏都洛阳后，魏国朝野震动。魏明帝曹叡一面派大将曹真率军防御赵云、邓芝，一面又派名将张郃领精兵五万抵御诸葛亮。

诸葛亮探知张郃率大军逼近后，仔细分析了当前局势，认识到街亭（今甘肃秦安县陇城镇）是双方争夺的焦点，于是召开军事会议，商讨由谁守卫街亭。

这时，参军（参谋人员）马谡应声而起，说他愿意担此重任。

马谡（sù），字幼常，襄阳宜城（今湖北宜城）人。马谡自幼熟读兵书，能说会道，但缺乏实战经验，属于纸上谈兵型人物。刘备临终前曾对诸葛亮说：“马谡言过其实，不可大用。”但诸葛亮认为马谡的兵法造诣很深，对刘备的评论不以为然，依然重用他。

不过，当马谡主动请缨后，诸葛亮鉴于街亭的重要性，并没有马上答应他。

马谡再次请战。

马谡之所以如此，并非是他一门心思要报效蜀国或者是为了出风头，而是他也有自己的苦衷。他虽然受到诸葛亮的器重，却一直只是个小小的参谋，从未有过挂帅出征的经历，因此蜀军将士中很多人并不拿他当回事。马谡一直在寻找证明自己能力的机会，现在不正是最佳时机吗？如果能打败闻名天下的张郃，谁还敢小瞧自己？

正因如此，马谡除了一再请战外，还表示愿意立下军令状，以自己的脑袋和全家人的性命作担保。诸葛亮见马谡这般坚持，也就遂了他的愿，拨给其两万五千精兵，命他务必守住街亭。

但诸葛亮依然有些放心不下，又派大将王平协助马谡，还三番五次地嘱咐二人说，率军到达街亭后，一定要在大路中央安营扎寨，否则难以抵挡敌军。

然而马谡到了街亭后，却对王平说：“我查看了一下地形，发现街亭有一座高山，非常险要，咱们可在山上扎营。”

王平劝阻说：“丞相早有吩咐，咱们必须要截道扎营。如果驻守高山，一旦魏军来到，将这座孤山团团围住，咱们怎么办？”

马谡说：“我高敌低，我们从上往下冲杀，他们能挡得住？”

王平又说：“如果魏军切断水源，怎么办？”

马谡说：“如果那样，正好使我军‘置之死地而后生’，更能激发士卒的战斗力。”

王平见无法说服马谡，只能要求马谡拨给他一千士兵，到山下驻守去了。

张郃率军来到街亭后，听说蜀军已经抢先占领此处，心里暗自佩服诸葛亮的远见。但听说蜀军在山顶上扎寨后，张郃不禁笑弯了腰，心想诸葛亮居然派了个草包来守街亭，自己要是不成功，那就实在对不起诸葛亮的这番“美意”了。

张郃当即令魏军将山团团围住，并切断了蜀军的水源。不到一天，缺水严重的蜀军已经人困马乏。马谡命将士们突围，可大伙儿看见山下人山人海，红旗招展，个个胆寒，你推我我推你就是不敢下山。马谡一气之下斩了两个后退的部下，将士们这才咬着牙往山下冲了冲，可很快又被魏军给顶了回来。

又过了一天，饥渴难耐的蜀军将士倒的倒，躺的躺，全无战斗准备。张郃看到进攻的时机已到，遂带兵攻山。蜀军更加慌乱，四下逃窜。

驻扎在山脚西面的王平，见马谡吃了败仗，就命令士兵击鼓呐喊。张郃怀疑蜀国有伏兵，不敢轻进，马谡这才带着残兵败将突围出去。

街亭一失，诸葛亮一下子暴露在气势汹汹的张郃五万大军面前。此时，赵云等人尚在箕谷无法赶回，诸葛亮手里无兵可调，如何安全回到汉中成了一个问题。为此，小说《三国演义》和一些戏剧、评书等渲染出了一个美妙的故事，那就是诸葛亮使出了“空城计”。

空城计的故事说，诸葛亮因错用马谡而失掉战略要地街亭后，魏将司马懿乘势引大军十五万向诸葛亮所在的西城（今陕西安康）蜂拥而来。当时，诸葛亮身边没有大将，只有一些老弱残兵，根本无法与之抗衡。诸葛亮一阵苦思冥想之后，吩咐将四面城门大开，让一些老弱兵士换上贫民的服装打扫城池，自己则带着两个书童安然坐在城楼上弹曲。

一切准备完毕，司马懿的先头部队到达城下，见到这种气势，都不敢轻易入城，便急忙返回报告司马懿。司马懿听后，笑着说：“这怎么可能呢？”于是便令三军停下，自己飞马前去观看。

离城不远，他果然看见诸葛亮端坐在城楼上，笑容可掬，正在焚香弹琴。左面一个书童，手捧宝剑；右面也有一个书童，手里拿着拂尘。城门内外，二十多个百姓模样的人在低头洒扫，旁若无人。

司马懿看后，大为惊奇，便令大军撤退。他的二子司马昭说：“莫非是诸葛亮家中无兵，所以故意弄出这个样子来？父亲您为什么要退兵呢？”

司马懿说：“诸葛亮一生谨慎，不曾冒险。现在城门大开，里面必有埋伏，我军如果进去，正好中了他的奸计。还是快快撤退吧！”于是，各路兵马都退了回去，算是主动给诸葛亮解了围，让他得以从容回到汉中。

关于上述诸葛亮巧施空城计的故事，在《三国演义》中被描绘得精彩绝伦，让人大赞智慧真是个好东西。

可惜，这不是事实。

其实空城计并非出自罗贯中的杜撰，在史书《三国志·诸葛亮传》裴松之注引的郭冲《三事》中也有记载。

《三事》中说，诸葛亮这个人，至少从晋代开始，就已经是很多人追捧的对象。当时有一个叫郭冲的人，觉得大家对诸葛亮的评价远远不够，于是写了一篇文章，叫做“条亮五事，隐没不闻于世者”，意思是说我这里还有五件关于诸葛亮的事情是你们大家不知道的。这五件事中的第三件事情就是空城计。诸葛亮的空城计最早就见于郭冲的这篇文章。

但是郭冲所说的这个“空城计”，裴松之根据确凿的史料进行考证后认为并不可信。因为从时间上看，诸葛亮第一次北伐时，司马懿官居荆州都督，驻扎在宛城，跟诸葛亮面都见不着（当时指挥作战的魏将是张郃），怎么可能有空城计呢？同时，裴松之还认为，即使当事人是司马懿，而司马懿又怀疑有伏兵的话，自己的十五万大军正可以驻留附近，观察虚实，何至于立刻退走？显然与常理不符。所以，裴松之断定：“此书举引皆虚。”

也正因如此，许多专家都断言，诸葛亮并没有使用过什么空城计。只是后来罗贯中将这个故事放到《三国演义》里后，由于空城计的故事写得实在是太精彩了，所以文学作品是一说再说，戏剧作品也就一演再演，因而一直误传至今。

既然没有空城计，那么诸葛亮是如何安全回到汉中的呢？史书对此没有记载。也有说法是，诸葛亮使用了疑兵之计，至于详情则不得而知。

街亭失守对蜀国的打击确实是相当的大。除了诸葛亮仓皇撤退外，在箕谷充当疑兵的赵云、邓芝也遭遇了曹真的阻截，无功而返。原先获得的天水、南安、安定三郡也被魏军收复。可以说，北伐之初的辉煌战果全部化为乌有，并且还搭上了不少军粮、器械、战马等。更重要的是，蜀军的锐气受到重挫，魏军也对蜀军将来的北伐更加重视。蜀军后来历次北伐都没有突破第一次的战果，就说明了这一点。

大军回到汉中后，失去街亭的马谡自知罪孽深重，他让部下将自己五花大绑，亲自到诸葛亮帐下请罪。

看着马谡悔恨交加的样子，诸葛亮也很难受，不禁想起了一件事。

那是南下平定南中叛乱的前夕，临出发之际，诸葛亮心里其实并没有底，便问计于马谡说："这次我对南中用兵，胜负难料，不知你有没有什么破敌的好办法？"

马谡回答说："南中地势险要，离成都又很远。您虽然能一时取胜，但等到大军走后，南人又会发动叛乱。依我看来，用兵作战的原则，以攻心为上，攻城为下；以心理战为上，以短兵相接为下，望您能使南中真心归服，从而一劳永逸。"

诸葛亮后来正是由于采纳了马谡的建议，在他有生之年，南中地区才从未出过乱子。

诸葛亮又想起了他和马谡之间的深厚情谊，以及二人通宵达旦讨论兵法的日子……

然而功是功，过是过，功过不能抵，感情更不能驾驭军法，诸葛亮还是下令将马谡下狱处死。

据说马谡被处斩那天，为他痛哭的人竟达十万之多，就连诸葛亮本人也大哭不止。有人问他："现在马谡已经明正典刑，丞相为何还哭泣？是不是觉得马谡是个人才，杀了太可惜？"

诸葛亮回答说："并非如此。今天下分崩离析，战争没有尽头。如果不能严明法纪，我们又靠什么去战胜敌人？”

这就是历史上著名的诸葛亮“挥泪斩马谡”的故事。

诸葛亮认为自己错用马谡也有责任，于是自贬三等。然而无论怎样自责，第一次的北伐终归还是失败了。而且，除了留下“一地鸡毛”，蜀国什么也没捞着。但诸葛亮并不甘心于此，而是继续厉兵秣马，准备新一次的北伐。

那么，诸葛亮会成功吗？

无数个孤寂的夜晚，诸葛亮仰望苍天，总会在内心深处这样问自己；他的对手，即位后在军事、政治和文化方面都颇有建树的魏明帝曹叡，也会在内心深处这样问自己。尤其是在曹魏太和五年（公元 231 年）的春天，这位年富力强的皇帝更是把这个问题变成了口头禅，天天挂在嘴边，一遍遍地拷问自己。

因为就在这一年，魏国天降异象……

打不死你，“熬”死你

司马懿没有采取硬拼的策略，而是和诸葛亮比“熬”功，结果，他赢了……

曹魏太和五年春，神州大地百花盛开，一片姹紫嫣红。

忽然有一天，天空中一颗硕大的流星，划着刺眼的弧线，砸在了魏国的领土上。

这事要是出现在现在也没什么，拿个手机什么的，可以拍来发个“朋友圈”。可在当时却震动了魏国上下。从第二天起，进京的术士就源源不断，都是为了一个目的——解说天象。虽然这些术士门派众多，忽悠的手段也各有不同，但都给出了同一个说法：天降异象，魏国有灾，死伤一定惨重。

魏国君臣都嗤之以鼻。如今三国之间交战不断，几乎天天都有人死亡，有什么值得诧异的？如果你要说，天降异象，表明今年三国之间不再打仗了，那才是天底下第一大奇事！

见君臣们对自己的“掐指一算”有异议，术士们赶紧补充了一句：今年必有上将丧生。

这么一说，文官们都松了口气，这跟我八竿子打不着，我怕个啥？武将们的心里却都“咯噔”了一下，自觉或不自觉地在心底默默祷告：那员上将可别是我！我上有八十岁老母，下有三岁小儿，我可不能死。

身为皇帝的曹叡可就比文臣武将们的境界高多了，他想的是国家的前途命运：这个天象是不是预示着蜀国丞相诸葛亮又要进犯？根据前方送来的最新情报显示，诸葛亮又在蠢蠢欲动。看来，一场大战又在所难免。

曹叡不禁恨起诸葛亮来，不由得在心里怔怔地想：自从自己五年前登基以来，诸葛亮自恃天下无敌，小看了他，连年挑起战争，弄得自己东御西防，左支右绌，几乎没有喘息之机。幸亏有老爸曹丕留下的几位辅政大臣的帮助，才渡过了难关。特别是得到辅政大臣兼宗室名将曹真的鼎力相助，要不是他，诸葛亮恐怕都已经打进洛阳了。还有另一位辅政大臣司马懿，防备孙吴的工作也做得不错，让自己放心、省心。可是……唉，诸葛亮啊，你都一大把年纪了，就不能歇会儿吗？

曹叡猜对了，诸葛亮确实歇不下来。伴随着那颗坠落的硕大流星，诸葛亮挥师十万（有人考证说只有四万），气势汹汹地再出汉中，大举进犯魏国边境。

这是诸葛亮的第四次北伐。

第一次的北伐失败后，诸葛亮于当年的冬天进行了第二次北伐。这次北伐的契机是孙权对魏国用兵。

孙吴黄武七年（公元 228 年）五月，大约也就是马谡失街亭后不久，吴国鄱阳太守周鲂用诈降诱敌之计致书魏国扬州刺史曹休，表示愿意叛吴归魏，请求曹休派兵接应。曹休中计，率军十万向皖城进发。孙权率军进驻皖口（今安徽怀宁皖水入江处），派陆逊、朱桓、全琮各率兵三万，痛击曹休于石亭（今安徽桐城境内），斩杀、俘虏魏军一万余人。

魏明帝曹叡见势不妙，急忙命令张郃率关中主力东下支持。诸葛亮听说魏军大举东进,关中兵力空虚,于是率兵数万,于这年冬天再次北伐。

此次北伐的路线是出散关（今陕西宝鸡西南），取陈仓。陈仓地处关中与陇右之间，如能占领陈仓，东可进攻关中，西可攻取陇右。

正是因为陈仓的战略位置如此重要，故魏将曹真在上半年收复陇右三郡时，已料到诸葛亮此后伐魏必走陈仓，因此派遣将军郝昭等人驻守陈仓。

一开始，诸葛亮曾派郝昭同乡靳详游说其投降，但被郝昭坚决拒绝。诸葛亮没办法，只好挥军硬攻。

蜀军轮番使用云梯、冲车攻城，郝昭便用火箭射云梯，云梯一燃烧，梯上的人就会被烧伤；又以绳索绑着石磨，掉下城墙，压毁冲车。

见此招不奏效，诸葛亮转用井阑车在百尺外向城中射箭，掩护士兵用土填平护城河，想直接攀城。郝昭见招拆招，于城中建起内墙，令井阑失效。诸葛亮又挖地道，想突袭城中，郝昭则在城内挖下横壕沟，挡住地道。

由于曹魏已经事先在陈仓做好了充足准备，加上陈仓地势险要，易守难攻，相方激战二十余日未有胜负。

就在诸葛亮急攻陈仓之时，魏明帝曹叡召张郃至京都洛阳，令其速救陈仓。张郃即将出发时，曹叡担心地对他说，等你赶到，恐怕陈仓已被攻下了。

张郃知道诸葛亮孤军深入，粮食不足，便回答说，不等我赶到陈仓，诸葛亮就已退兵了，我计算他的军粮不够十日。果然，张郃尚未赶到陈仓，诸葛亮就已粮尽退兵了。

诸葛亮退兵时，魏将王双自恃勇猛，率兵追赶，被诸葛亮伏兵击杀，这是此次北伐诸葛亮取得的唯一的胜利。

第三次北伐发生于蜀汉建兴七年（公元 229 年）春。此次北伐的目标十分明确，就是要攻取曹魏的武都（今甘肃成县西）、阴平（今甘肃文县西北）二郡。

武都、阴平毗邻蜀汉西北边境，武都地处蜀汉汉中郡之西和梓潼郡之北，阴平则紧靠蜀汉梓潼郡的西北和汶山郡的东北。因此，如能取此二郡，对巩固蜀汉西北防务具有重大意义。

战端一起，诸葛亮先是遣其部将陈式（一说陈戒）攻此二郡，见魏雍州刺史郭淮引兵来救，诸葛亮亲率大军迎战。郭淮自料不是对手，紧急撤退，蜀军顺利占领二郡。

同年十二月，诸葛亮将丞相府行辕大营迁至汉中南山（今陕南米仓山西）下的平原地区，并在沔阳（今陕西勉县）筑汉城，在城固（今陕西城固县）筑乐城，从而扩大和巩固了蜀军前线大本营的防御体系。

建兴八年（公元 230 年）七月，曹魏转守为攻，分三路进攻蜀汉。一路由大司马曹真率军，从关中取道子午谷（在今陕西西安境内），攻取南郑。一路由大将军司马懿率军，溯汉水西上与曹真会师汉中。一路由张郃率领，经斜谷（在今陕西眉县境内）直指汉中。

面对曹魏数路大军的进攻，诸葛亮集中主力于城固、赤坂（今陕西省洋县东），严阵以待，并召李严率两万部队赴汉中增援。

由于道路极其艰险，又连下大雨三十余日，栈道断绝，给魏军的行进造成了极大困难；加之曹魏大臣华歆、杨阜、王肃等人的再三劝阻，至九月，魏明帝曹叡只得下诏命曹真等人退军。

在此期间，诸葛亮曾令蜀将魏延、吴壹（一作吴懿）率军进入南安郡，与魏将费曜、雍州刺史郭淮大战于阳溪（今甘肃武山），最终取得了一个不大不小的胜利。

正是因为第三次北伐的胜利，诸葛亮官复原职。不过耐人寻味的是，此后诸葛亮并没有进一步的动作，而是驻兵汉中，自己回到了成都。按《三国演义》的说法，是因病回成都疗养。但正史无记载，具体情况不得而知。

有一种说法认为，由于前两次北伐的失利，导致诸葛亮威信大失，连丞相之名都自请削去，且蜀中反战之声四起，军队士气也受到了极大影响。所以，诸葛亮才不得已发起了这次战争，一是挽回自己的名声，二是平息反战舆论并提升士气。

这种说法不能说没有一点道理。

实际上，第三次北伐只持续了不到十天即告结束，与曹魏军队也几乎没有发生正面的冲突，而武都、阴平二郡的取得，也与曹魏的战略性放弃不无关系。

武都、阴平原本是羌族、氐族的聚集地，地广人稀，土地贫瘠，又处于易攻难守之地，对于魏国来说二郡有如鸡肋，食之无味，弃之可惜。也正因如此，两郡的失陷并没有在魏国国内引起很大关注，包括大将军曹真在内的军方反而很赞赏郭淮及时撤退的决策。

而在蜀国，情况则与此相反。这一次局部战争的胜利掀起了一阵阵欢庆的热潮，不但诸葛亮一雪前耻，第一次、第二次北伐战争失败笼罩在蜀汉人民心中的阴霾，也被这一次的胜利一扫而空。

所以，有人认为，第三次北伐其实不应该叫北伐，而是一次“补偿式”战争，之所以取得了胜利，不过是诸葛亮“半夜吃桃子——捡软的捏”。

或许诸葛亮本人也意识到了第三次北伐战绩的“不过硬”，所以当流星划过中原大地的那一刻，他的第四次北伐行动宣告展开。

魏明帝曹叡接到前线军情报告的同时，还接到了另一个令他心碎的报告——魏国关中战区最高军事指挥官曹真暴病身亡。术士们的预言成真，所有人这才恍然大悟：丧生的上将，原来是大将军曹真。

这些年来，抵挡蜀国进攻的战役，大多由曹真统率指挥。曹真以他顾命大臣之尊与百战不殆之勋，在魏国军队中建立了稳如泰山的威信。如今，将星陨落，蜀、吴少了曹真这样的强劲对手，自是欢喜庆贺。诸葛亮更是容光焕发，他把汉中与后方的政务，都悉数交给李严打理，自己则信心百倍地披甲上阵，直奔祁山前线而去。

此时，赵云等一批蜀中老将已经亡故，跟随诸葛亮出征的有魏延、王平、高翔、吴班等。

魏方的统帅则由曹真换成了司马懿，大将有张郃、郭淮等。

司马懿知道诸葛亮远道而上，带来的军粮不多，就驻守险要之地，无论蜀军怎样挑战，就是不出营作战。诸葛亮见敌军闭营坚守，只得做长久作战的打算。他发明了一种叫做“木牛”的独轮小车，从后方运送军粮，起到了一定的效果。

不过“木牛”不是神牛，更不是汽车、飞机、高铁，时间一长，军粮仍然会短缺。司马懿正是看到了这一点，所以不与诸葛亮正面冲突，而是凭借天险，以守为攻，准备打持久战来拖垮蜀军。

拖来拖去，最后拖得魏军将领们看不下去了，但他们数次请战均被司马懿拒绝，便讥笑道：“主公看见蜀兵，就跟看见老虎一样，这样传出去，岂不让天下人耻笑？”

司马懿带兵与诸葛亮交战，其实失手的时候很少，绝非《三国演义》描述的那么不堪，因此他脸上有些挂不住了，小声地说道：“既然你们都想出战，咱们就出营攻击，不过要找个好机会。”

真是死要面子吃大亏。不久后，司马懿瞅准一个机会，派兵攻击蜀军，结果遭到了魏延、高翔、吴班三支人马的合击。战斗打了整整一天，魏军大败。蜀军光斩获魏军低级军官的首级就有三千个，获得的战利品更是不计其数。

此后，司马懿再不出战，双方又陷入僵持。

到了六月，诸葛亮眼见粮草接应不上，又收到后主刘禅北伐军撤退的圣旨，只得引军退回。

司马懿命令张郃率军追击，张郃说，兵法有云，“归师勿遏，围师必阙，穷寇勿迫”（敌军退回本国不要拦截，包围敌人要留缺口，敌人到了绝境不要迫近），这逼急了的兔子也会咬人的。

司马懿大怒，强行要求张郃追击，张郃不得已追至木门道（在今甘肃天水境内），被埋伏于高处的蜀军射中右膝，伤重而逝。

一种说法是，司马懿故意害死了张郃。

作为一代名将，无论是在魏国还是蜀国，人们对张郃的评价都是极高的。张郃从东汉末年乱世纷争时期的官渡之战，一直打到了三国快结束时的诸葛亮北伐，既功勋卓著，又是三朝元老，在曹魏威望极高。最重要的是，他忠于曹氏，忠于魏国，这就成了司马懿家族最大的威胁。因此，早就有篡权图谋想法的司马懿用阴招除掉他，是极有可能的。

张郃死了，蜀国也发生了动荡。

北伐结束之后，同为托孤大臣的李严被贬为平民。

按照史书的说法，李严当时在后方负责督运粮草之事，因秦岭一带连日暴雨，李严怕粮草不能按期送到，就派马忠、成藩二人假传圣旨，要诸葛亮撤军。

等到诸葛亮回来后，李严却做出很惊讶的样子问他："这次军粮充足，干吗回来了呢？"

与此同时，李严又告诉刘禅说："丞相这次是假意退兵，想引蛇出洞，一举歼灭魏军。"

待诸葛亮回到成都后，刘禅问起此事，诸葛亮拿出先前李严传达的撤军旨令，真相自然大白。

此后，诸葛亮联合魏延、杨仪、邓芝、费祎（yī）、姜维等二十余人联署弹劾李严，李严被废黜为平民，流放梓潼。

然而此案很让人疑惑。别的不说，作为蜀汉政权事实上的二号人物，李严不可能愚昧到在没有其他手段支撑的情况下，随随便便去假传圣旨，因为这种事只要一问刘禅自然暴露，毫无智慧可言，简直形同儿戏。

还有，在古代假传或篡改皇帝的诏书、诏令，叫"矫诏罪"，一般会判处死刑，如腰斩等，严重者甚至有可能灭三族或九族。

那么，既然案情大白，李严又犯了重罪，还犯得着诸葛亮去联合魏延、杨仪等二十多个"大佬"级人物联署弹劾吗？凭诸葛亮的权力和威望，还搞不定这事？即便如此，李严也只是被贬为平民而已。是刘禅在包庇他？为什么要包庇他？抑或李严压根儿就没犯什么罪？

总之，此案扑朔迷离，李严的罪名也难以置信。从中，隐隐约约让我们看到了权力斗争的影子。

处罚完李严后，诸葛亮鉴于粮运问题对北伐造成的巨大障碍，开始采取一系列措施以谋求解决这个问题。

建兴十年（公元 232 年），诸葛亮在沔阳东南靠近黄沙河一带休整部队，屯田垦殖，以增加粮食储备。第二年，在“木牛”的基础上又设计了称为“流马”的运输工具，以加强粮草的运输能力。然后，又将出征需要的粮草全部运到斜谷储存起来。

一切准备妥当后，诸葛亮于建兴十二年（公元 234）二月，率十万大军，浩浩荡荡由斜谷进军，开始了他的第五次，也是最后一次北伐。

四月，蜀军来到渭水南岸的五丈原（在今陕西岐山县境内）安营扎寨，再次与司马懿率领的魏军对峙。

为解决粮食问题，进行长期作战，诸葛亮一到渭水前线，就分兵屯田。司马懿仍然采取坚壁拒守的对策，不与蜀军交战。

两军在五丈原相持了一百多天，诸葛亮想尽办法挑动司马懿出战，司马懿始终不为所动。

一次，诸葛亮让人送给司马懿一套女人的衣服，并附上一封信说：“你胆小如鼠，跟女人有什么区别？还是穿着这身衣服回家种田织布去吧。”司马懿却装出一副高兴的样子，接受了诸葛亮的礼物。

魏营众将见主帅受到这般羞辱，个个气得“哇哇”乱叫，强烈要求和蜀军决一死战。司马懿为了安抚众将之心，故意向魏明帝曹叡上书，请求和蜀军打一仗。曹叡深知司马懿的心意，就派大臣辛毗持着皇帝的杖节来到渭南前线，严禁魏军出营作战。

蜀军众将听到这个消息后，都觉得很惋惜。诸葛亮却叹息着说：“司马懿根本不想与我军交战。常言道，‘将在外，君命有所不受’。如果他真想与我军交战，就不会千里请战了。”

诸葛亮将司马懿的心思摸得一清二楚，司马懿又何尝不是。

司马懿深知，诸葛亮要的是速战速决，自己虽然做了缩头乌龟，伤了些脸面，但着急上火的诸葛亮可能不是仅仅口角生疮而已，一定会伤了身体。为此，他每次接见蜀军前来下战书的使者，别的都不关心，只问诸葛亮每天吃饭睡觉之类的日常琐事。

使者倒也实诚，或者也是被自家主公所感动，便如实相告说："我们家丞相实在太辛苦了，没日没夜地忙于军务，就连责罚军士二十大板之类的小事，都要亲自处理，每天累得饭也吃不了几口。"

司马懿听后对人说："像孔明这样干，是活不了多久的。"

司马懿一语成谶（chèn）。

此次北伐之初，为牵制魏军主力，诸葛亮派人与孙权约定同时举兵伐魏。孙权倒也守信用，果真于当年五月率领吴军北上攻魏，可惜很快就被曹叡亲自率军打败。孙权灰溜溜地退回了江南。

消息传来，诸葛亮更加焦虑，担心曹魏援军到来，自己这边不好收拾。就在这种身心俱疲、忧心忡忡的状态下，到了这年八月，诸葛亮终于积劳成疾，一病不起。

诸葛亮病重的消息传到成都，刘禅派大臣李福前去探望，并询问此后国家大计。诸葛亮告诉李福说，"我之后蒋琬可以接替"。李福又问蒋琬之后谁可接替，诸葛亮说费祎。李福再问后面的接替者，诸葛亮就不再回答了。

李福走后没几天，诸葛亮病死在五丈原军中，终年五十四岁。

诸葛亮死后，军中大将姜维和杨仪依诸葛亮生前部署，秘不发丧，从容率军撤退。司马懿闻讯来追，杨仪作出反击态势，司马懿怕中诸葛亮诡计，不敢再追。蜀军从容进入斜谷安全地带后，才下令发丧。此事后来被民间称为"死诸葛吓跑活仲达"。

司马懿听说后倒也不恼，而是自嘲说："吾便料生，不便料死故也。"

其实，司马懿此前并不认同诸葛亮的军事才能，说他"志大而不见机，多谋而少决，好兵而无权"，但视察蜀军遗留的营寨之后，不禁夸赞说："诸葛亮真天下奇才也。"

面对逝者，人们总是更愿意给予尊重。所以，司马懿此言是出于真心还是礼节，只有天知，地知，他知。

诸葛亮病逝后，他一生矢志不渝的北伐事业也就宣告结束。

诸葛亮的北伐，是蜀汉统治集团为维护鼎立局面、扩大统治势力而进行的兼并战争。此场战争，无论对蜀、魏双方来说，都不存在正义与非正义之分。虽然因为这样那样的原因，诸葛亮的五次北伐只能算略有小胜，得不偿失，劳而无功；但我们还是不能单纯地以成败论英雄，不能因为诸葛亮的北伐没有达到预定目的，就抹杀诸葛亮的军事才能和他为蜀汉统一事业鞠躬尽瘁的精神。

自从诸葛亮壮年而逝后，一千七百多年来，他始终受到很多人的喜爱。除了《三国演义》和戏剧、评书、影视等文艺作品渲染的鞠躬尽瘁、死而后已的精神外，他值得人们尊敬的地方还有很多。

比如他的既忠且勇且智。在中国历史上，忠臣很多，勇将也不少，但既忠又勇还兼有计谋的，便没有几个人能比得上他了。

比如他过人的文才。《隆中对》与《出师表》除了展示出他超人的智慧和谋略外，还文采斐然，至今仍是学生教材的必选之文。

比如他“受人之托、忠人之事”的那份义气。他明知消灭曹魏断不可能，依然五出祁山，知其不可而为之，某种程度上也是为了报答刘备三顾茅庐的知遇之恩。

比如他对爱情的忠贞。诸葛亮长得一表人才，风流倜傥，据说他的老婆却长得奇丑无比。但诸葛亮无论是潦倒还是官至蜀国丞相，从未动过休妻的念头。

……

当然，诸葛亮是人不是神，他也有这样那样的缺点和不足。

比如，他没有呼风唤雨（比如“借东风”）的超能力，那些克敌制胜的所谓“锦囊妙计”和神机妙算，也与真实的历史大相径庭。

而且，他似乎还缺少一双知人识人的慧眼，看人常有看走眼的时候，对马谡如此，对魏延更是如此……

似是而非的“白眼狼”

人们都说三国时期的蜀国名将魏延是“白眼狼”，事实真是如此吗……

魏延，字文长，义阳（今河南信阳）人。三国时期蜀汉名将，其能耐与曹魏名将张郃可以相提并论，算得上是汉末、三国时期最高档次的战将，其功勋则为绝大多数名将所不及。

《三国演义》描述说，魏延最早是荆州刘表的部下，后投长沙太守韩玄，为救同为大将的黄忠，杀了韩玄，开门献城投降了刘备。然而诸葛亮见到他后，认为其脑后有“反骨”，要杀他，在刘备的求情下方留下为将。三国后期，先主刘备死于白帝城，其子刘禅继位。诸葛亮因帐下虎将不多，继续使用魏延。但始终忌讳其脑后的反骨，所以不给兵权，也不让其任要职。后诸葛亮病逝五丈原，死前算定魏延不久必反，便叫大将马岱在其反时，伺机杀之。果然，诸葛亮死后，魏延马上就反了，马岱按诸葛亮之计，方才杀了魏延。

在《三国演义》中，魏延的死法也很“精彩”。当时蜀将杨仪问他，你这么牛一个人，敢连喊三声“谁敢杀我”吗？魏延心想，这有何难？只要我乐意，我喊一百声都敢！于是大叫“谁敢杀我”，结果身后的蜀将马岱回了一声“我敢杀你”，魏延听没听清楚这句话都还打个问号，脑袋就已搬了家。

受小说《三国演义》这一描述的影响，长期以来，人们都认为魏延是一个脑后长有反骨的人物，被诸葛亮设计所杀是罪有应得。虽然后来也有人为其鸣不平，但《三国演义》的描述实在太深入人心，使得魏延“白眼狼”的形象很难在世人的心目中抹去。

什么是“反骨”？一种说法是指过于突出的枕骨，也称后山骨。据说，长这种枕骨的人的脑袋，从侧面看就像一个刻意夸张了的问号。反骨也可以指特别突出的额头，叫额前反骨，民间俗称“锛（bēn）儿头”。

那么，因为长了几块比别人显眼的头骨，魏延就真的是一个“白眼狼”吗？

以今天的眼光来看，以几块长得显眼点的骨头判断一个人的品性，实在是件可笑而荒唐的事。因此，有人认为，历史上的魏延不但不是“白眼狼”，而且还是一个军事奇才，假如被委以重任，蜀国的命运或许不会那么悲惨。

据《三国志·魏延传》记载，魏延是“义阳人，以部曲随先主入蜀”，因其“数有战功，迁牙门将军”。义阳县在今河南信阳市西北，属东汉荆州之南阳郡。所谓“部曲”，是汉代军队中三级编制的名称，在东汉末年，以世家和豪族地主为社会基础的军阀割据形成，部曲便成了豪强地主割据势力的私人武装。

从《三国志》的这段记述可以看出，魏延以部曲身份随刘备入川，其地位虽然不高，但却是刘备军中的嫡系，绝非降将。《三国演义》中，魏延被描述为本是刘表部将，后杀韩玄，献长沙于刘备，完全是杜撰。

建安二十二年至二十四年（公元217—219年），刘备用法正之谋，举倾国之师，历时岁余，从曹操手中夺得军事重镇汉中郡。至此，三国鼎立之势在实质上已形成。刘备自称汉中王，表示与曹操分庭抗礼。不久，刘备返回成都，临行前选拔重将镇守汉中。

刘备之所以如此慎重，是因为蜀汉的基本统治区域是以成都平原为中心的四川盆地，汉中郡坐落在关中和巴蜀之间，属于两大区域交界的地带。刘备为了保障自己根据地的安全，有必要将重兵部署在敌我接壤之处。

当时刘备手下有关羽、张飞、马超、赵云、黄忠等名将。刘备对关羽最为倚重，但他当时正镇守荆州，不可能调离原来的防区。赵云当时的主要职责为“掌内事”，即主管刘备的宫中之事兼保镖，也不可能入选。黄忠虽然勇猛，但毕竟年事已高。马超威名显赫，但因其是降将，刘备对他不甚信任。在此情况下，似乎镇守汉中的最佳人选非张飞莫属了，大臣们和张飞本人都是这么认为的。但是，出乎众人意料的是，刘备破格任用了魏延。这不仅反映了魏延具有杰出的军事指挥才能，也反映了魏延深得刘备的信任。

《三国志·魏延传》还记载说，刘备在任命魏延时大宴群臣，并且故意当着众人的面问魏延："今天我委你以重任，你打算怎么办？"

魏延回答说："若曹操亲举天下之兵而来，我帮大王把他挡在国门外；若曹操只是找一个偏将带十万人马来，我帮大王把它吞进肚子里。"

刘备称赞道："好"。

众人也都认为他说得很有气势。

可是豪言壮语谁都会讲，不足为凭，那么魏延镇守汉中的实际功绩如何呢？

据《三国志·姜维传》记载，魏延镇守汉中时，采取在汉中城外设置外围防御据点，坚壁不战，让来犯敌人力竭撤兵的策略。这一策略很奏效，往往让敌人束手无策。

后来刘备东征孙权在夷陵大败，导致刚刚建立的蜀汉政权内部出现了骚动和反叛，曹魏随时都有可能借此机会进攻汉中。但是魏延治军有方，守卫得当，使得曹魏不敢窥视汉中。后来魏延死后，王平等人沿用魏延的镇守方针，也成功地击退了曹魏的进攻。

到了姜维守汉中时，他认为魏延的军事部署过于保守，只能保证不丢土地，却不能大量杀伤敌人，于是一改魏延御敌于国门之外的方针，撤除了外围大部分据点，将蜀军撤守汉城和乐城，采取坚壁清野、诱敌深入而歼之的做法。

历代史学家均认为姜维此举是重大失误，为后来汉中失守、蜀国灭亡种下了祸根。因为魏延守汉中十五年，汉中固若金汤，接任的王平按照魏延的既定方针，也成功守住了汉中；而姜维轻易改变魏延的战略部署后，曹魏大将钟会率十余万大军来攻，到达汉中时，竟然未遇到一人抵抗。钟会遂得全师而进，长驱直入，直抵乐城。此时蜀国的北部战线已告崩溃，蜀军兵力上明显不如魏军，姜维旁顾无暇，被邓艾偷渡阴平，直接导致了刘禅投降，蜀汉灭亡。

宋代史学家郭允蹈在《蜀鉴》一书中很中肯地说，汉中是蜀汉的门户，而姜维改变魏延的做法，等于拔了防线的根基。就算没有邓艾偷渡成功，蜀国也已经支持不了多久了。他的结论是“姜维之亡蜀也”，也就是说，姜维才是导致蜀亡的罪魁祸首。由此可见，诸葛亮选拔的接班人姜维远不及魏延。

除了排兵布阵有过人之智，魏延驰骋沙场也是所向披靡。

《三国志·魏延传》记载，蜀汉建兴八年（公元230年），魏延率兵西入羌中，在阳溪大败曹魏将军费曜、雍州刺史郭淮。此次战役是魏延单独领军作战，对手郭淮乃曹魏关西首屈一指的重将，曾败蜀国大将马谡、廖化、虏句安，即使诸葛亮亦畏惧他三分。可见魏延实属将才，有独立领军作战的能力。

另外，在诸葛亮的几次北伐中，魏延也立下赫赫战功。据《汉晋春秋》记载，在司马懿与诸葛亮唯一的直接对战中，诸葛亮派魏延、高翔、吴班等人前去迎敌，“大破之”。司马懿的能耐自不用说，魏延等人能“大破之”，其军事能力可见一斑。

最能体现魏延卓越军事才能的，当属诸葛亮首次北伐时，他与诸葛亮关于北伐路线之争的公案。

诸葛亮第一次对曹魏发起攻击前，曾召开过战前军事会议，当时魏延建议说：“镇守长安的魏国安西将军夏侯楙（máo）草包一个，既没有胆量，又没有谋略。请交给我精锐部队五千人，另交给我五千人的后勤补给。我从褒中（今陕西省汉中市西北褒河镇）出发，沿着秦岭南麓东行，到达子午谷（在今陕西省西安市长安区子午镇境内，长三百三十公里），然后从谷中向北挺进，不用十天就可进抵长安。夏侯楙一听说我军兵临城下，必然逃走，长安自然唾手可得。曹魏的兵力主要集结在东部，最快也要二十天左右才能赶来，而丞相的大军，从褒斜谷（在今陕西太白县境内）北上，二十天之内也能抵达长安城下。如此，咸阳以西，就可一举收复。”

一生谨慎的诸葛亮认为这个战略危险性太大，不如从平坦的大道进军，直接夺取陇右，更有万全的把握取得胜利，还不必冒什么大的风险，因此拒绝了魏延的建议。

实际上，虽然诸葛亮认为子午谷战略太过冒险，但魏延并不是盲目冒险，他的建议是建立在充分调查研究的基础上的。

首先，魏延久镇汉中，对汉中一带的地理状况十分熟悉，所以他的判断应该是正确的。至于魏军是否会在子午谷埋下伏兵，在已知的史料上，看不出他们有此安排。就夏侯楙一生的作为来说，他的智谋应该也达不到这种水准。而且，从稍后诸葛亮出兵时曹军的反应来看，不仅子午谷一线，似乎曹魏全国都没有戒备，才导致了陇右的南安、天水和安定三郡的轻易丢失。

其次，魏延对对手的判断也是准确的。因为对手是花花公子夏侯楙，而非司马懿，所以奇谋可以奏效。

夏侯楙何许人也？《三国志·夏侯惇传》注引《魏略》中说，此人是曹魏名将夏侯惇之子。曹操将女儿清河公主嫁给他，并任命他为安西将军，驻守长安，掌管关中军务。但夏侯楙此人，吃喝玩乐有一套，带兵打仗却堪称门外汉。正因如此，连他的老婆，也就是曹操的女儿都看不起他。可见，夏侯楙是个凭借裙带关系上位，并没有什么能力的典型的纨绔子弟。

魏延深知其人，故判断他闻知蜀军到来就必然逃走是完全有道理的。一些学者由此认为，假如诸葛亮采用魏延的奇谋，很可能北伐已经成功。可惜诸葛亮谨慎得近乎胆小，贻误良机。

除了卓越的作战才能，魏延治军也是一把好手。《三国志》称魏延“善养士卒”，与张飞简单粗暴、乱打乱杀的手段完全不同。

以此观之，魏延统领大军能独当一面，而且对阵能斩将，治军有方，又勇猛过人，其本事绝不逊于关羽、张飞等蜀汉一流大将。只可惜，或许是诸葛亮看不惯魏延这种类型的人物，始终疑而不用，从而失去了北伐大业成功的机会。

那么，魏延既然如此有勇有谋，为什么后来却因反叛而被诛杀呢？

有人认为，这其实是一桩冤案。

要说清楚这件事，须从诸葛亮临死时对后事的安排说起。

建兴十二年（公元234年）秋，诸葛亮病重，他知道自己命不久矣，于是密召长史杨仪、司马费祎、护军姜维等人开会，安排死后退军事宜。最终的安排是，魏延断后，姜维次之。诸葛亮还说，如果魏延不从命，军队可以不用理他，自主行事（“若延或不从命，军便自发”）。

这是诸葛亮临终前召开的最后一次高级军事会议，正是这次会议导致了严重的后果。

首先，主帅病危，担心引起军心动摇，只与少数人商定后事，是可以理解的。但是这少数人，应该既有自己的亲信，也有军中最重要的高级将领。魏延当时是前军师、征西大将军、假节（汉末掌管地方军政的官员往往加持节或假节的称号。节是为官的凭证，假节是指皇帝将节借给执行临时任务的臣子使用。持节者有诛杀中级以下官吏和触犯军令者的权力），领汉中太守、南郑侯。而诸葛亮是以丞相之身兼尚书、假节、领司隶校尉、益州牧、武乡侯。二人均假节，封侯。可见，魏延在蜀汉朝廷中的地位仅次于诸葛亮，而杨仪、费祎、姜维三人的官位均不能与魏延相比。但诸葛亮召开如此重要的军事会议，却偏偏将魏延排斥在外，显然是有意为之，也是在刻意打压。

其次，诸葛亮没有安排身后谁任全军主帅，只是令魏延断后，姜维次之，在前后军中间起衔接辅助作用。至于杨仪，看之后事态发展，似乎全军上下都认定诸葛亮让杨仪暂时代理全军统帅之职。而事实上，杨仪并无蜀汉朝廷或诸葛亮临终前的正式任命，统率全军名不正、言不顺，这就为魏、杨内讧埋下了祸根。

第三，诸葛亮密令：“若延或不从命，军便自发。”这似乎已经将魏延日后抗命定性为“叛逆”。《三国演义》更说诸葛亮授秘计于马岱，令其情况危急时杀魏延。

诸葛亮为什么如此安排，史书中没有明文记载。其因可能有三：一是诸葛亮一生用兵谨慎，魏延则主张出奇制胜，诸葛亮不能不担心魏延得到军事指挥权后会违背他的既定军事路线，实施他自己的作战方略，这是诸葛亮不能容忍的。二是诸葛亮历来以“奉职循理”为标准选拔官员和人才，他所推荐和重用的官吏，如郭攸之、费祎、董允、蒋琬、姜维、向宠等人，无一不是循规蹈矩之人。而魏延为人高傲，有自己的独立见解，不一味对上级唯命是从；还以韩信自诩，认为诸葛亮胆怯；又常感叹自己怀才不遇；在刘备死后，他还时常不买诸葛亮的账。这些，必然会招致诸葛亮的嫉恨。三是诸葛亮之所以排斥魏延，一部分原因是为他的接班人蒋琬、费祎、姜维扫除障碍。魏延在朝中、军中享有很高的威望，当时人们都私下议论，诸葛亮死后一定是由他代替。在这种情况下，诸葛亮既然不属意于他，就必然不惜毁掉蜀汉的栋梁，而将魏延置于死地。

魏延被害的起因虽然同诸葛亮有密切关系，但毕竟不是诸葛亮在世时所为，杀害魏延的罪魁祸首是杨仪，费祎、蒋琬、董允等人也脱不了干系。

魏延与杨仪的矛盾由来已久，魏延骄狂，杨仪自负，两人关系势同水火。坐在一起争论事情时，魏延有时候甚至会举刀向杨仪比划，杨仪总是“泣涕横集”，哭得一塌糊涂。对魏、杨冲突，诸葛亮的态度是“不忍有所偏废”。然而，在五丈原交代临终决定时，将魏延排斥在外，显然是将权力和情感的天平倾斜到了杨仪一边。将魏延安排为断后将军，则等于授予了杨仪对全军的最高指挥权。

诸葛亮死后，杨仪秘不发丧，又命费祎试探魏延的意图和打算。魏延对费祎说：“丞相虽亡，我还健在，可以让府亲官属护送尸体回去安葬，我留下来率诸军击贼，怎么可以因丞相身故而废了天下之事呢？何况我魏延是什么人，怎么可以被杨仪指挥，作断后之将！”魏延此话，于公于私都没有问题。伐魏乃天下大事，因诸葛亮一人身死，便将兵临渭水、逼近长安的十万大军撤回，弃北伐之大业，确实是不太合理。另外，魏延官爵在杨仪之上，也没有理由服从杨仪的指挥。正因如此，魏延与费祎重新商量了治丧的步骤：谁护送诸葛亮灵柩回蜀，谁带兵继续北伐。两人还共同签署了新的作战安排，准备向部队传达。可费祎口是心非，只想着赶紧脱身。他骗魏延说："我替你去说服杨仪杨长史，长史是文官，不太懂军事，一定不会反对这个决定。"等他脱身后即背信弃义，助杨仪整军退回蜀中。等魏延发觉上当时，大军已经按诸葛亮的计划撤退了。

魏延当即大怒，趁着杨仪行军迟缓，抢先一步往蜀国都城成都赶，并且烧了所过之处的所有阁道。

魏延的意图很明确，因杨仪掌握了全军的统率大权，故无法与之较量，所以只能赶回成都，向后主刘禅奏告事情原委。杨仪也不甘落后，于是二人一边往成都赶一边向刘禅上书，皆称对方"叛逆"。

双方的奏书在同一天交到了刘禅手中。身处后方的刘禅显然不知孰是孰非，就询问蒋琬和董允。蒋、董都是诸葛亮的心腹，加之魏延与同僚关系一向不好，因而二人都偏向杨仪。于是，刘禅命令蒋琬率军去讨伐魏延，但不等蒋琬兵至，魏延已被杨仪所杀，原因是魏延抢先赶到南谷口（今陕西汉中市西北），与稍后赶到的杨仪对战。

魏延为何不按原计划赶回成都，而要在南谷口以弱势兵力对抗杨仪呢？大概是他已经得到刘禅派蒋琬前来讨伐的消息，知道自己已没有机会进入成都，向后主辨明事实真相了，于是只好回身与杨仪一拼。

此时形势对魏延本就极为不利，加之又被接替他固守汉中的王平临阵一顿叫骂："丞相刚亡，尸骨未寒，你怎么就敢造反了？"魏延所部立刻军心动摇，"众知曲在延"（大家知道错在魏延），于是都不愿为他卖命，全都散了。

其实，所谓"曲在延"只不过是表象。试想，当兵的怎么会知道上层斗争的内幕？是因为他们只知道服从刘禅和诸葛亮的命令，如今既然皇帝和丞相都站在杨仪这一边，认为魏延反叛，那么当兵的因此反水，也就顺理成章了。

成了孤家寡人的魏延已无路可走，只得与几个儿子一起向汉中逃亡。

估计也没逃多远，就被杨仪派遣的马岱追上斩杀。

当魏延的首级被送到杨仪面前时，杨仪用脚踩着魏延的脑袋，嘲笑说：“庸奴，看你还能再做恶吗？”之后又灭了魏延三族。

赫赫有名的一代名将，没有死于对敌战争，也丝毫看不出有任何反叛之心，却被诬以“反叛”，身死族灭，可悲可叹可泣。

魏延之死虽然与诸葛亮多年的打击和排斥，以及杨仪、费祎等人的嫉恨有关，但是，魏延本人在这场突发事件中的处置也有失宜之处，他不该轻信费祎，也不应在退军途中烧毁主力部队回归的阁道，给人以谋反的把柄，更不该据守南谷口，以数千之众去对抗杨仪的十万大军。须知这完全是以卵击石，自不量力。

具有讽刺意味的是，魏延的冤家对头杨仪反倒似乎长有反骨。杨仪诛杀魏延后，自以为功勋至伟，代替诸葛亮者非己莫属。岂知诸葛亮生前早就安排蒋琬作继承人了，刘禅仅给了杨仪一个虚衔。于是杨仪口出怨言：“当年丞相刚死之际，我如果率军投奔曹魏，怎么可能落到如此地步，真是追悔莫及啊！”

费祎也忘了当初共诛魏延时的战友情了，立即将此“大逆不道”之言密报刘禅，结果杨仪被废为庶民。杨仪不知悔改，又继续上书诽谤费祎等人，结果被逮捕入狱。后来可能是他觉得生无可恋，自杀于狱中。

杨仪虽然得到了“恶报”，然而魏延的“污名”却从此“跳进黄河也洗不清”，一直绵延至今，让人唏嘘不已。

第十章

历史又重演

把“病”装到底

司马懿不但比别人会熬，还比别人会装。比如他装病的功夫也是一流……

诸葛亮死后，蜀魏之间也就消停下来，暂时没有了战争。

曹魏青龙三年（公元235年），因耗死诸葛亮有功，司马懿被魏明帝曹叡提拔为太尉，统领全国军事，一时大权在握。

司马懿暗暗高兴了一把，觉得自己总算熬出了名堂。

说起来，司马懿能混到今天这个地步，也委实不容易。

司马懿，字仲达，河内郡温县（今河南温县）人。出身名门，自幼聪慧，而且胸怀谋略。在司马懿十多岁时，素以知人著称的南阳太守杨俊素曾见过司马懿一面，当时就说他绝非寻常之人。在朝中为官的当朝名士崔琰与司马懿的兄长司马朗关系极好，他也曾对司马朗说：“你弟弟英姿不凡，而且聪明懂事，做事果断，不是你所能比得上的。”

被许多人寄予厚望的司马懿似乎也知道自己的价值，一直在待价而沽，并不轻易入仕为官。

建安六年（公元201年），当时正任司空的曹操，听说了司马懿的名声后，派人召请他到府中任职。

作为名门子弟，司马懿觉得给一个宦官的儿子打工，有辱身份，因此不想应召。但是曹操权倾朝野，司马懿也不敢得罪他，于是就宣称自己中了风，瘫痪在床，不能出来做官。

曹操哪能轻易受骗，就派了个刺客去司马懿家里察看。而且告诉这个刺客说，如果司马懿当真有病就算了，要是在装病的话，就一刀给我结果了他。

那个刺客溜进司马懿的卧室，看见司马懿直挺挺地躺在床上，一动不动。但那刺客仍然不敢确定他是否真的有病，就拔出刀来做出一副要砍下去的样子。按说如果是装病的话，一定会吓得跳起来，但司马懿实在太过聪明，他猜到是曹操派人来试探他，便只是瞪大双眼看着刺客，身子却纹丝不动。刺客被他蒙骗住了，回去向曹操汇报说，司马懿确实中了风。

不过司马懿很清楚，这世上没有不透风的墙，他装病的事曹操早晚会知道。因此过了一段时间后，他放出消息说，自己从鬼门关上已经走了回来。

赤壁之战前夕，已经成为丞相的曹操，决定使用强制手段征召司马懿来府中任职。司马懿觉得好汉岂能吃眼前亏，二话不说就答应了。

不过，司马懿在曹操手下过得并不顺心，曹操虽然爱其才，但认为他有野心，一直防着他。直到曹丕主政后，司马懿才得到了重用，由曹操手下的谋士角色，转变为能独当一面的军事长官。到了魏明帝曹叡时期，他更是凭借与诸葛亮较量中的获胜，一跃成为全国最高军事长官。

此后，司马懿做了一件可以青史留名的事，那就是北上辽东攻打公孙渊，将辽东半岛重新与中原大地归为一体。

公孙渊是辽东太守公孙度之孙。公孙度此前曾依附曹操，在辽东成为一方诸侯，但他的孙子对魏国不满，便在辽东造反，脱离了魏国的统治。

攻打公孙渊是一场远征战役，但司马懿只带了四万人马前往，也仅用了一年时间便灭了公孙渊，巩固了魏国的大后方。魏国举国欢庆，连远在东吴的孙权也发出赞叹："司马懿真行！"

此后，司马懿被派往关中镇守。不过他到任没几天，就接到魏明帝曹叡的加急诏书，只好星夜驰奔，据说累死了十五匹快马，才终于见到了已经病危的曹叡一面。

曹叡把自己选定的接班人、时为齐王的曹芳叫到跟前，然后拉着司马懿的手说："我病情严重，命不久矣。齐王年仅八岁，还不懂事，希望你和曹爽尽心辅佐，不要辜负我的希望！"

接着，曹叡对曹芳说："司马公劳苦功高，你要格外尊重他。"

年幼的曹芳点点头，上前紧紧抱住司马懿的脖子。曹叡见状，泪如雨下，司马懿也流下了热泪。后来有人说，这叫"鳄鱼泪"。

曹魏景初三年（公元239年）正月，年仅三十六岁的曹叡英年早逝，葬于高平陵（在今河南省汝阳县境内），齐王曹芳继位为魏国第三任皇帝。

曹芳即位后，司马懿当了太尉，曹爽就任大将军，两人地位相当。

曹爽是已去世的大司马曹真之子，体态肥胖，爱坐不爱动，从未做出过什么拿得出手的大事。只是自小以宗室身份出入宫廷，与曹叡交情甚好，方才受曹叡遗命成了大将军。

就资历和能力而言，曹爽自然与司马懿没法比。所以在刚开始的时候，曹爽很尊重司马懿，遇到事情都会咨询他的意见。但日子一长，曹爽周围的人就开始不爽了，他们说："咱曹家大权怎能分给外人呢？"

害怕外人抢去自家的权力是历代皇族的传统，加上曹爽本来就是庸才一个，很容易轻信别人的话。于是有一天，他给小皇帝曹芳弄了一串糖葫芦之类的零食，然后问："是叔叔亲还是司马懿那老东西亲啊？"

八岁的小孩知道什么，一边舔着糖葫芦一边说："叔叔亲。"

"那就听叔叔的话，让司马懿去当你的老师（太傅）好不好？"

曹芳头都没抬就答应了。这样一来，司马懿看似地位上升了，兵权却被剥夺了。接着，曹爽给自己的兄弟和亲信都安排了重要的职位，认为这样就万无一失了。

司马懿把这一切全看在了眼里，但表面上装作什么都不知道，还借口自己年纪大了，血压什么的也比较高，干脆连朝都不上。

曹爽听说司马懿生了病，心里很高兴，但还是有点不放心，就派了一个叫李胜的亲信借探病之名去打探一下。

司马懿装病也不是第一次了，轻车熟路，早早便布置好了一切。李胜到了司马懿的卧室后，只见司马懿躺在床上，两个婢女在床边服侍他喝粥。司马懿没有用手接碗，只是用嘴去喝，没喝几口，粥就沿着嘴角流了下来，弄得满胸都是。李胜见到这种情景，觉得司马懿很是可怜。

但眼见不一定为实，李胜觉得还是多个心眼为好，于是坐下来继续打探。他对司马懿说：“我就要被调任为本州刺史了（其实就是荆州刺史，李胜是荆州人，所以说是本州），特地来向太傅您辞行。”

司马懿装作年老耳聋，喘着气说：“哦，那太委屈您了，并州在北方，要好好防备当地的胡人啊。我都病成这样了，不知道还有没有机会再见到您了。”

李胜说：“太傅您听错啦，我是去荆州，不是并州。”

司马懿说：“哦，今天就要出发呀？我这把老骨头是没办法送您了，要保重呀。”

李胜又大声地说了好几遍，司马懿才慢腾腾地说：“我年纪太大了，耳朵也不好使，实在听不清楚。您要去荆州的话，那就太好了。”

李胜回去后告诉曹爽:“司马懿那老家伙只剩一口气了,您不用担心。”

曹爽觉得这是他这辈子听过的最爽的一句话了，高兴得都想蹦到天上去。此后更加不把司马懿放在眼里，成天寻欢作乐。

这边司马懿虽然一直“病”着，但并没闲着，一直紧锣密鼓地谋划着大事。朝中一些官员都看出大风大浪在后头，只有曹爽感觉良好。

嘉平元年（公元249年）正月，曹芳率领群臣去高平陵祭扫祖先坟墓，曹爽一帮人全部跟着去了。司马懿既然病得只剩下一口气，就没有人叫他去。

结果，这群人刚一出城，司马懿的病就全好了。他披挂整齐，带着两个儿子司马师和司马昭率兵占领了城门和武器库，并且以太后的名义免去了曹爽大将军的职务。

出城不远的曹爽得知司马懿在城中的举动后，吓得尿了裤子，不知如何是好。

司马懿派人去劝曹爽交权。曹爽一开始没有说话，来人对他说：“太傅已经对天发誓了，你只要认罪交权，他绝不为难您。”

曹爽一听，觉得可行，便准备交权。他手下有一个叫桓范的大臣，是三国时期著名的文学家、画家，也很有些头脑，对他说：“您有大将军官印，依然可以指挥外地的军队，命令他们来勤王……”

曹爽打断桓范的话：“我不要什么军队，做个富家翁，享受一下生活就行了。”

桓范出帐后，一边痛哭一边说：“曹真英雄盖世，怎么生了个猪都不如的儿子？没想到我也会与他们一起惨遭灭族之祸！”

果如桓范所言，曹爽交出兵权回城后，司马懿将皇帝接到宫中，当天晚上就派军队包围了曹爽府第。几天后，司马懿将曹爽及其亲信何晏、李胜等人在洛阳北郊处死，同时丧命的还有他们的一百多个族人。

桓范和家人也没躲过司马懿的屠刀。

真应了那句话：“不怕神一样的对手，就怕猪一样的队友！”

顺我者昌，逆我者亡

司马师接过父亲衣钵的那天，魏国便进入了“顺司马者昌、逆司马者亡”的时期……

曹爽死后，皇帝曹芳册封司马懿为丞相，又封他为安平郡公。司马懿倒是很“谦虚”，认为自己才德不配，坚辞不受。

可惜司马懿的“装”并没有赢得所有人的好感，“拥曹派”们对他诛杀皇族的行为不依不饶，扯起了武力反抗的大旗。

首先起来造反的是司空王凌，他当时在寿春（今安徽省寿县）主持对吴军事工作，曾击退来犯的吴军，立有军功。与他合谋的是其外甥、兖州刺史令狐愚。

王凌是曾经诛杀董卓的汉朝司徒王允的侄子，当年董卓部将李傕、郭汜为报董卓之仇，在长安杀了王允全家和族人。王凌时年尚小，翻墙逃脱，后被曹操收留。在曹丕、曹叡两朝，王凌一直在魏国朝廷做官，也很受曹家照顾。到曹爽辅政曹芳之时，更官至司空，位列三公之一。所以曹家对王凌来说，可谓恩重如山。

正因如此，当司马懿干掉曹爽时，王凌心里很不是滋味。便与外甥令狐愚暗地里策划，认为曹芳昏庸懦弱，毫无帝王之相，应该被废；而楚王曹彪（曹操之子）老成又有勇略，理当为帝。

随后，王凌将自己的打算派人告诉了在京都洛阳为官的儿子王广，希望他来助自己一臂之力。没曾想有其父却不一定有其子，王广完全不同意父亲的做法，还回信告诉父亲说，曹爽之所以失败，是因为失了民心，而司马一族却提拔贤人，安抚百姓，更何况他们父子兄弟手握军权，不是那么容易搞定的。

这些话其实很有道理，但王凌听不进去。

这之后不久，令狐愚病逝。此时令狐愚的幕僚杨康正在洛阳出差，他认为既然顶头上司已死，自己已没有冒着风险为王凌卖命的必要，便立刻举报揭发了王凌、令狐愚的计划。

司马懿得知后大吃一惊。可是王凌位列三公，如无切实证据，仅凭只言片语，是难以下手的。因此，司马懿决定隐忍不发，一面静观其变，一面派自己的亲信黄华出任兖州刺史。

这边王凌对杨康告密之事一无所知，仍然在暗中积极准备。

曹魏嘉平三年（公元 251 年），吴国孙权处于病中，他怕自己死后魏军长驱直入，下令封锁两国交界的涂水（即今安徽、江苏境内长江北岸支流滁河）。王凌认为机会来了，上表要求朝廷允许他调动扬州大军教训吴国，实则是想借机发动政变，举兵铲除司马家族。

司马懿早知其计，不许。

王凌无奈，派心腹杨弘去游说新任兖州刺史黄华，希望与其共同举事。黄华立即扣住杨弘。在他的威逼利诱下，杨弘和黄华联名上奏司马懿，举报王凌即将叛变。

司马懿见时机已经成熟，迅速调集人马进逼寿春。王凌倒也识相，知道自己毫无胜算，便选择了投降。但司马懿不愿放过他，王凌只好自杀。司马懿尚不罢休，又诛杀了其子王广和曹彪等人。

平定王凌之乱后不久，三国时期杰出的政治家、军事谋略家和权臣，为后世留下了诸多精彩故事的司马懿因病去世，享年七十三岁。不知九泉之下他和曹操相遇，二人是惺惺相惜还是宛若仇雠（chóu）。

司马懿死后，其大儿子司马师继承了他的职位。司马师比其父更加专横，魏国由此进入了一个"顺司马者昌、逆司马者亡"的时期。

此时的皇帝曹芳已逐渐长大，有了独立思维，对司马师的专权极为不满。

曹魏正元元年（公元 254 年）的一天，曹芳将大臣李丰、张揖、夏侯玄召入密室商议，并在龙凤汗衫上写了血诏，要他们同心除恶。

不巧三人出宫之时，遇上了司马师。司马师见三人神色有异，就拦住搜身，结果从他们身上搜出密诏，便将三人全部腰斩。

司马师仍怒气难消，带人闯入皇宫，见曹芳正与张皇后谈话。司马师将密诏掷在地上，厉声说道："这是何人所写？"

曹芳有些嗫嚅地说道："寡人受他人逼迫，不得已写了此诏。"

司马师说："那就是皇后所迫喽？"

说完，令人将张皇后绞死。然后闯进后宫强迫太后下诏，废掉曹芳，另立魏文帝曹丕之孙曹髦（máo）为帝。

换皇帝不比换衣服，岂是说换就换的？

一时朝野震动，人们议论纷纷。

扬州刺史文钦本是曹爽的好友，曹爽被诛杀后，他一直担惊受怕。后来，他见王凌投降还是没能活命，因此看透了司马氏父子的狠毒。镇东将军毌（guàn）丘俭也因为夏侯玄被捕杀而惶惶不安。两人同危相济，决定联合起兵反抗司马师。

曹魏正元二年（公元 255 年）正月，毌丘俭和文钦正式在寿春起兵反叛。不过令人奇怪的是，二人声称只反对司马师，却不反对司马懿和司马昭。他们说："司马懿德高望重，乃国之栋梁，是司马师错误地执行了司马懿'保魏安曹'的方针，废除皇帝曹芳，形同篡逆。司马师应当放弃大将军一职，由司马昭担任。”

既是造反，却只反大儿子，不反其父和兄弟？这个莫名其妙的讨贼宣言让人难以看懂，因此地方上的掌兵大将谁也不敢跟着他俩干。

孤立无援的毌丘俭和文钦却自认为道义在自己这一边，带着五六万精兵就奔洛阳方向杀去。

当时司马师眼睛出了问题，正在卧床休息。为了稳定军心，他将洛阳的朝政事务悉数交给弟弟司马昭打理，自己强支病体，率领十七万大军亲征毌丘俭和文钦。

毌丘俭和文钦已经率军到达了项城。司马师命令部队将项城围了个水泄不通，但没有马上发起进攻。

司马师认为，毌丘俭、文钦二人根本不得人心，只要围而不打，他们内部必然发生矛盾，到时可以不战而胜。

不愧是司马懿的儿子，深谙谋略且不心急。

后来的事实完全应验了司马师的看法。

由于叛军多是受毌丘俭、文钦胁迫而来，战斗力本就不强，如今又见司马师亲征，哪里还想打仗！大家跑的跑，溜的溜。

司马师见状，下令发起总攻。项城很快被攻破，毌丘俭逃跑不及，被人杀死在一片野地里，文钦则乘乱逃到了东吴。

战争虽然胜利，司马师却不幸在班师途中于许昌病亡。其弟司马昭先是在洛阳接任了司马师大将军的职务，然后赶赴许昌处理丧事。

然而丧事处理完毕，司马昭却接到了皇帝曹髦的诏令，要其镇守许昌，不必再回京师了。

曹髦的如意算盘打得梆梆响——你司马昭如果听从安排，那么我便会在洛阳重新委任辅政大臣；如果不服，你率军杀进洛阳，必成天下公敌。

谁知司马昭根本不吃这一套。当曹髦正暗自得意之时，司马昭已领着军队大摇大摆地开进了洛阳城，没杀也没打，只是把军队布置在皇城左右，然后大摇大摆地走进皇宫，就好像在说：“诏令？我没收到啊。”

曹髦没办法了，只好装出什么都没发生过的样子。大权，仍然稳稳地掌握在司马氏手里。

这样的结局，让曹髦难受，也让身处寿春的诸葛诞不安。

诸葛诞是曹氏政权的功臣元勋，司马师平定毌、文叛乱时，长期在淮南驻守的诸葛诞也奉命率兵前往助战。战争结束后，被司马师任命为征东大将军，驻守寿春，防御东吴进攻。

诸葛诞虽然帮助司马师平叛，但他本人对司马氏家族的专权是极为不满的，加之不久前他的好友、受人尊重的当朝名士夏侯玄被司马师所杀，这让他的心中深受震动。为此，他暗地养了数千死士，并且开始积蓄实力，以防不测。

司马昭主政后，为防止寿春第三次上演叛乱，修改了哥哥的决定，决定征召诸葛诞入朝担任司空。

接到命令后，诸葛诞认为此去凶多吉少，干脆举兵反叛。为了保险起见，他以儿子为人质向东吴借来三万大军，任先锋的正是前魏将文钦。由于先前已完全掌控了自己属下的十余万淮南军，又通过攻夺扬州获得四五万军士，兵力一时达到了近二十万。

这么大的兵力规模让司马昭不敢掉以轻心，他只好把汉中地区防备蜀汉的兵力也抽调出来，最后组成了二十六万人的平叛部队。

诸葛诞虽是诸葛亮的同族兄弟，几代人之前有着共同的祖先，但他全无诸葛亮的风采，都还没反应过来，就被司马昭的军队围在了寿春城，而且被围得结结实实。

司马昭也采取围而不打的策略。

时间一长，寿春城内粮草尽绝。跟随文钦前来的东吴大将全琮是个实在人，觉得没有必要跟自己的肚子过不去，干脆出城投降。诸葛诞也觉得围困下去对己不利，决定拼死突围。可惜几仗打下来，人死了不少，包围圈却纹丝不动。

当时，城里有投降意愿的士兵不少，文钦劝说诸葛诞将这些人放出去，以节省粮食。诸葛诞觉得文钦纯粹是在故意出馊主意，一刀就砍断了他的脖子。

文钦的儿子文鸯、文虎又悲又气，毫不犹豫地出城投降。司马昭赦免了他们的反叛之罪，还让二人在城边招摇过市。

叛首的儿子都没事，我们还担心什么！城里饿得眼冒金星的人们纷纷放下武器，打开城门。就这样，司马昭轻易攻破了寿春，诸葛诞则死在乱军之中。

寿春连续三次的叛乱给淮南地区造成了深重的灾难，大量人口死亡，田地大片荒芜。但这三次的平叛也使得魏国的曹氏势力，无论在朝廷还是在地方，都被诛灭殆尽。

不过，你要说曹氏家族就此接受了命运的摆布，也不尽然。毕竟血性男儿还是有的。

比如曹髦……

路人皆知的那颗“心”

司马昭其实很“坦率”，因为他那颗心到底在想什么，别人全都知道……

曹髦生于正始二年（公元241年），自幼聪明好学，如果搁在现代，没准儿会成为一个少年大学生。

曹髦做皇帝之前，被封为高贵乡公。当时朝臣对他的评价非常之高，说他“才同陈思、武类太祖”。“陈思”就是陈思王曹植，“太祖”即曹操。

这个评价的前半句大抵不差。

据记载，曹髦文采飞扬，文章诗辞俱为上品，传世文章有《伤魂赋并序》《颜子论》等；而且还精通绘画，作有《祖二疏图》《盗跖图》等，被后世名家誉为精品。此外，这位小皇帝还对音乐颇有研究，除弹得一手好琴外，还著有音乐类研究作品《春秋左氏传音》一书。

至于“武类太祖”之说，自然是指曹髦除了写写画画，至少看过几本兵书，对行军打仗和作战谋略有过研究，或许还有点心得。当然，因为年幼，也从未参与过军事，这方面的潜能并未展现出来。

一般来说，有才华的人是不太甘于屈居人下的，尤其他还是皇帝，那就更无法容忍臣下骑在自己的头上拉屎。

因此，面对司马昭的作威作福，年轻气盛的曹髦火冒三丈，决定要改变这种现状。

不过，他一开始并没有采取行动，而是写了一首名为《潜龙》的诗，以倾泻心中的不满。此诗在《三国志》中虽有提及但并未载明，《三国演义》倒是列出了完整版本，但无法辨别是出自曹髦之手还是来自罗贯中的“代笔”。其诗为：

伤哉龙受困，不能越深渊。
上不飞天汉，下不见于田。
蟠居于井底，鳅鳝舞其前。
藏牙伏爪甲，嗟我亦同然！

大意是说，我本来是一条龙，应该在大海中自由自在地遨游，谁曾想身困井中，受到泥鳅、鳝鱼的欺负。

这首诗很快传到司马昭的耳中，司马昭大为不快，当即带着宝剑入宫，指着曹髦责问：“我一天到晚为你守护这大好江山，你还有什么不满足的？竟然写下《潜龙》诗，将我比作鳝鱼、泥鳅！”

曹髦垂下头，一言未发。

甘露五年（公元 260 年）四月的一天，司马昭带剑上殿，曹髦急忙站起来迎接。

大臣们见状，纷纷进言说：“大将军功高盖世，陛下应封他为晋公，兼任丞相。”

曹髦不置可否。

司马昭生气地走到曹髦面前说道：“我们父子三人屡建奇功，有功于国，我当个晋公有什么不应该？你怎么这么小气？”

曹髦只得说：“我听从您的命令。”

司马昭这才满意地回到座位坐下。

曹髦回宫之后，再也无法忍受，就将大臣王经、王沈、王业三人召入宫中，说道：“司马昭之心，路人皆知。我不能等着他废我，不如咱们一起去讨伐他。”

王经说：“您不能这么做。陛下的军队太少，根本消灭不了司马昭。我们应当从长计议，不能轻举妄动。”

曹髦取出早已写好的讨贼诏书，扔在地上，说道：“是可忍，孰不可忍。我已经决定讨贼，难道会贪生怕死吗？”说完就进后宫禀告太后去了。

王沈和王业认为曹髦绝非司马昭的对手，便说：“事情紧急，咱们赶快去通知司马公，不然会有灭族之祸。”

但王经不同意，他说：“为人臣子，难道是像你们这样忠心侍主的吗？”

王沈、王业不理会王经，径直向司马昭报告去了。

老奸巨猾的司马昭得到报告后，并没有着急动手，而是做好准备，等着曹髦掉进自己早已挖好的陷阱。

这边曹髦集合了宫内的禁卫军和一些太监，勉强拼凑成一支军队，从宫里杀了出来。曹髦拿着一把宝剑骑着马冲在最前面。

司马昭的亲信贾充带了一队士兵前来抵挡，双方一打照面，曹髦大喝一声，从人群中杀出，直扑贾充而去。贾充手下的士兵见皇帝亲自上阵，有些害怕，有的都准备逃跑了。

贾充手下有个叫成济的人见情况不妙，便问贾充：“现在形势紧急，您看怎么办？”

贾充大喝道：“司马公平时养你们是干嘛用的？这还用问！”

成济听了这话，立马胆子大了十分，他举起长矛，驱马上前，直朝曹髦刺去。

曹髦太过于迷信自己的身份了，以为堂堂天子，没人敢把他怎么样。

没曾想真有人不把他当回事，一时措手不及，被成济刺中，从马上掉下而死。可怜的曹髦，死时尚不满二十岁。

曹髦手下的人见皇帝已死，军心涣散，纷纷四散逃亡去了。

史书记载说，当曹髦被刺身亡的消息传到司马昭那里后，司马昭大吃一惊，居然一下子跪到了地上，悲悲戚戚地说："天下人该怎么议论我啊？"有人因之评论说，如果三国时期有"奥斯卡奖"的话，司马昭一定是最佳男主角的不二人选。

随后，司马昭召集群臣到朝堂上开会，他一边流泪，一边问大家该如何处置这件事。

大臣陈泰说："只有砍掉贾充的头，才能向天下人谢罪！"

贾充是司马昭最信任的人，他舍不得，于是再问："就没有别的办法了吗？"

陈泰义正词严地说："我只有比这更进一步的对策，没有退一步的办法。"

司马昭一听，心里很不舒服，便宣布退朝。

第二天，司马昭以太后的名义下诏说："当初立曹髦为帝，是看中他有才华，能成大事。不承想他性格暴戾，不思进取。我这个太后数次呵责都不奏效，后来和大将军商量想废除他，但大将军认为他年幼无知，还可以雕琢，不妨暂时留用以观后效。没想到他得寸进尺，居然拿弓箭射我，差点要了我的老命。我此后又无数次让大将军废了他，曹髦知道后，便贿赂我身边的人，打算下毒害死我。后来事情败露，他竟要带兵到西宫杀我。幸亏大将军及时知道，派人救了我。曹髦自己混杂在士兵之中，被大将军的手下不小心杀死。这小儿悖逆不道，早就该废为庶人。如今既已身死，就以民礼葬之吧。"

曹髦就这样被安上了许多莫须有的罪名，在被废为平民的同时，顺便也帮司马昭把杀害他的原委给遮掩了过去。

不久，司马昭以"教唆圣上"和"离间重臣"等借口杀死了曹髦的心腹王经。王沈则因告密之功被封侯。

后来，王沈为我们留下了一部史书叫《魏书》，是裴松之为《三国志》作注时引用很多的史籍。

倘若当初王沈不出卖他的皇上，则他一定与王经一样死于非命，《魏书》也就肯定无法面世。由是观之，王沈之告密如何定性，还真非三言两语能说清。历史的吊诡之处就在于此。

二十多天后，因人们对司马昭不惩办杀人凶手颇有异议，加之司马昭虽然专横跋扈，但也知道人言可畏，更何况还做贼心虚，便也不敢再拖延下去。但他实在舍不得杀掉贾充，就把罪名全部推到了成济身上。

倒霉的成济在官府去抓他时，知道司马昭拿他当了替死鬼，心里非常气愤，就爬到房顶上大骂，把整件事的内情全部抖搂了出来，让司马昭非常难堪。

司马昭一怒之下，灭了成济三族。

曹髦已死，国不能一日无主。贾充等人便劝司马昭自立为帝。司马昭觉得时机还不成熟，自己做“曹操”就好，至于自己的儿子，他们想不想做“曹丕”，还是留给他们自己去决定吧。

就这样，曹操当年的所作所为，几乎又被重演了一遍。

不知道这算是报应，还是历史的轮回？

甘露五年（公元 260 年）六月，司马昭立魏文帝曹丕之侄、年仅十五岁的曹奂为帝，是为魏元帝。

对于曹奂来说，能做皇帝已经算是祖坟冒烟、八辈子修来的福气了，还能有什么追求呢？因此他心甘情愿地成了司马昭手上的那个提线木偶。只要司马昭想要的，无论是精神的、物质的、名誉的，他都一点儿不含糊地全部满足。

其实司马昭对这些已经不是很在乎了。如今他在乎的，是什么时候能够灭掉蜀汉。

刘禅和他孱弱的朝廷，就要倒大霉了。

第十一章

风流总被雨打风吹去

无谓的挣扎

诸葛亮去世后，执掌蜀国军权的姜维开始了虚耗国力的无数次北伐……

三国时期的魏、蜀、吴三国中，最先灭国的是蜀汉。

亡蜀汉者，司马昭也。

那么，司马昭为什么要先灭掉蜀汉呢？

至少有几个方面的原因。

其一，当时的司马昭已经五十多岁了，对于雄心勃勃的他来说，如果在有生之年不做出点惊天动地的大事，于自己于历史都无法交待。

其二，率先喊出“司马昭之心，路人皆知”的曹髦被司马昭部下所杀后，虽然司马昭赶紧另立曹奂为帝，证明自己没有称帝野心，但是天下悠悠众口是堵不住的。在这样的情况下，司马昭只能用一场巨大的对外战争胜利来转移矛盾，压下杂音。

其三，当时曹魏的敌人无外乎蜀汉和东吴。东吴因为诸葛诞的叛乱，双方刚刚交过手，看得出来东吴不但有长江天险，政局也还算稳定，不是一个好对付的。而蜀汉呢？

从人口方面来说，根据记载，蜀国灭亡时有人口九十四万，魏国有人口四百四十万。人多自然力量大，别的不说，人口的多少会直接影响到军队的数量。所以，灭蜀战争前，魏国至少有四十万以上的兵力，蜀国只有区区九万。

从土地方面来说，魏有十多个州，近三百万平方公里的面积。而蜀仅有一个益州，面积仅有一百万平方公里左右。地少带来的直接后果就是兵粮不足。虽然蜀道崎岖，运粮不便是客观原因，但缺粮才是根本。

从经济方面来说，魏是南北通货，东西贸易，对外贸易频繁；蜀则因为道路艰险，通商不便，所以经济实力也弱得多。

还有一个不容忽略的状况是，我们都知道，大炮一响，黄金万两，战争的开销是极为巨大的。实际上，诸葛亮的连年北伐导致蜀汉人民苦不堪言，时人记载说，走在蜀汉的大街小巷，荒郊田野，见不到一个有健康脸色的人。

所以，无论从哪个方面来说，当时的蜀汉都是一个软柿子。司马昭把一统天下的首战选在蜀汉，也就顺理成章了。

当然，也许司马昭还看到了另外一个有利条件。那就是，在他伐蜀之前，蜀汉其实已经自己走上了“作死”的道路。

这个自我“作死”之人就是姜维，他的“作死”之路是我们在评书、演义、戏剧中经常听到的“九伐中原”（根据史书的记载，姜维其实进行了十一次北伐）。

民间有所谓“越穷越横”之说，完全继承诸葛亮北伐遗志的姜维，后来的所作所为，便很好地印证了这条俗语。

不过，诸葛亮之后，并非姜维立即掌权，而是由诸葛亮举荐的蒋琬执政。蒋琬认为北伐是必须的，但是秦川道路艰险，来往不便，不如沿汉水、沔水东下。于是，蒋琬大造舟船，准备袭击魏国的魏兴（今陕西安康）、上庸（今湖北竹山县西南）二地，后因旧疾复发，未能成行。

此后，姜维在蒋琬的支持下，曾好几次北上伐魏，但是收效不大。

蜀汉延熙七年（公元244年），蒋琬病重，将益州刺史之位让与费祎。费祎在诸葛亮生前便不太赞同北伐，而是力主休养生息，所以他掌政后，便以安邦定国为要事，不允许姜维兴兵北进。有时候姜维要求得实在过于强烈，费祎也总是左右制掣，最多派给他几千人马。

费祎还时常对姜维说：“我们跟诸葛丞相相比差远了，连丞相都搞不定的事，我们还是不白折腾的好。不如韬光养晦，保国治民，做好自己该做的事。我们的后代总会比我们聪明，兴复汉室的事就留待他们去完成吧。千万不要心存侥幸，以为凭我们的能力能北定中原。如果决成败于一举，万一不如愿，就悔之晚矣。”

在当时的情况下，费祎的话无疑是正确的。可惜这位头脑清醒的辅政者，却在蜀汉延熙十六年（公元 253 年）春，被一个名叫郭修的曹魏降将刺杀而死。

同年夏，姜维开始独掌军权。随后，他急不可耐地率领数万人出石营（今甘肃西和县北石堡乡），围攻南安。魏国雍州刺史陈泰率军前来救援，不过未等陈泰到来，姜维就已走上了诸葛亮的老路，因军粮耗尽而退军。

蜀汉延熙十七年（公元 254 年），姜维主持蜀国内外军事。随即率军出陇西，魏国狄道（今甘肃临洮）守将李简不战而降。姜维又进攻襄武（今甘肃陇西），打败魏将徐质，并将其斩首。姜维乘胜追击，先后攻破河关（今甘肃临夏）等地，然后多半又因军粮耗尽返回蜀汉。

蜀汉延熙十八年（公元 255 年），姜维率领车骑将军夏侯霸出狄道，于洮西大破魏国雍州刺史王经。王经死伤数万，退入狄道城，姜维围住狄道城猛攻。魏国派已升任征西将军的陈泰前来解围，姜维抵抗不过，退走钟堤（今甘肃临洮南）。

蜀汉延熙十九年（公元 256 年），姜维被任命为大将军。然后，他整顿兵马，与镇西将军胡济两路出兵，事先约定在上邽（今甘肃清水县）会合。但胡济没有按期赶到，导致姜维在段谷（今甘肃天水西南）被魏将邓艾击败。由于蜀军死伤太多，埋怨声四起，属于蜀汉的陇西地区也开始躁动不安。姜维只得退军返回蜀地，并请求自贬为后将军，行大将军事。

蜀汉延熙二十年（公元 257 年），魏国征东大将军诸葛诞在淮南举兵反抗司马氏后，姜维趁魏国关中兵力被抽调之机，率万人出骆谷（今陕西周至西南）攻击魏军。魏国大将军司马望于邓艾合兵一处，坚守不出。此后，双方长期对峙。到了第二年，姜维听闻诸葛诞兵败身死后，率军返回成都。刘禅随即恢复了姜维大将军的职位。

蜀汉景耀五年（公元 262 年），姜维再次出兵，与邓艾战于侯和（今甘肃临潭县东南），为邓艾所破，然后退往沓中（今甘肃舟曲县）屯田驻守。这是姜维最后一次北伐。

至此，姜维前前后后总共进行了十一次北伐，比诸葛亮还多。然而令人遗憾的是，十一次的北伐几乎每一次都是铩羽而归。

后世史家对姜维的北伐向来是贬多褒少。确实，连年征战，耗损国力至巨，以至于“兵困民疲”，怨声载道。后来魏军攻打蜀汉的顺风顺水，以及成都百姓对刘禅投降的双手赞成，都说明了姜维北伐造成的后果是严重的，也改变了民心的走向。

此后，姜维一直驻守沓中，再未回到成都。究其原因，主要是怕黄皓陷害自己。

堂堂的当朝大将军居然害怕被别人陷害？那么这个黄皓是何许人也，竟如此厉害？

原来，黄皓是个宦官，从景耀元年（公元 258 年）开始便已总揽朝政。当时，甘陵王刘永憎恨黄皓，但黄皓利用后主刘禅对自己的信任，在刘禅面前污蔑刘永，以致刘永十余年都不能到成都朝见父亲。姜维曾经请求刘禅将黄皓斩杀，但被刘禅拒绝。

黄皓与右将军阎宇关系非常好，便想构陷姜维，以阎宇替之。姜维洞悉其意，只好一直在沓中屯田避祸。

不久，姜维在沓中听闻钟会在关中练兵，意有所为。就上表刘禅，主张遣张翼、廖化分别驻守阳安关口、阴平桥头，防患于未然。然而黄皓听信术士之言，告诉刘禅说，蜀道艰险，敌军不会到来，就算到了，也会知难而退。刘禅相信了他的话。

只可惜，该来的总是会来。

投降，是唯一的出路

当邓艾兵临成都城下的那一刻，对于蜀国君臣来说，已毫无选择……

曹魏景元四年（公元 263 年）夏，司马昭派出十八万大军攻打蜀汉。

大军共分三路：一路由钟会率领十二万军队，直取汉中；一路由邓艾率领三万军队，进攻驻守沓中的蜀将姜维；一路由诸葛绪率领三万军队，向阴平附近的桥头进攻，断绝姜维的归路。

面对魏军的强大攻势，蜀汉方面立刻做出反应：成都守备军数千人被派往前线，右车骑将军廖化率领数千人向沓中增援姜维，左车骑将军张翼率一部分人前往阳平关增援汉中。增援部队如此之少，也可看出此时蜀汉已无人可用。

此时，姜维做出了一个错误的战术决定：放弃汉中各险要之处，将兵力集中于阳平关一带的几个城池，准备通过城防战打击魏军，并伺机消灭攻城的魏军。

钟会看穿了姜维的计划，故意围城不打。阳平关没有坚守多久，果然发生了内乱。守关蜀将傅佥和蒋舒不和，蒋舒临阵叛变，率两万人投降了魏军。魏军在这个“向导”的指引下突袭阳平关，阳平关很快陷落，魏军缴获大批军粮物资。

仗还没开始打，就丢掉了两万大军，这对本来国力就弱的蜀汉来说，是个沉重的打击。

姜维听说阳平关告急，汉中失利，想要回军去救。但是被邓艾的军队缠住，根本没有办法脱身。此后，姜维军且战且退，并且顺利冲破了阴平桥头阻截的诸葛绪军，一路向阳平关救急。但在半路上，姜维就得到了阳平关失陷的消息。没办法，姜维只好收拢本部和左车骑将军张翼的部队，退往剑阁。

剑阁是蜀中的门户，号称“一夫当关，万夫莫开”。抵达剑阁之后，姜维检点新军和原来的守军，共计有五万多人。

此时，钟会的十多万大军也抵达了剑阁城下。

钟会在行军途中，以诸葛绪防关失职为借口剥夺了他的军权。根据伐蜀前的编制，三军本是平行互不隶属，诸葛绪纵有失职，也轮不到钟会惩治，可见钟会已经露出了谋反的迹象。

剑阁天险名不虚传，钟会虽然在兵力上占据绝对优势，但却不能前进一步。十多万大军被困在剑阁，粮草一旦断掉，姜维极有可能反戈一击。

就在钟会无可奈何，都有退兵打算的时候，老将邓艾带领军队赶到了前线。邓艾建议由自己率领一支人马走阴平小道，穿过今四川德阳攻击涪城，奇袭成都。这条险径长达数百里，很少有人走。钟会没有其他办法，只得答应。

十月中旬，邓艾带了一万精兵，向南进军。一路上，到处是悬崖峭壁。邓军逢山开路，遇水搭桥，结果走到了一条绝路。大家看到山下是一个深谷，无法前进，都哭泣着说："白吃苦了，白吃苦了！"

邓艾当时已经六十六岁高龄，但他无所畏惧，用毡子裹着自己，从悬崖上滚了下去。将士们见主将如此英勇，也都鼓起勇气，有的也用毡子裹住身体滚下山去，有的则小心攀着树木爬下山去。

下山后，继续往前去，发现了一个废弃的营垒。原来，当年诸葛亮怕有人偷渡阴平，在此处埋伏了一支军队。诸葛亮死后，刘禅就将这支军队撤走了。邓艾不由得感叹道："幸亏此地军队已撤走，否则我们全活不成了。"

邓军很快到达江油城外，江油守将马邈没想到魏军会在背后出现，惊慌失措，不作任何抵抗就投降了。

邓艾得了江油后，很快率军推进到涪城。

涪城守将是诸葛亮的儿子诸葛瞻。有人向他建议，应该离开涪城，找一个险要的地方据险而守。但他犹豫不决，结果被邓艾击败，只得退至绵竹。

邓艾派人送信给诸葛瞻，说："倘若投降，一定上表请封您为琅琊王。"

琅琊（今山东沂南），是诸葛亮的出生地。诸葛瞻读罢来信，深深愧疚自己的无能，竟致辱没了家父的尊严，一怒之下，愤然斩了来使，出城迎战。

邓艾命儿子邓忠和魏将师纂率兵与诸葛瞻交战，结果吃了败仗。邓艾大怒，对邓忠、师纂说："咱们孤军深入，如果不能占领绵竹，定无生还的希望。你们如果再次失败，我就杀了你们！"

邓忠和师纂赶忙率兵飞驰上前，再一次跟诸葛瞻交战。魏军冒死肉搏，诸葛瞻誓死抵抗。终因众寡悬殊，诸葛瞻兵败身亡。

诸葛瞻的儿子诸葛尚，时年十岁，听到父亲阵亡的消息后，悲痛万分地说："国破家亡，活着还有什么意思！"然后长啸一声，纵马挥剑驰入魏军之中，慷慨赴死。

诸葛亮一家三代均为蜀国捐了躯。

诸葛瞻一死，成都再无险可守，邓艾率军直奔成都。

后主刘禅惊慌失措，连忙召开御前会议讨论对策。刘禅定下的会议主题是：战还是逃？

光禄大夫谯（qiáo）周却主张投降。

谯周是益州本地人氏，出生于一个书香人家。他与诸葛亮关系很好，也一生敬重诸葛亮，但极力反对诸葛亮和姜维的北伐。

谯周认为，蜀汉这几年遭诸葛亮、姜维等人"穷兵北伐"的折腾，已弄成这个破样子了，哪还有战斗力跟强悍的魏军玩命呢？

但如果逃，又往何处逃呢？

奔南中行不行？

谯周认为，不行。

他给出三点理由。一是为时已晚。要奔往南中，必须早点筹划，如今大敌逼近，人心离散，士卒小吏心里想什么，谁也不知道，只怕中途叛变。二是南中是"蛮族"之地，平常不贡奉，还多次反叛，丞相诸葛亮南征后，他们势穷力尽才服从。但如今诸葛丞相早已不在人世，谁敢保证他们还像以前一样服从呢？再说了，如果蜀汉政权迁移至南中，他们势必要供给物资、兵力，必生怨恨，恐怕反叛是板上钉钉的事。三是魏军知道我们人少，必然会向南一路追击。即使姜维也退至南中（这种可能性极低），内外交困下，恐怕也难以久支。所以，投奔南中切不可行。

那投靠东吴行不行？

谯周认为，还是不行。

他的理由很直接：古往今来，有寄人篱下还可以再当天子的吗？显然没有。那这样一来，皇上到了东吴也只能称臣。既然同样是称臣，为什么不挑大国，要挑小的呢？还有，就政治斗争的规律来说，是大国吞并小国，还是小国吞并大国呢？当然是大国吞并小国。那么，魏国吞并吴国是一定的了。既如此，以后吴国投降魏国时，我们还得跟着吴国再投降一次。这样一来，我们不就受了两次耻辱吗？比现在直接投降难道更好吗？

有人嘀嘀咕咕地说，我们不战也不逃，死守成都，等待救援不可以吗？再说，还可以把老百姓都组织起来……

谯周嗤之以鼻。等待救援，谁能来救？放眼望去，只有姜维。此时，姜维人在剑阁，和钟会率领的曹魏东路军主力对峙，能不能全身而退都还是个问题，又岂能回师救援？组织老百姓自救？老百姓听说魏军来了，都跑到山里去了……

谯周其实还想说，如果蜀汉的政治清明，老百姓应该和我们同仇敌忾，死抗到底。可是长期以来，连年战争，税役繁重，百姓连生活都成问题，谁还愿为国出力？

但他忍住了，没说。

刘禅也没话说。不过他还有一个疑问：曹魏会接受我们的投降吗？

谯周表示敢打包票。他说，现在东吴尚未臣服，曹魏对我们的投降是求之不得，不但接受，还会给我们很高的礼遇。若非如此，我上洛阳找司马昭拼命去。

谯周真是精明人。刘禅开门投降后，曹魏方面果然客客气气。刘禅被封为安乐公，食邑万户，谯周也被封为列侯。当然，他在历史上少不了要背上“卖国”的罪名。

刘禅一降，存在四十二年的蜀国也就正式灭亡了。

在巨大的胜利面前，邓艾的头脑有些不冷静了。他在蜀中擅自任命了大批官吏，又派人去绵竹，收埋魏、蜀死亡的将士，在上面垒起高台，即所谓的“京观”，用以宣扬自己的武功。他还在自己任命的蜀地官员面前自吹自擂，得意非凡地说：“诸君幸而遇见了我邓某，因此才有今天。要是碰上别人，恐怕早就没命了。”然后又借姜维再夸了一把自己，他说，姜维确实是当代的一位好汉，只是遭遇我邓某，才走投无路。这些话，为他后来被告谋反落下了口实。

当邓艾的大军逼近成都的时候，姜维匆匆逃离剑阁，向巴郡方向撤退，钟会紧追不舍。后来，已经归降邓艾的刘禅敕令姜维向钟会缴械投降。姜维知大势已去，只好照办。然后，他和钟会两军合并，往成都进发。

钟会自从接受姜维投降以后，对待蜀国降将很宽厚，对待姜维更是亲切友好，还把姜维等将领缴交的印信符节都发还给他们。

姜维慢慢觉察到，钟会似乎怀有野心，便想利用这个机会，试试能不能光复蜀汉。于是有一天，他旁敲侧击地试探说："听说明公自从淮南打胜仗以来，没有一个计策不成功。司马公能有今天，全靠您的力量。这次又平定蜀汉，您的功劳太大了。但就因为您的功劳太大，我不得不替您担心。从前陶朱公（指春秋时期的范蠡）帮越王勾践复国后，不是说过'飞鸟尽，良弓藏；狡兔死，走狗烹'吗？您为什么不学陶朱公，泛舟江湖，隐姓埋名，以保全名誉和性命呢？"

钟会摇摇头，说："您扯得太远了。我不是那种人，也做不来隐士。况且，我也不止这一条路吧！"

姜维又说："明公志向大，见识高。凭明公的智力，没什么不能成功，那就用不着我老头儿多嘴了。"

二人这一番对话，话中有话，耐人寻味。此后，二人各自打着主意，出则同车，坐则共席，关系越来越密切了。

事实上，钟会早就有了谋反之心。

钟会是太傅钟繇幼子。钟繇当年颇受曹操和曹丕父子看重，曾位列三公，无比尊荣；钟会本人也深得魏帝赏识。因此，他对司马氏专权极为不满。而且，钟会聪明绝伦，才华横溢，为人又颇为自负，总觉得自己是能干大事的人，凭能力足以战胜司马昭。这样的钟会，要让他永远屈居司马昭之下，是不可能的。

钟会要谋反，最大的障碍自然是蜀中的邓艾。为此，他决定采取先发制人的策略。

他以邓艾擅自任命蜀中官吏为口实，反诬邓艾谋反，秘密向司马昭告发。又派人截获邓艾送往朝廷的章表文书，然后模仿邓艾笔迹，添加了一些不恭不敬、矜功自伐的词句，以激怒司马昭。

司马昭看到钟会送来的假信件之后，将信将疑。其实早在出兵之前，就有人提醒司马昭说，钟会可能会谋反，但现在却是钟会反告邓艾谋反，这让司马昭一时拿不准孰是孰非。为稳妥起见，他先令钟会进军成都，拘捕邓艾，然后派贾充带领军队秘密赶往蜀地。

邓艾很快被捕，但司马昭大军入蜀的消息也很快传来，钟会军中一片震惊，将士们都不愿意跟着钟会反叛。一些魏国将领觉得，这一切都是蜀将姜维挑拨引诱所致，于是决定除掉姜维，而跟随姜维降魏的一部分蜀将则拼死力保。就这样，钟会军中发生兵变，钟会和姜维均在兵变中被杀身亡。本来已经押赴北上的邓艾也受到牵连，在路上被乱军杀死。

两个在灭蜀战争中立下大功的魏国大将，居然在一场兵变中同时身死，实在让人惊愕不已。

蜀汉后主刘禅在这场风波中躲过一劫，后来他被送到洛阳，过起了优哉游哉的生活，从而给我们留下了一个成语——乐不思蜀。

聪明还是糊涂？这是个问题

蜀国后主刘禅常被人们讽为“扶不起的阿斗”。刘禅真是这样的人吗……

刘禅来到魏都洛阳后，司马昭赐给他一座大宅院和一百名奴仆供他驱使。刘禅觉得这日子跟在成都时也没多大区别，过得很开心。

一天，司马昭宴请刘禅等人。席间，司马昭吩咐演奏蜀地乐舞。“凄凉故蜀伎，来舞魏宫前。”这是何等悲哀的事，蜀汉旧臣们因之想起亡国之痛，个个掩面而泣。唯独刘禅嬉笑自若，甚至随口哼起了这些自己熟悉的曲子。

司马昭感到惊奇，就问刘禅："安乐公在洛阳已住了一段时间，还想念蜀地吗？"

刘禅回答说："此间乐，不思蜀。"是啊，我在这里快乐无比，还想念那破地方干什么！

送走刘禅后，司马昭不禁叹息道："一个人没有心肝，怎么可以到这种地步！就算诸葛亮活到现在，也保不住他的皇位啊。"

待刘禅回到安乐公府后，有个叫郤（xì）正的手下对他说："主公今天的表现实在有点糟糕。您虽然已经亡国，但仍是汉室苗裔，怎么能让司马昭轻视您呢？如果司马昭下次再问您同样的问题，您应当流着眼泪说，先人的坟墓在蜀地，我身在洛阳，时时刻刻都在思念。"

刘禅"哦"了一声，说："你说得很有道理，我听你的。"

果然，不久后，司马昭又问刘禅："我觉得对你的招待已算不错，您还想念蜀地吗？"

刘禅立刻正襟危坐，把郤正教他的话背诵了一遍。他还装出一副悲痛的样子，想挤出几滴眼泪，但没挤出来，只好把眼睛闭上。

司马昭哈哈大笑说："你今天的这番话好像出自郤正之口！"

刘禅非常吃惊，张开眼睛老老实实地回答说："您猜得真对！这正是郤正教我的。"

司马昭和侍从们听了，笑得前仰后合。

这就是成语"乐不思蜀"的来历。

正因为如此，刘禅的昏庸无能在历史上出了名。后来，人们常用"扶不起的阿斗（刘禅小名阿斗）"来比喻那些懦弱无能、始终无法扶持成才的人。"扶不起的阿斗"这句话也就广泛流传开来。

然而，事实真的是这样吗？

也许未必。

有人认为，刘禅虽然算不上是一个聪明有为的君主，但也不是一个如此懦弱无能的人，他起码拥有中等的智慧。理由是，据《三国志》记载，刘备给刘禅的遗诏中有这么一段话："射君到，说丞相叹卿智量，甚大增修，过于所望，审能如此，吾复何忧？勉之，勉之。"这段话的意思很明白：诸葛亮在射君（蜀国中郎将射援）面前称赞刘禅的智慧，射君又将这些赞美之辞告诉了刘备。刘备很高兴，希望刘禅再接再厉。从历史上来看，诸葛亮不是阿谀奉承的人，刘备更是精明，那么他们一致称赞的刘禅又怎会是一个愚蠢无能的人呢？

还有人举出这样的事实。刘禅从公元223年登基，至公元263年降魏下台。称帝在位四十一年，是三国时期所有国君中在位时间最长的一位。有人把刘禅能安稳做皇帝归因于诸葛亮的辅佐，其实，这种说法并不确切。诸葛亮死于公元234年，他死后，刘禅还做了二十九年的皇帝。在那个群雄割据、兵连祸结的动乱年头，能执政这么久，没有相当的才智能行得通吗？

还有，根据史书记载，在蜀汉后期的一些重大国政问题上，也看得出刘禅的头脑非常清醒。

其一，刘禅并不认同诸葛亮等人的北伐主张。他认为就当时蜀、魏两国的国力对比来说，北伐并不能取得满意的效果，因此他并不赞成北伐。

在诸葛亮上书要求北伐时，他曾规劝诸葛亮说："相父南征，远涉艰难；方始回都，坐未安席；今又欲北征，恐劳神思。"尽管诸葛亮置他的规劝于不顾，但北伐决议一旦形成，刘禅还是全力支持诸葛亮的行动。待诸葛亮死后，刘禅马上停止了空耗国力、劳民伤财的北伐。

其二，虽然刘禅与诸葛亮君臣之间也存在着一些不和谐的音符。但刘禅却一直保持着克制的态度，顾全大局。蜀汉建兴十二年（公元234年），诸葛亮病死五丈原的消息传来，刘禅连日伤感，不能上朝，甚至哭倒于龙床之上。当灵柩运回时，刘禅率文武百官出城二十里相迎。可见，诸葛亮对蜀汉有什么样的贡献，诸葛亮之死会对蜀国带来什么样的影响，刘禅是心知肚明的，因而才有这样的举动。如果是一个昏庸之君，恐怕最多掉几滴眼泪也就罢了。

其三，后来司马懿率大军征伐辽东公孙渊时，刘禅唯恐统兵大臣蒋琬误认为有机可乘而伐魏，曾专门下诏告诫蒋琬不要轻举妄行。对天下大势，刘禅还是看得很清楚的。

其四，再后来，当有人报告说魏延造反却诬奏杨仪造反时，刘禅并没有着急表态，而是仔细看完魏延的奏章，然后提出疑问："魏延乃勇将，足可拒杨仪等众，何故烧绝栈道？"魏延被杀后，刘禅也没有对魏延一概否定，而是厚葬了他。

其五，蜀汉后期，为了解决权臣权力太大的问题，刘禅以费祎为尚书令和大将军主管政务，以蒋琬为大司马主管军事，两人的权力相互交叉，相互牵制，但又各有侧重。等蒋琬死后，刘禅大权独揽，结束了蜀国多年来大小事均取决于丞相的局面。

除此之外，史书《魏略》中还曾记载过这样一件事。曹爽与司马懿争权被杀后，曹魏宗室大将夏侯霸害怕受到株连而投蜀，刘禅亲自出迎。夏侯霸的父亲夏侯渊曾为蜀国老将黄忠所杀，刘禅安抚前来投降的夏侯霸时，说："你父亲的遇害，非我先人所为。"一语带过之后，又套近乎说，"我的儿子还是你外甥哩！"原来，刘禅之妻乃张飞女，而张飞之妻又为夏侯霸的堂妹，所以刘禅才这么说。之后，刘禅对夏侯霸加官加爵，倍加宠爱。刘禅对夏侯霸的这一套怀柔拉拢的手段，即使其父刘备在世，大概也不过如此，足见刘禅绝非平庸之辈。

就连刘禅"乐不思蜀"的故事，也有人认为可以这样解释。司马昭若想杀刘禅，可谓易如反掌。身为阶下囚的刘禅，也不可能不明白这一点。所以，他要想保全自己的性命，就必须让司马昭觉得自己懦弱无能，不足为虑。而"此间乐，不思蜀"，正是刘禅释放的这样一个烟雾弹，给司马昭留下了"真心真意归降""立志做晋国良民"的好印象，从而成功地保住了性命。所以，有人认为，在当时的环境下，这是最明智的选择，堪称上上之策。

如此说来，刘禅不但不是"扶不起的阿斗"，反而更像一个大智若愚的智者。

不过，这种"颠覆性"的说法并不能得到所有人的认同。反驳的证据也很多。比如，如果刘禅真是好样的，他为什么会重用奸佞的宦官黄皓并最终导致灭国呢？又比如，既然他知道北伐无益，诸葛亮在世时，他无法约束情有可原，可为什么诸葛亮去世后，他还放纵姜维十一次伐魏呢？再比如，“扶不起的阿斗”这句话在中国已流行了一千多年，要知道在中国古代，一直是视蜀汉政权为正统的，如果没有一定的事实为依据，这句话为何会流传这么久呢……

看来，刘禅究竟是怎样一个人，每个人有每个人的看法，很难得出一个明确的结论。但是，我们应当明确的是，千万不要让自己成为一个“扶不起的阿斗”。

依样画葫芦

司马炎代魏建晋的做法，跟曹丕代汉建魏如出一辙。历史总是惊人的相似……

蜀汉灭亡后，司马昭继续被加官晋爵——虽然他真的并不在乎这些表面上的东西，但皇帝曹奂却不能不给。

从曹魏景元五年（公元 264 年）三月起，魏元帝曹奂陆续下诏拜司马昭为相国，封为晋王，加九锡。所谓“九锡”，是指古代帝王为尊崇礼遇有大功的臣下而赐予的车马、衣物、卫兵等物，共九项。在后世，受九锡已成为权臣篡位前的必要程序。

此后不久，司马昭命令党羽贾充、裴秀等人分别主持制定礼仪、法律和官制，并在封国之内开始设置百官，一切礼仪皆如皇帝。至此，司马氏代魏的条件已经完全成熟。

不过此时的司马昭考虑的不是这个问题，而是要选定自己的世子，也就是接班人。毕竟他年事已高，身体又多病，随时都有可能发生不测。

司马昭中意的人选是司马攸。

司马攸本是司马昭次子，但是因为司马师无后，司马昭很早便将司马攸过继给了自己的兄长。虽然司马攸多年不在司马昭身边，但父子之情仍在。

而且司马攸确实讨人喜欢。年幼时的他十分聪明，成年后性格温和，平易近人。还写得一手好文章，尤其擅长书法，随便写几个字，都会被京师洛阳的人们当作字帖来临摹。

当时的人们都认为，司马攸的才能和威望超过哥哥司马炎，就连祖父司马懿在世时，也非常器重他。

此外，司马昭中意司马攸还有一层原因，那就是司马昭认为自己所承袭的是兄长司马师的天下，自己百年之后应当再送还给司马师。而司马攸不是司马师的继子吗？由他继承自己之位，恰好一箭双雕，哪边都不吃亏。

正因如此，每次见到司马攸，司马昭都不禁拍着自己的座位，说："这是大猷（司马攸字大猷）的座位啊。"

但是我们知道，在传统中国，讲究礼法有序，所谓"立嫡以长不以贤"。司马昭的嫡长子是司马炎，他"宽惠仁厚，深沉有度量"，做接班人也完全没问题。

如此一来，司马昭犹豫了，毕竟手心手背都是肉啊。所以拿不定主意的他，想问问众大臣的意见。

首先表达意见的是当时的名士山涛，他是赫赫有名的"竹林七贤"之一，此时早已归附司马氏。他的意见是："废长立少，不合礼仪。"

司马昭又问自己的心腹大臣贾充的意见，贾充说司马炎"德行无亏，帝之材也"。

司马昭接下来征求了与父亲司马懿私交甚厚的何曾的意见。何曾这样评论司马炎："聪明神武，有超世之才。"

司马昭最后问询出身"河东裴氏"的名臣裴秀的看法。裴秀端出了"硬货"。他说，司马炎聪明神武，有超世之才；而且相貌特别，"非人臣之相”。

司马炎的相貌确实与常人有异。史书记载说，他手臂特别长，超过了膝盖，而且最让人过目不忘的是他的一头长发，都拖到了地上。这个形象要是放到如今，绝对是一个标准的“文艺青年”。但在相术横行的古代，就成了帝王之相。

裴秀之所以使出这招“杀手锏”，其实是他与司马炎早先已达成了默契。就在司马昭与众大臣谈话前不久，司马炎害怕自己不能被立为世子，曾故意去询问裴秀：“人有贵贱之相吗？”得到肯定的回答后，便将自己身上奇异的标记给裴秀看。裴秀心领神会，方才说出了上述一番话。

如此一来，司马昭没办法了，只好立司马炎为世子。几个月后，五十五岁的司马昭因中风猝死，司马炎继任相国之职及晋王之爵。

我们知道，司马昭不是不想登基称帝，而是想让后代来做。他一死，这个任务自然就落到了儿子司马炎的身上。

司马昭死后三个月，司马炎正式改朝换代。不过，司马炎并没有硬来，而是采用了“曹式换代法”，也就是效仿曹丕代汉的事迹。

先是群臣一而再，再而三地恳求司马炎称帝，并且到魏元帝曹奂那里请奏说：“司马世家功德卓著，四海蒙其恩泽，人心所向，应受魏帝之禅，皇上应当效仿献帝逊位给晋王。”

接着是魏元帝“高高兴兴”地几次三番下诏禅位，司马炎则三番五次言辞恳切地推辞。

最后是大臣们齐刷刷跪倒一片，声称司马炎要是不接这皇帝之位的话，简直是“天理难容”。

人的话可以不听，“天”的话岂敢不从！司马炎最终只能“妥协”，“极不情愿”地受禅立国。

曹魏咸熙二年（公元 265 年）十二月，司马炎正式在洛阳登基称帝，定国号为晋（史称西晋），改元泰始。司马炎即为晋武帝。

晋朝取代魏朝，和魏朝取代汉朝具有惊人的相似，都是权臣柄政，两代规划，儿孙受福，就连取代的仪式也都采取了“禅让”的形式。《三国演义》把这一系列的相似比喻成“依样画葫芦”，确实很形象。

禅让仪式结束后，魏朝逊帝曹奂被封为陈留王，迁金墉城（当时洛阳城西北角上的一小城，魏晋时期被废的帝、后，都安置于此）居住。曹奂出城时，太傅司马孚拉着他的手，老泪纵横，说：“臣生为魏人，死为魏鬼。”

司马孚是司马炎的堂祖父，或许是这位老祖宗的态度影响了他，又或者是出于对曹奂逊位的感激，司马炎给了这位前朝末代皇帝极高的礼遇，不但允许他继续使用天子旌旗，还给予他上书不称臣、受诏不拜的待遇。可以说，曹奂享受到的地位、待遇和人生结局是历代亡国之君中最好的，他最后善终在自己的封国之内，享年五十八岁。

虽然登基做了一国之主，但司马炎此时的心情并不轻松，因为他的国家其实处于深刻的危机之中。

当年，曹魏王朝的奠基者曹操亲眼目睹了东汉末年的动荡不安，为了安定人心，恢复国力，执政后曾实行了比较宽松开放、节俭求实的治国方略。曹丕建立魏国后依然如此，但到了曹叡统治后期，政治渐趋严厉，社会风气亦趋腐败，曹操当年的风范已不复存在。皇帝为了满足自己的私欲，不断把庞大的物质重负转移到百姓身上，而长期的战乱更使百姓在惨淡的生计之外，心理上增添了一种恐惧与疲惫之感。

为了摆脱这种困境，进而为统一奠定牢固的基础，司马炎接连下了数道诏书，对晋国各级官吏作出了严格要求，同时也昭示了自己的治国方略，其内容归纳起来大致为：一是要自我约束，正人先正己；二是要勤于百姓之事，绝不能尸位素餐；三是要每三年巡察属县一次，远近必至，以了解百姓疾苦；四是要抚恤孤寡，慰问老人，特别是要亲自看望百岁老人；五是要宣扬孝、义、慈、恭、友五德，鼓励百姓务农，劝勉学子钻研学问，使民勤于正业，不从事有违道德之事；六是要讯问囚徒，处理冤案，及时检讨行政、司法的得失；七是要提拔、推荐士人与庶民中德才兼备者，对那些不孝父母、背礼越轨、不循法令的，要及时给予惩罚和教育；八是要禁绝请托贿赂，清廉为官。

应当说，上述诏令的内容，放在历朝历代，都闪耀着清明之光。

不仅如此，司马炎还针对前朝弊政，实施了一些深得人心的新措施。比如，恢复被曹魏废止的谏官制度，并把像傅玄、皇甫陶这样清正敢言、有才能的官吏委任为谏官，以广闻博见，开直言之路。又比如，提倡节俭。司马炎把原来魏朝皇宫中的珠玉玩好之物分赐臣下，自己一个不留。还下令削减各郡国对皇室的上贡，禁止乐府排演开支较大的靡丽百戏，停止制作各种供皇室游戏、狩猎的器具。再比如，在用人方面，司马炎尽量不计旧怨，启用某些原属于曹魏集团的官吏。太常丞（掌管礼乐之官）许奇的父亲许允，因参与魏帝曹芳废黜司马师的密谋，事泄被杀。司马炎认为许奇有才，不顾别人反对，把他提拔为更高级别的官员。司马炎还选用了一批原在蜀汉政府任职的人，其中包括名士谯周、文立等人，以及诸葛亮的孙子诸葛京。

此外，司马炎还在泰始四年（公元268年）正月，颁布了一部新律，史称《泰始律》。

《泰始律》是我国古代一部重要的法典，对后世影响很大，南北朝乃至隋唐的法律无不打上了它的烙印。该律体例严谨，简便易行，比前代律令的内容有所放宽，大幅削减了斩首、族诛、从坐等条文，对女子的判处也有从轻从宽的用意。《泰始律》的这些变化，使其在实行中起到了缓和社会矛盾的作用，也有利于巩固司马氏的江山。

另外，《泰始律》相比从前的法律更为完善准确。它首次把作为规章制度的“令”与刑法典的“律”正式区分开来，并注意到犯罪与违法行为的界限，对加减刑、累犯加重和数罪并罚等制度也十分强调。

有人评价说，无为与宽松是西晋之初的立国精神。这话还是比较靠谱的。

在司马炎的苦心经营下，晋国日益强盛，而江南的吴国，却问题重重。

司马炎盘算了一下，到了该动手的时候了……

第十二章

金陵王气黯然收

越活越不堪

早期的孙权可谓雄武之君。然而随着时光的流逝，他变得让人大跌眼镜……

司马炎建晋后，原先呈鼎立之势的魏、蜀、吴三国已仅剩吴国。

三国真正鼎立的时间其实并不长。

曹丕建魏称帝于公元220年，刘备于公元221年建蜀称帝，而孙权直到公元229年才登基称帝，建立吴国。至此，魏蜀吴三分天下的大势才真正形成。这时候，诸葛亮都已经完成第三次北伐了。

后来，蜀、魏相继于公元263年和265年灭亡，而此时的吴国仍然坚挺于江南。

吴国的“长寿”离不开孙权的贡献。

做了皇帝的孙权干得还真不错。他维持了与蜀汉的结盟政策，和曹魏除了有点小打小闹外，大抵还是和平相处。

孙权的主要精力，放在了经济建设上。

东汉以前，江南经济虽有进步，但还是相当落后。孙权执政后，一是在江南推行屯田，重视水利灌溉，推广使用牛耕；二是征服当地的少数民族山越，提高他们的生产技能和文化水平；三是发展交通和手工业生产。经过孙权的一番努力，江南经济向前推进了一大步。直到今天，江浙一带依然是中国经济最发达的地区之一。

孙权另一个值得大书一笔的功绩是，他命将军卫温和诸葛直率军万人，跨海寻找到了夷州，也就是我国的宝岛台湾。卫温等人在台湾停留了将近一年后返回，此后，台湾在经济、文化等方面同内地的联系逐渐密切。

然而，随着年岁的增长，孙权的作为似乎变得有些不可思议起来。

比如在对待张昭的事情上。

当年，孙权接替哥哥孙策成为江东的新主人时，才不过十八岁，这个时候如果没有人支持他的话，他是很难站稳脚跟的。正是张昭第一个站了出来，他牵着还在为哥哥去世而哭泣的孙权的手，告诉他说，不能再哭下去了，现在要做的事情应该是脱掉孝服，去检阅你的部下。

这件事对于孙权来说非常重要。正是这次的检阅，使得人们知道了他们新的当家人是孙权，而且还受到了张昭等重臣的认可和支持。此后，江东的人心逐渐安定下来。

然而，就是这么重要的一个人，在孙权称帝以后，却没有得到重用。本来当时所有人都认为，孙权称帝以后，应该将丞相的位置给张昭坐，因为不管资历还是能力，张昭都是可以胜任的，可是孙权偏偏找了一个不顶事的孙邵来做丞相。等到孙邵“下课”了以后，大家又开始认为，这回应该轮到张昭了吧？谁知孙权又找了另一个不顶事的顾雍。

许多人认为，这时的孙权已经开始忘恩负义。当然也有人认为，这是孙权的政治谋略，他不愿意在他的手下出现尾大不掉的权臣，影响自己的统治。

我们姑且认为这后一种说法有些道理，且看另一件。

孙吴嘉禾元年（公元 232 年），当时割据辽东的公孙渊派使者向孙权称臣。

公孙渊本是魏国的辽东太守，他这一叛魏称臣的举动让孙权异常自得，他先是派了一个使者去辽东册封公孙渊为燕王，然后又准备派张弥等将领率兵万余前去支援。

对此，文武大臣们极力反对。大家都认为这是公孙渊的计谋，因为他背叛魏国后受到压迫，想利用东吴来分解压力，所以不必如此兴师动众，只需派个使者去即可。可孙权不听群臣苦劝，坚持派了使者和军队前去，顺路还给公孙渊捎带了无数的金银财宝。

事实证明，孙权果然上了公孙渊的当。公孙渊杀了孙权派去的使者和张弥等人，没收了所有的金银财宝，然后又归降了曹魏一方。

这使得孙权勃然大怒，声称："我活了一大把年纪，还没有被人骗过，我一定要亲自带兵去杀了这个小人，方能解我心头之恨。"

这次没有任何胜算的战争，最终在大家的苦苦劝说下被放弃。但孙权独断专行的决策，与他早期的表现截然相反。

晚年的孙权更像换了一个人，不但变得骄奢淫逸，而且还好神仙之术，一度遣将入海四处寻找仙山。导致吴国赋役繁重，刑罚残酷。由此民不聊生，怨声载道，经常发生起义。

时任丞相的陆逊曾上书，劝谏孙权实行恩德治国，放宽刑罚，并减轻赋税。然而孙权置若罔闻，仍然自行其是。孙权的这些表现与其早期相比，真是天壤之别。

对朝政如此，对家事也好不到哪里去，尤其是在选择继承人的问题上，孙权的做法更让人大跌眼镜……

无休止的内耗

所谓"家和万事兴"，然而孙家却陷入无休无止的内耗中，以致元气大伤……

孙权一开始选定的接班人是孙登。

孙登看起来确实是一块做帝王的料。他先后师从程秉、张温等名士，又和"官二代"诸葛恪（诸葛瑾之子）、张休（张昭之子）、顾谭（丞相顾雍之孙）、陈表（偏将军陈武之子）等人关系极佳。而且打小就聪明睿智，好学上进，为人谦恭谨慎，深受朝臣们的喜欢。

东吴嘉禾三年（公元234年），孙权率军进攻魏国的合肥新城，命孙登留守管理后方事务。当时庄稼收成不好，盗贼增多，孙登于是制定法令，用以对付盗贼，取得了不错的效果。

看起来，孙登还有治政的本领。

如果孙登此后顺利成为东吴的第二代接班人，东吴的政权交接将会波澜不惊。可这样的孙登，老天爷偏偏看不惯他。东吴赤乌四年（公元241年），年仅三十三岁的孙登重病缠身，英年早逝。

孙登的早逝，使得太子的位置悬空。此后，三子孙和因为母亲王夫人受宠于孙权而得到重视。加之孙和爱好学习，礼贤下士，声望很高。于是孙权在赤乌五年（公元242年）将孙和立为太子。

几个月后，孙权将四子孙霸封为鲁王。按理说，这是一次很正常的册封，然而此后孙权对孙霸突然极其宠爱，这让孙霸产生了错觉，于是起了夺储之心，与孙和渐渐不和。

由于此前孙和的母亲王夫人与孙霸有过节，孙霸得宠后开始中伤王夫人和孙和，称孙和宁愿到大臣张休家居住，也不愿到宗庙里为患病的孙权祭祀祈福；又称王夫人见孙权患病，却整天笑呵呵的。

孙权听了孙霸添油加醋的描述后，大骂王夫人，致使王夫人忧虑而死，孙和也渐渐失宠。孙霸见孙和失宠，更有野心夺取太子之位。

孙和、孙霸的兄弟相争，也延续了朝臣身上。大臣们分为两派，陆逊、顾谭、朱据、诸葛恪等前辈名宿以太子孙和为一派，全琮、步骘（zhì）、吕岱、吕据等后起之秀则依附孙霸。两派大臣各助一方，斗争激烈。

大臣顾谭上书请求孙权解决嫡庶之争，按照礼仪表明孙和的正统地位，以绝孙霸争位的野心。大臣吾粲也上书请求申明孙和的地位，更请求让孙霸外出驻守夏口。丞相陆逊也多次上书请求孙权“明嫡庶之分”。

然而，此时的孙权却偏听偏信孙霸等人的恶意中伤，先是处死了吾粲，然后又流放了顾谭。劳苦功高的丞相陆逊则在孙权的多次责骂下，活活气死在了病床上。

孙权看到两子夺位导致朝臣不和，也感觉到了忧虑。他对宗亲孙峻说：“儿子不睦，臣下失和，将来恐怕会有祸乱。”于是，孙权有意识地疏远孙霸，将注意力集中到最小的儿子孙亮身上。

孙权突然宠幸孙亮，自然又引起了一部分大臣的不满，他们群起劝谏。此时的孙权哪里受得了大臣们的唠唠叨叨，一怒之下，诛杀、流放了不少人。不久之后，不知孙权哪股神经出了问题，先是突然废掉太子孙和，并将其流放到外地。然后赐死孙霸，立年仅七岁的幼子孙亮为太子。历史上的“二宫之争”至此结束。

经过这场内耗，本来“江东多才俊”的吴国，终于人才凋零，元气大伤，再无力与魏国抗衡。

孙权去世前一两年，似乎有了一些悔意，他想起从前逼死陆逊的过错，找到陆逊的儿子说：“我从前听信谗言，导致你父亲不能为我尽忠，很对不起你。那些责备你父亲的书信，还是烧了吧，不要让别人见到。”这哪里是在悔过，分明是在掩饰自己的昏庸，怕别人看见。

去世前几个月，他突然又觉得对不住废太子孙和，想把他召回来。这不是又在挑起混乱吗？大臣们又劝。老迈糊涂的孙权当然还是听不进去，坚持把孙和召回来，之后封为南阳王。

孙吴神凤元年（公元 252 年）四月，在留给后世一片烂摊子后，孙权终于永远闭上了双眼，享年七十一岁。

孙权病逝后，其子孙亮继位，改元建兴。因孙亮年纪太小，不谙政事，由大将军诸葛恪辅政。

建兴二年（公元 253 年）三月，诸葛恪率军伐魏，结果伤亡惨重而回。然而诸葛恪为掩饰过失，更为独断专权，朝野上下因之怨声载道。宗亲大臣孙峻暗中与孙亮合谋，摆下酒席请诸葛恪赴宴。酒过数巡后，孙亮起身回内殿，孙峻假托如厕，突然拿出刀来砍死了诸葛恪。孙峻因诛杀诸葛恪有功，此后出任丞相、大将军。

孙吴太平二年（公元 257 年）四月，年满十四岁的孙亮亲政。不久，孙亮亲选十五至十八岁的军中弟子三千人，每日于皇家公园训练，意图让这支特殊的军队伴随自己成长。孙亮又多次查阅孙权所留文书档案，并对左右侍臣说：“先帝每遇大事，常有特别批示，现在大将军上疏，怎能只让我签字了事！”

可见，孙亮并不甘于做一名庸主。而且，他似乎也有做明君的潜力。史书记载的“智断鼠屎案”一事，就颇能显示其聪明智慧。

一天，孙亮到皇宫内的西苑玩，因要吃生梅，便派黄门令（守卫皇宫的卫士）去仓库取蜜糖来拌着吃。蜜糖取来后开盖一看，竟浮着一粒鼠屎。孙亮即命传唤仓库主管，责问缘由。主管叩头称冤。

孙亮问主管，黄门令先前是否向他索要过蜜糖？主管说，先前黄门令是索要过，但他认为属无理索求，因而加以拒绝。孙亮又问黄门令，但黄门令不承认有过此事。

侍中（服侍皇帝的人）刁玄、张邠（bīn）认为，仓管、黄门二人各执一词，应移送主审官审理。孙亮制止说，此事其实很容易判明，不必如此大费周折。他当场叫人取出鼠屎，剖开一看，里面还很干燥。

孙亮大笑着对刁玄、张邠说：“事情很简单，如果鼠屎先前即在蜜中，那一定里外都已潮湿。现在这颗鼠屎外湿内干，一定是黄门令刚才所为。”

黄门令一听，只得据实承认了一切。原来，他此前向仓库主管索要蜜糖不成，即心怀忿恨，伺机报复。恰巧这次孙亮让他取蜜，他便将事先准备好的鼠屎放于蜜中，企图陷罪主管。

孙亮的一番巧妙推理，令大臣们惊叹不已，以为又将迎来一位明君。

可惜这位明天的圣主很快就遭遇了灭顶之灾。

就在孙亮亲政前不久，大将军孙峻因病去世。临终前，他将其职权移交给了自己的堂弟孙綝（chēn）。大臣们从前就对孙峻的颐指气使颇有怨言，如今见他将权力私下相授，更是看不惯，于是集体反对。

孙亮亲政后，对孙綝的这种不臣行径也难以接受，便私下和自己的亲信谋划诛杀孙綝。可惜谋事不周，被孙綝知晓。

东吴太平三年（公元 258 年）九月，把持军权的孙綝抢先下手，将孙亮废为会稽王，然后迎立孙亮之兄孙休为帝。

孙休自知乱中得位，颇多凶险，因而处处小心谨慎。甫一即位，便加封孙綝为丞相、荆州牧，又授予其另外四个兄弟各种军中高级官职，并加封为侯爵。由此，孙綝一门五侯皆执掌军权，权倾人主。

孙休对孙綝的各种上疏请示，也只是朱笔一批，从不违背，孙綝因此更加恣肆跋扈。

实际上，这是孙休设下的圈套，目的是使孙綝失去警惕。在此之前，孙休已与左将军张布等人，密谋除掉孙綝，而孙綝对此一无所知。

时隔不久，孙綝向孙休进献了一些好酒好菜，但孙休没有接受。孙綝觉得有损面子，便在一次酒宴上口出怨言，说当初孙休所立，全是他一人之功，没想到现在孙休待他竟与群臣无别，还不如另立他人。

张布听到后，迅速将此事通报给孙休。孙休见孙綝果然打算阴谋作乱，便与张布等人在腊月祭祀祖先的宴会上，将其诛杀，后又灭其三族。

孙休诛杀孙綝，铲除了皇室内部最大的不稳定因素。但孙休毕竟不是孙权那样的雄主，江东政权日益衰微之势已无法挽回。

不可思议的变态杀人狂

如果要评选中国历史上最变态的暴君，孙皓一定名列前茅……

孙休铲除孙綝后，将年号改为“永安”，其义不言而喻。然而，这并没有给他带来好运。永安七年（公元 264 年）七月，刚刚年满三十的孙休因病离世。

虽然孙休已有儿子，但其子十分年幼。而当时，蜀汉刚为曹魏所灭，东吴境内又出现叛乱，国内政局不稳。因此，东吴朝廷内外都希望有一位英明干练的君主上台执政，以应对国内外紧张局势。

时任左典军（掌管禁军的最高级军官之一）的万彧与孙权之孙、孙和之子孙皓交好，称赞孙皓之才识与明断，可与孙策媲美。又称孙皓勤奋好学，尊奉法度。万彧还屡次在丞相濮阳兴、左将军张布面前美言孙皓，濮阳兴、张布则游说皇太后朱氏，积极谏言以孙皓继孙休之位。朱氏本是一个没有多少主见的妇道人家，自知朝政大权在丞相等人手中，就推说社稷大事非女流之辈所能干预，只要能长保东吴平安即可。于是濮阳兴、张布迎立时年二十三岁的孙皓为帝。

孙皓继位之初，做了许多堪称英明的大事。比如，他把大批锁在深宫中的宫女们放出去，让她们嫁给尚未成家的成年男子，以解决“内多怨女、外多旷夫”的社会现象；连御花园中豢养的那些禽兽也都放归山野，表示不愿再为皇帝一人的享乐而耗费人力物力。

这样一来，举国上下都一致称颂，新皇帝果然是个“明主”。由此可见，万彧当初的推荐，可能并非完全出于私人感情，很可能是“实事求是”，至少，在当时并没有任何人提出异议。

然而，人是会变的，或者说人是善于伪装的。总之，好景不长，孙皓就迅速由“明君”滑向“暴君”的轨道。

仅仅即位几个月后，孙皓就开始着手营建新宫。他命令二千石以下的官员全部进山，监督人们砍伐木材。为建造新宫中的园林，孙皓不惜破坏军队的驻扎营地。新园林大起土山，构建的楼台亭阁，金碧辉煌，巧夺天工，耗资巨大。

面对孙皓的奢靡享受，有位大臣给孙皓上书，阐述东吴面临的严重形势：“如今，我们最大的敌人晋国已经占据九州之地的大半部，目前正在加紧操演兵马，准备乘攻取蜀国的余威，一举吞并东吴。东吴现在的形势就像抱薪救火一样危险。”

可惜，孙皓认为这不过是危言耸听。他认为东吴有长江天堑，当年曹军自称八十万之众，赤壁一战，几乎片甲不回，晋国又何惧之有呢?况且，孙皓还认为自己有“上天”襄助。

史书记载说，有一天，一个善观风水的人告诉孙皓，荆州地区有王者之气，将会阻挡晋军的进攻。于是孙皓就动了迁都武昌（今湖北鄂州）的想法，同时对朝中大臣和权贵有家在荆州地区的严加戒备，一旦发现谁家的坟墓与荆州地区的名山相连，他就派人去破坏掉，弄得朝中大臣、当地百姓愤恨不已。

这时候，晋国将军王濬秘密在蜀地制造了大批战船，准备攻打吴国，被细心的吴国将领吾彦发现。吾彦拿着上游江水冲下来的造船用的木屑给孙皓看，并说："晋国必定有攻打东吴的计划，我们应该增加建平（今湖北宜都）一带防线的兵力。只要晋国攻不下建平，肯定就不敢渡过长江。"

孙皓不以为然，他认为北兵不习水战，即使造战船也没有多大用处。

后来，东吴将领陆抗战胜了晋国将领步阐，更让孙皓信心暴涨。他让相士尚广测算一下自己一统天下的可能性，结果得到一个吉利的卦象："庚子年，青盖入洛阳。"也就是说，将来孙皓会入主洛阳。结果，不自量力的孙皓，不去着手解决国内复杂的问题，反而做起灭掉晋国、一统天下的美梦。

东吴建衡三年（公元 271 年）正月，星象师刁玄杜撰出一句鬼话："终有天下者，荆扬之君。"孙皓大喜说："此天命也！"当即决定御驾亲征，率大军进攻晋国。

可笑的是，既是出征，孙皓却像游山玩水一样，带着母亲何太后、正妻滕皇后以及皇宫美女数千人。这样一支奇怪的队伍到达牛渚（今安徽当涂县采石矶）后，突然天降大雪，道路泥泞塌陷。孙皓让身披铠甲、手执武器的士兵，每百人拉一辆皇家美女乘坐的车，缓缓前进。我们假定前文所说的"美女数千人"是两千，每五人乘一辆车，则共有四百辆车，那么至少需要四万名士兵在冰天雪地中拉车！

士兵们饥寒困顿，鞋子衣服全被雨雪打湿，加之冷风嗖嗖，冻得要死，有些将士便愤怒地喊："如果遇到敌人，我们就倒戈叛变！"孙皓得到报告后，才决定班师回国。

实在地说，中国古代狂愚顽劣的帝王很多，但还没见过谁做出带着母亲和数千美女御驾亲征的荒唐之举！孙皓之举，真让人瞠目结舌。

既然天下之主做不成，那做个太平之主也不错。孙皓又开始做起了这个梦。孙皓迷信天命，一些阿谀奉承之徒便竞相制造各种符瑞来满足他的欲望。

比如，吴郡长官说，有百姓挖掘田地时，得到一块一尺长三分宽的大银子，上面刻有年号。孙皓立即下令实行大赦，更改成银子上的年号。后来，吴郡长官又上奏说，从汉代末年以来，临平湖（在今浙江余杭东南）一直被草木堵塞，一日之间忽然开通，人们因此传说“此湖塞，天下乱；此湖开，天下平”。再后来，在湖边又发现了一个石函，里面装有一块青白色的小石头，长四寸，宽二寸多，上面刻有皇帝孙皓的名字，意思是“天命眷顾”孙皓。这次，孙皓又再一次改年号和大赦。

但是，你可别以为孙皓是如此的仁慈。一旦听到对他不利的传言，他就会痛下杀手。比如，有人传出这样的谶语：“吴国败，兵起江南之族，亡吴者，是公孙氏。”孙皓就下令凡是姓公孙的人，不论是文武百官，还是普通当兵的，全部发配到岭南的偏远之地。

在历阳县（今安徽和县历阳镇）有一座一百多丈高的临水石山，当地人称它为石印山。有人说，如果把石印山的封条打开，天下就将太平。当时的历阳县令就及时上奏说，石印的封条已经打开。孙皓于是派遣使者前去，用最高级的祭典方式祭祀这座石山。又有人报告说，石印山上面印有二十个朱红的大字，寓意天下就要太平了。孙皓听后大喜，又派遣朝廷中最尊贵的使者，封拜石印山的山神为王，且赐予印绶。孙皓又让人在石印山上镌刻铭文，称赞上天的灵德，以此来答谢上天降下的祥瑞。

后来吴兴县也上报说，阳羡山（在今江苏无锡境内）有一块空石头，长有十多丈，名叫石室，说这是从来没有过的祥瑞。于是，孙皓又派人到阳羡县，为这座所谓的“国山”举行封禅大礼。

喜好祥瑞是人之本性，在历代帝王中也并不鲜见，但像孙皓这样痴迷到如此程度的，却并不多见。

当然，如果孙皓仅仅是个迷信之徒倒还好办，不幸的是，他还是一个心狠手辣的杀人狂魔。

孙吴宝鼎二年（公元 267 年），孙皓下令兴建一座五百丈见方的昭明宫。有了华宫大殿，就要美女如云。孙皓的爷爷孙权在世时，后宫中包括在皇宫织室中服役的女子加起来“数不满百”，到了孙休时，发展到“千数”。孙皓虽然在即位之初装模作样地放出了大批宫女，让她们嫁人。可两年之后，就派宦官到各州各郡挑选民家美女，又规定二千石以上官员家的女儿，每年都要把名字报上来，年龄到了十五六岁，即供孙皓挑选，落选的人才准出嫁。没多久，后宫美女就恢复到千余人。到吴国灭亡前夕，更是达到了五千余人。孙皓之贪色，可见一斑。

更糟糕的是，孙皓既不像先前的商纣王那样宠爱妲己，也不像吴王夫差那般宠幸西施，更不像后来的唐玄宗那样对杨贵妃痴情。孙皓的“特色”则是——既好色，又心狠手辣。

当孙皓高兴时，他可以对自己的女人百依百顺，甚至纵容他们的野蛮行为。有一次，他的一个妃子派人到集市上抢东西，结果被中郎将陈声看见。陈将军怒火中烧，一刀杀了那个抢东西的狗奴才。这本来是件大快人心的事，可到了孙皓这里事情就变质了。孙皓觉得陈声杀自己爱妃的下人就是瞧不起自己，结果随便找了几个借口，判了陈声死罪，然后派人用烧红的铁锯把陈声的头给割了下来，尸体则扔到了山下。

别说是陈声，当孙皓生气的时候，即使是最心爱的女人，也难逃他严厉血腥的处罚。孙皓有一个宠妃叫张美人，她的父亲就是拥立孙皓有功的左将军张布，但因故被孙皓处死了。张美人对孙皓的杀父之仇念念不忘，有一次不慎对孙皓流露出不满之情，惹起了孙皓的无名之火，孙皓居然叫人把张美人活活打死。

孙皓虐杀女人的手段还有很多。他特意命人修筑了一条陡峭光滑的水渠，将湍急的流水引入宫中，宫女有不合意者，即被活活投入激流，漂进长江喂鱼。有时把人杀了还不解气，他还会肢解尸体。比如，孙皓认为某个惹恼自己的妃子面相漂亮，就把这个妃子的脸皮削去；如果这个惹恼自己的妃子眼睛长得美丽，就把她的双眼挖掉。

孙皓对待宫中的妃子，就像对待田地里收获过的稻谷和留下的稻草一样，随意践踏和蹂躏。像孙皓这样无情无义且又残暴对待后宫女子的皇帝，史上并不多见。

或许是杀女人不过瘾，孙皓又玩起了以“酒”杀男人的把戏。

孙皓喜欢举办盛大的宫廷宴会，让群臣陪他通宵达旦地饮酒作乐。

每当此时，孙皓总会对大臣们说：“寡人今天难得与众爱卿在一起喝酒。常言道，家有家规，酒有酒令。在皇宫里面喝酒，不能没有一个规矩。今天宴请的每位爱卿，都必须喝到七升以上。”

有了孙皓的这个酒规，爱喝酒的自然不在话下。那些喝不了酒的，可算倒了霉，可他们都知道孙皓翻脸不认人的脾气，只好舍命陪君子。宴会结束的时候，这些大臣们虽然全部完成“任务”，但个个酩酊大醉。

这时，孙皓会命令大臣们互相肆意嘲弄，或即席揭发对方的隐私和短处，以之助兴为乐。每个大臣都必须这样办，稍有一点不从，就会从宴会上被捕，甚至当场被杀。

有个叫韦昭的文臣是三国时期著名的史学家，他对这种做法很抵触，每当轮到他嘲弄别人时，他便只出题考问经书上的内容，使对方答不上来而困窘。孙皓认为，这是故意违抗命令，圆滑应付，当即将其投入监狱。韦昭不堪折磨，从狱中上表，表示愿意献出自己所著的书，希望免去一死。想不到，孙皓收到书后，发现上面有灰尘，遂大发雷霆，下令将其处死，全家放逐偏远山沟。

为了保障宫廷宴会的如愿进行，孙皓还动了不少脑筋。每次举行宴会时，他会专门安排十个宫廷侍卫，让他们站在宴席旁边，专门负责监督大臣们喝酒时候的举止表现。宴会结束后，这些宫廷侍卫们就要到孙皓面前逐一汇报大臣们喝酒时的表现，尤其是他们的违规之处。比如哪些大臣对孙皓失礼，哪些大臣无理取闹，哪些大臣胡言乱语，哪些大臣借酒撒气，哪些大臣故意装醉等。只要没符合孙皓的要求，就要受到处罚。

孙皓不许大臣失礼失态，自己却在宴会当中放荡不羁。他似乎对庸俗和堕落的东西情有独钟，认为这些可以增加宴席欢乐的气氛。于是在喝酒的时候，常常酒气醺醺地对大臣们说：“有什么好的笑话，只管说出来，我不会怪罪，只要高兴就行。”一些品格比较龌龊的大臣，自然争着去拍孙皓的马屁；一些正直的大臣，只好硬着头皮去应付孙皓的无聊要求。孙皓对能给他制造快乐的马屁大臣，大加奖赏。对那些应付他的正直大臣，稍不顺心，就加以处罚。

其实孙皓的这些行为还不是最可怕的，因为大臣们只要顺着孙皓的性子，小心地应对，还是可以渡过难关，保全性命。最可怕的是，孙皓的宴会暗藏玄机，他经常会借着美酒下毒，毒死“眼中钉”和“肉中刺”。

升任右丞相的万彧，是推荐孙皓当皇帝的恩人，此前在孙皓带着数千美女出征的归途中，曾与左将军留平交头接耳说：“如果再不回建业，我们就自己返回。”后来，马屁精们将这句略带情绪的话翻给孙皓听，孙皓便在一次宴会上，故意把毒酒传给万彧。幸好传酒的人暗中减少了分量，万彧没被毒死。而留平饮下毒酒之后，发觉有异，急忙服下解药，也算得救。可是，当得知是暴君故意下毒，要他们的命时，万彧知道在劫难逃，干脆自杀。留平则悲愤过度，一个月之后也含恨而终。

在孙皓执政之初，朝中大臣党同伐异，关系非常复杂。孙皓在处理臣下关系方面不是理顺关系，而是采取残暴手法，睚眦必报，致使君臣关系不睦，朝纲大乱。

当时有个叫王蕃的天文学家，担任孙皓的国策顾问，但与拥戴孙皓登基的万彧有过节，万彧便经常在孙皓面前说王蕃目中无人，当时尚未被孙皓斩杀的宠臣陈声也数次诋毁王蕃个人的品格。倒是王蕃此人气节高亮，不愿一味迎合孙皓的心意。时间一长，孙皓就对王蕃产生了隔阂和不满，想借机收拾收拾他。

一次，孙皓正和文武大臣举行欢迎使节归来的盛大宴会，不胜酒力的王蕃因为多喝了几杯，醉倒于地，孙皓疑其故意装醉，遂在酒后故意召见他。王蕃担心酒后失态，招来大祸，便强打精神，小心应对，幸好未出任何纰漏，但这恰为孙皓的“装醉”之说提供了口实。只听得霹雳一声，孙皓喝令卫士动手，把王蕃拖出殿外斩首，然后率群臣出宫，登上吴都西郊的一座小山。命亲信扮成一群虎狼，把王蕃的人头像皮球一样，抛来抛去，争夺啃食。人头血肉模糊，最后完全粉碎。呜呼，如此豺狼行径，竟是帝王所为！

徐陵亭侯华覈（hé）曾多次向孙皓谏言，要关心百姓生活，缓解社会矛盾。孙皓不仅不理会，反而埋怨华覈多事，干脆让华覈离他远远的，去担任东观令（东吴史官），专门负责国史的编撰工作。见华覈不太情愿，孙皓还假惺惺地对他说，“东观是儒林之府，汉代只有名士大儒才有资格在这个部门担任职务。你精通古代典籍，博览群书，知书识礼，应当到那里一展其才，超越班固、蔡邕等人。希望您不必自谦，不要妄自菲薄，要克己奉公，不要再搬弄是非了。”华覈当然只有遵命的份。

其实，孙皓已经算对华覈手下留情了。会稽太守车浚就没有这么幸运了。车浚为官清廉有政绩，有一年会稽郡发生旱灾，百姓无力交公粮，车浚上书请求宽免并给予救济。孙皓却说车浚是在“作秀”，是在收买人心，派人割下了他的头。尚书熊睦替车浚打抱不平，孙皓就让人用刀环不停撞击，杀死了熊睦，熊睦死的时候竟然体无完肤。

孙吴凤皇三年（公元274年）夏，一名姓王的爱妃逝世，孙皓悲痛欲绝，朝夕哭丧，一连数月不出门，下令将爱妃厚葬。葬礼盛大无比，人们兴奋地以为是孙皓死了。于是，民间盛传其叔父、章安侯孙奋将做天子，孙奋的母亲之墓在豫章（今江西南昌市），豫章太守张俊也疑心孙奋要做天子，便派人前去扫墓。孙皓闻知这些，暴跳如雷，将张俊逮捕，车裂而死，诛灭三族。

孙皓的豺狼心肠防不胜防，一旦别人某些方面的能力超过了他，也会招来杀身之祸。大臣张尚，口才流利，反应敏捷，谈吐幽默。孙皓对此心生嫉恨，总想寻机加罪。

在一次闲谈中，孙皓询问张尚说：“我的酒量如何？”

张尚奉承说：“陛下有百觚（觚是古代盛酒的器具）之量。”

这本是一句极为平常的恭维之辞，就像如今酒席上常常听见的夸某人“海量”一样。可是，暴君跟常人哪里会一样！

孙皓听了这话后，勃然作色说：“你明知孔丘连个王侯都不是，却把我比作他，是何居心？”

原来，古书《孔丛子》上说：“孔丘可饮百觚。”孙皓显然知书，但不达理，把他比作孔丘，简直是对孔丘的侮蔑，而孙皓却认为是贬低了他。于是，当场发作，要杀张尚。朝臣一百多人叩头哀请，孙皓才算格外开恩，将张尚押往建安（今福建建瓯市），张尚后成为造船厂官奴。不久，孙皓又千里迢迢，派人将其追杀在造船厂。

这还不算完。有位叫楼玄的大臣，为人正直，常常奏报实情，孙皓很不高兴。中书令兼太子太傅贺邵，上书规劝，孙皓又把贺邵恨之入骨。一群马屁精察言观色，群起诬陷说：“楼、贺二人曾在路上相遇，互相附耳嘀咕什么，然后放声大笑，肯定是在议论皇上，诽谤朝廷！”

孙皓一脸怒气，责问二人讲了些什么，不论二人如何解释，都没有用。孙皓先是下令把楼玄放逐岭南，后觉得太便宜了他，又改放遥远的交趾郡（今越南北部），最后索性处死了他。

贺邵一开始还好，被关押一段时间之后，官复原职。可是，三年之后，这位老臣中风瘫痪，不会说话，一连数月卧床静养。孙皓疑心贺邵装病，派人将其从床上拖起，押入藏酒的地窖，抽打一千多皮鞭，逼其说话。但病人早已丧失语言功能，怎能言语？孙皓仍不相信，下令用火烧病人的头，再用锯条锯他的脖子，贺邵遂惨死于火烧锯掣之下，其家属也被放逐远地。

杀了贺邵后，孙皓忽然想起三年前处死楼玄时，没有斩草除根，遂下令将楼玄的子孙统统诛杀，以弥补以前的“工作缺失”。

孙皓所谓的“统统诛杀”，可不是简单地一刀砍死。这样的话就太小看孙皓的智商了。孙皓杀人的方式多种多样，除了普通的火烧、水淹、锯头、下毒、灌酒、鞭打、棒捶之外，还有车裂、剥皮、挖眼等暴刑。而令他最快乐的，还是活剥人的面皮和用铁刷刷人的脸。大概除了砍头，很少有其他较轻的刑罚。

可以说，在杀人的手段上，孙皓比任何一个朝代的暴君花样都多，可谓无所不用其极。近代有一副对联，几可形容这位屠夫皇帝的心态：

“磨利以须，问天下头颅有几？

及锋而试，看老夫手段如何！”

那么，孙皓为什么会如此残暴无情呢？下面一则事实也许能让我们看出一点端倪。

吴国被晋国灭亡后，晋国侍中庾峻曾问孙皓的侍中李仁：“听说吴主孙皓削人面皮，砍人手脚，有这回事吗？”

李仁回答说：“这都是谣言罢了。失败者总是会受人指责。就此事而言，如果真的有，也不值得大惊小怪。过去尧、舜时期有五刑，夏、商、周三代有七辟和肉刑，从来没有人认为这是酷虐。孙皓作为一国之主，掌握生杀大权，罪人犯法，进行惩罚，为何要怪罪他？”

孙皓有“恶人视己”的毛病，也就是说不喜欢别人看自己，因此朝臣觐见时，没有人敢抬头。丞相陆凯曾劝谏说：“君臣之间没有不相识的道理，如果发生不测，大家就不知道该如何寻找您了。”孙皓这才允许陆凯抬头看自己，但其他人仍然不行，后来还有人因之被挖眼而丧命。

因此庾峻又问：“有人说孙皓讨厌别人盯着他看，甚至会把这些人的眼睛挖出来，有这回事吗？”

李仁说：“也没有这种事，这也是对失败者的污篾而已。《曲礼》当中说过，仰视人君是狂傲，俯视人君是鄙视，目光游移是邪恶。从平常人的角度来看，这些行为都是一种不尊重，何况对于人君乎？所以，臣子瞻视天子，如果抬头看人君的脸，这就是《曲礼》中所说的傲慢，傲慢就是无礼，无礼就是不遵从臣子本分，不遵从臣子本分就是犯罪，犯罪就该受到惩罚。如果确实是这样，国君又有什么过失呢？”

从这里可以看出，李仁的确善辩，颠倒黑白，混淆是非，能把错误的东西说成是正确的。而孙皓的身边，确实豢养着一批像李仁这样文过饰非的文人。

有一句俗语叫：“流氓不可怕，就怕流氓有文化。”统治者如果喜欢豢养这些有文化的流氓，那么无论统治者如何作恶，这些有文化的流氓都会为他找到正当而必要的理论支撑，以便统治者作起恶来心安理得甚至理直气壮。

可以说，正是因为有了诸如李仁这样的“文化流氓”的助纣为虐，孙皓才会一路错下去。

当然，透过孙皓的所作所为，我们似乎可以看出，他是一个具有严重心理障碍的人。用今天的心理学术语来说，他是一个患有反社会人格障碍的人。

反社会人格障碍是心理学家和精神病学家最为重视的一种心理疾病。患者主要表现为本能欲望、兴趣嗜好、性情脾气等方面的异常改变，但没有智能、认识或推理能力方面的障碍，亦无妄想或幻觉。有这种障碍的个体，其突出特点是行为具有悖离社会规范的倾向，且在损害社会和他人之后没有愧疚之心，不能从挫折与惩罚中吸取教训，反而变本加厉地报复社会。

反社会人格障碍的产生，有着深刻的发病原因与机理。从孙皓的身上,我们可以看到,他这种人格障碍的形成,至少有如下几个方面的原因。

首先，恶劣的家庭环境是主要因素。前已述及，孙皓的父亲孙和早年被立为太子后又被废、被赐死。这时孙皓尚还年幼，由于早年丧父，孙皓从小就缺乏父亲在生活上和情感上的爱护，未能形成亲密的依恋关系，这严重阻碍了他后期的人格发展和情感维系。而从小丧父，也使他缺乏可以效法的男性形象，无法培养积极的自我认知，因而缺少对社会公德与行为规范的认同。

其次，险恶的成长环境也强化了孙皓反社会人格的发展。孙皓的父亲被逼死后，孙皓虽侥幸得以保全性命，却也一直被朝廷严加防范，整天提心吊胆地过日子。这种悲惨的经历养成了孙皓这种过分猜忌、以自我为中心的性格。而他的继位，前已述及，其实是一种偶然，所以在他取得实权之后，便本性暴露，做出种种令人发指的事情，以此弥补曾经创伤的心，释放曾被压抑的情绪。

第三，由于孙皓不是皇帝嫡子出身，而是继叔叔之位，算不上“根正苗红”，因此他一心想在臣民中间树立个人的绝对权威。在这种心理的驱使下，他就越发害怕别人超过他，取代他。正因为防范别人夺权之心太盛，以至于他有些神经过敏，一有风吹草动，他就任用一班酷吏，先下手为强。结果，人人自危。

第四，与皇帝固有的孤独心理有关。帝王的内心大多是孤独的。他们贵为天子，有着无上的权力，然而也正因为有着超常的权力，他们的内心才更加孤独。宫廷的特殊氛围造成了亲情、爱情、友情等关系的淡薄冷漠，对权力欲望的无休止膨胀，更让他们的内心变得脆弱和焦虑。他们只能将这种紧张的情绪释放在床地之间，或者用虐杀掩饰内心的惶恐。孙皓的这种孤独，从他那位姓王的爱妃死后，他“治丧于内”，几个月不出门，便可看得一清二楚。正是这种地处高位的孤独，渐渐扭曲了他的心灵，使得他在不断地寻求刺激中，演绎了一幕幕近乎变态的暴力剧。

幸好，孙皓演绎的是最后的疯狂……

天下重新归一统

天下大势，合久必分，分久必合。三国，终于画上了休止符……

就在孙皓残暴无道、众叛亲离的时候，晋国皇帝司马炎已经紧锣密鼓地做好了灭吴的军事准备。

西晋咸宁五年（公元 279 年），此前受司马炎之命一直在蜀地造船的益州刺史王濬（jùn）上了一封奏章。在奏章中，王濬并没有拿晋、吴双方的军力来说事，而是只说了一件事：“如今东吴的国主孙皓昏庸残暴，已经闹得众叛亲离，即使西晋不去进攻他，他也很可能会被东吴军民推翻，到那个时候，如果东吴方面重新拥立一个贤明的君主，那么灭掉东吴，就不是一件容易的事了。”

精明的司马炎立刻明白了：现在灭东吴，是千载难逢的好机会，过了这个村就没这个店了。

于是，司马炎在王濬的奏章送上去不久，颁诏灭吴。

三国历史上最后一场大规模的战争开始了。

西晋的南征大军兵分为六路：琅琊王司马伷（zhòu）负责攻打苏北和安徽，建威将军王戎负责攻打武昌，平南将军胡奋负责攻打夏口，镇南大将军杜预负责攻打江陵，安东将军王浑负责攻打淮西，益州刺史王濬负责率领他亲手打造的舰队顺江东下。

南征的“总指挥”是司马炎的心腹贾充，他被司马炎委任为大都督。

其实贾充一直都是“反战派”。

当时，晋国支持南下灭吴的，大多是一些功勋卓著的军方实权派，比如名将羊祜（hù），以及大将杜预、张华等人，这些军方人物，大多希望借灭东吴来成就千古奇功。

竭力反对的，是早年帮助晋武帝司马炎夺权的贾充等人，反对的理由，表面是拿之前晋国、魏国甚至是曹操时期多次征讨东吴无功来说事，其实真正的原因没那么简单。这帮人是靠着帮助司马炎夺权来确立自己地位的，他们中大多数人在军事上并无建树，一旦灭吴战争爆发，那些军方将领的地位势必提高，自己的地位也势必遭到威胁。这才是这些“反战派”内心真实的想法。

这里面反对最积极的，就是司马炎的宠臣贾充，他不但多次阻挠进军行动，还秘密授意手下人收集羊祜的“黑材料”，诬陷羊祜勾结东吴，图谋不轨。不过司马炎的心里跟明镜似的，根本不会听信贾充所言。他之所以仍然任命贾充为南征大都督，自然是出于为政者喜欢搞、也善于搞的“政治平衡”之策。

不过，就算到了这个时候，贾充仍然拼命反战，先是拒绝从命，在受命之后又多次拖延，擅自修改进兵日期。他很清楚自己几斤几两：搞阴谋是个好手，打仗白痴一个。

正是由于贾充的胡作非为，开战之后，西晋的进军并不顺利，华东、华中的几条战线都遭到了挫折。好在最关键的一路，指挥者是王濬，他从四川出发东下，碰到了晋军灭吴战役中最硬的钉子：吴国大将吴彦在巫山所设，用以阻遏西晋水师的防线。该防线主要由江面险处安置的大木桩及将其连结起来的大铁链构成。这些大铁链将大江拦腰截住，又把一丈多高的铁锥暗置江中。

面对这个情况，王濬早有准备。

他命人制造了几十张大竹筏，并排连接在一起，顺江释放。竹筏遇上铁锥被扎，会卡住不动。在强大水流的冲击下，安装在江底的铁锥会发生松动。一松动，竹筏就会带着卡在一起的铁锥冲往下游。

就这样，连续释放了几批大竹筏，埋藏在江中的数千枚锋利的铁锥就被清除得干干净净了。

至于横在江面上的铁锁铁链，王濬又想了一个妙招：他命人在船头架起一个个巨大的火炬，里面灌足麻油，遇到铁链，就点起火，烈火熊熊，很快就将那些铁链铁锁熔化烧断。

东吴煞费苦心构筑的防线，就这么化为乌有。王濬的东进之路，至此已经一马平川。

西晋太康元年（公元 280 年）正月，王濬攻克了东吴的重镇宜昌，俘虏了东吴的镇南将军留宪。

这场战斗让人啼笑皆非的是，当大群西晋战舰抵达宜昌的时候，从来没有见过这种庞然大物的东吴军队，居然一下子都吓傻了，半点反应都没做出来，就眼睁睁地看着西晋军队拿下了城池。

二月，王濬又占领了乐乡（今湖北松滋），俘虏了东吴监军陆晏。

就在王濬攻无不克的时候，其他五路大军的进军都不顺利，遭到了东吴军队的顽强抵抗，双方始终处于相持阶段。这时候王濬的胜利，恰好成为压倒天平的最后一根稻草，整个东吴的防线一下子全崩溃了。

随后，王濬与另一路大军胡奋部会师，连续拿下了夏口和武昌。所过之处，士气尽丧的东吴军队，已经失去了抵抗的勇气，只要看到“王”字战旗，不是投降就是逃跑。

王濬的节节胜利，对于西晋南下的整个战局，是有决定意义的，原因就在于他突破了“长江天险”。

在中国古代历史上，盘踞江南的政权可以得到保存，主要凭借的就是长江的地理优势。这个地理优势有个前提，就是江南地区要有相邻的荆襄地区的庇护，两者互为唇齿，一旦一方有失，另一方的地理天险也就荡然无存。

这就不难理解，当年曹操南伐东吴前，为什么先要讨伐荆州地区的刘表；在荆州沦陷后，为什么当时东吴投降派的声浪这么高？但那个时候，东吴有周瑜，王濬时候的东吴，还能有谁呢？一个没有。

在荡平整个荆州地区之后，王濬的部队早已疲惫不堪，其他各路大军也已经逼近吴都建业。这个时候王濬有两个选择，一是继续东进，抢占建业；二是原地休整，等待增援。当时王濬的将士，都倾向于第二种，毕竟部队占领荆州，已经完成了先前的作战任务，休息理所应当。

王濬却有不同的看法。他深知战争并没有结束，东吴在建业还有不少兵力，如果停顿不前，东吴一旦立住阵脚，攻克建业就会变得困难。

在王濬的坚持和鼓劲下，部队继续东进，向建业进发。

估计连王濬自己也没想到，这次进军有意外收获。因为他突进得太快，他的军队比其他几路大军更快逼近了建业。

闻听王濬杀来后，此时的孙皓手里还有几万兵马，如果用来守建业，说不定还能多支撑一段时间，但急红了眼的孙皓不由分说，立刻派大将张象主动出击。

张象出城后，亲眼目睹了王濬的水师，面对那一艘艘高大到恐怖的楼船，他立刻被吓破了胆，当场决定投降。

孙皓大怒，命令大将陶濬勉强凑齐两万将士，预定次日反击晋军。可是，当天晚上，部队“呼啦”一声，全体逃亡一空。接着，公卿大臣纷纷溜出城去，前往敌营投降。

这就是暴君的暴政效应。

面对着内无粮草，外无救兵，且又众叛亲离，无力抵抗的局面，孙皓除了投降，还能干什么？

王濬的军队很快开进了建业城。

走投无路的孙皓只好叫人把自己的双手捆绑起来，再叫人用车子拖着一口棺材到晋军兵营去投降。这是中国古代国君们约定俗成的投降仪式，而非孙皓有赴死的决心。

至此，立国五十九年的吴国宣告灭亡，魏蜀吴三国纷争的时代也彻底结束，中原重新归于统一。

唐代大诗人刘禹锡在他的名诗《西塞山怀古》中，对这段历史抒发了这样的感慨：

王濬楼船下益州，金陵王气黯然收。

千寻铁锁沉江底，一片降幡出石头。

人世几回伤往事，山形依旧枕寒流。

从今四海为家日，故垒萧萧芦荻秋。

“一片降幡出石头”之后，孙皓也像蜀国末代皇帝刘禅一样，被押往洛阳，向晋武帝司马炎叩头称臣，当初“庚子年，青盖入洛阳”的谶语不想竟然成真。

历史的吊诡之处，还真是让人匪夷所思。

不过，吴国虽然灭亡了，然而西晋皇帝司马炎竟然没杀孙皓，还封其为归命侯，好酒好肉供养着。大概有“奖赏”孙皓灭吴之功的意思吧。

令人诧异的是，孙皓这个暴君相比蜀国那个“此间乐，不思蜀”的昏君刘禅来说，居然还多了那么一份“硬气”。

据说，孙皓投降后不久，司马炎率领文武百官接见他时，指着龙椅旁边的一个座位，对孙皓说：“朕设此座以待卿久矣。”

谁知孙皓却倒驴不倒架，毫不客气地回敬道：“臣于南方，亦设此座以待陛下。”

又有一次，司马炎与西晋大臣王济下棋，孙皓在旁边观看。

王济忽然问孙皓：“你为什么喜欢剥人的面皮？”

孙皓应声答道：“见到在君主面前无礼的臣子，就该剥掉他的面皮！”

其时，王济正把脚伸到司马炎面前的棋局之下，确实不符合臣子尊重君主的礼节，因此孙皓的反唇相讥，把王济弄得十分尴尬。

野史中还记载了这么一个故事。

司马炎有一次在宴会上问孙皓：“听说你们南方人好作《尔汝歌》，

你能作一首让我听听么？”

孙皓毕竟曾经是一国之君，如今也有着侯爵之位，而宴会上唱歌跳舞是低贱的宫廷艺伎的职责，司马炎的这一要求，明显带有戏弄、侮辱孙皓的成分。

谁知孙皓不假思索，举起酒杯就口占一绝：

昔与汝为邻，今与汝为臣。
上汝一杯酒，令汝寿万春。

这让司马炎很是懊悔，因为他万万没有想到，虽然同为亡国之君，孙皓毕竟不是蜀后主刘禅，不但才思敏捷，而且颇能维护自己的尊严。别说投降了的亡国之君面对着胜利者，就是晋朝的文武大臣对着皇帝，也应恭恭敬敬地尊称“陛下”。如今，孙皓却当着众人的面称呼自己“汝”，这让司马炎很是没面子。

有人认为，如同刘禅装“猪”变傻才保住了自己的性命一样，孙皓也是依靠装“牛”充硬气才保住了自己的性命。

其实，孙皓与其说是“硬气”或“骨气”，不如说是张狂，因为他张狂惯了。

刘禅死于西晋泰始七年（公元 271 年），终年六十五岁。而张狂惯了的孙皓死于西晋太康五年（公元 284 年），终年四十二岁。

一代昏君和一代暴君就此结束了自己的人生之旅。

但无论如何，战火纷飞的三国乱世终于结束，属于西晋王朝的历史真正开始。

那么，在这个崭新的时代里，又出现了什么样的人、发生了什么样的事，这些人和事又对中国历史产生了怎样的影响呢？请看拙著《士族专权的两晋风云》。

本书简要大事年表

公元 184 年　黄巾起义爆发。

公元 189 年　汉灵帝卒，皇子刘辩继位，是为汉少帝。董卓入京，废少帝刘辩，改立刘协，是为汉献帝。

公元 190 年　关东州郡俱起兵讨伐董卓。董卓挟持汉献帝迁都长安。

公元 192 年　吕布杀董卓。孙坚攻击刘表，战死。

公元 195 年　曹操大破吕布。

公元 196 年　曹操迎汉献帝迁都许昌。

公元 197 年　袁术称帝。

公元 198 年　曹操擒杀吕布。

公元 199 年　袁术死。张绣投降曹操。

公元 200 年　曹操和袁绍发生官渡之战。孙策遇刺身亡，孙权接班。

公元 201 年　刘备投奔刘表。

公元 202 年　袁绍病死。

公元 207 年　诸葛亮出山。

公元 208 年　赤壁之战爆发。

公元 209 年　周瑜攻破江陵。

公元 210 年　周瑜病卒。

公元 211 年　曹操西征马超、韩遂。刘备大军入蜀。

公元 212 年　曹操东征孙权。

公元 213 年　曹操被封为魏公，加九锡。

公元 214 年　刘备入成都，自任益州牧。

公元 215 年　曹操西征张鲁。孙权向刘备索还荆州。

公元 216 年　曹操被封为魏王。

公元 219 年　刘备自称汉中王。孙权杀关羽，上书称臣于曹操。

公元 220 年　曹操卒。曹丕代汉，是为魏文帝。

公元 221 年　刘备称帝。曹丕封孙权为吴王。

公元 222 年　夷陵之战爆发。

公元 223 年　刘备卒，托孤诸葛亮。刘禅继位。

公元 226 年　曹丕卒，曹叡继位，是为魏明帝。

公元 227 年　诸葛亮第一次北伐，临行前上《出师表》。

公元 228 年　蜀军兵败街亭，诸葛亮斩马谡。诸葛亮第二次北伐。

公元 229 年　诸葛亮第三次北伐。孙权称帝。

公元 231 年　诸葛亮第四次北伐。李严被废为庶人。

公元 234 年　诸葛亮第五次北伐，病卒于军中。

公元 238 年　姜维伐魏，前后共进行了十一次。

公元 249 年　司马懿发动政变，杀大将军曹爽。

公元 252 年　孙权卒。

公元 263 年　曹魏伐蜀，刘禅降魏，蜀汉亡。

公元 265 年　司马炎逼魏元帝禅让，建西晋，曹魏亡。

公元 280 年　孙吴亡，晋一统天下，三国终。

本书主要帝王列表

汉献帝刘协（公元 181 年～234 年） 东汉末代皇帝。一生在权臣董卓和曹操的挟持下，均为傀儡皇帝。曹操去世后，被其子曹丕逼迫禅让，降为山阳郡公。

曹操（公元 155 年～220 年） 曹魏政权的奠基人。曾“挟天子以令诸侯”，征讨四方。后统一中国北方，封魏王。去世后，其子曹丕建魏国，追尊其为武皇帝。

曹丕（公元 187 ～ 226 年） 曹魏的开国皇帝，史称魏文帝。在位七年时间里，曹魏实力进一步增强。

曹叡（公元 204 ～ 239 年） 曹魏第二任皇帝。一生大多时间是在与蜀汉、东吴的战事中度过。重用曹真、张郃、司马懿等名将与诸葛亮作战，使诸葛亮未能得尺寸之地。临终托孤失当，导致朝政动荡。

曹芳（公元 232 ～ 274 年） 曹魏第三任皇帝。继位后，由司马懿和曹爽辅政，后曹爽为司马懿所杀。之后，司马家族开始权倾朝野。后被司马师废为齐王。

曹髦（公元 241 ～ 260 年） 曹魏第四任皇帝。司马师废曹芳后，被立为新君。因对司马氏兄弟的专横跋扈不满，率宫人反抗，后被司马昭谋士贾充的手下成济所弑。

曹奂（公元 246 ～ 302 年） 曹魏最后一任皇帝。曹髦被杀后，司马昭立其为帝。后禅位于司马炎，被废为陈留王，曹魏遂亡。

刘备（公元 161 ～ 223 年） 蜀汉开国皇帝。出身草根，后在诸葛亮、关羽、张飞等人的帮助下，建立基业。又和孙吴联盟，大败曹操于赤壁，并最终建立蜀国，和曹魏、孙吴三分天下。为人谦和、礼贤下士，素以“仁义”为世人称赞，史家又称之为蜀汉先主。

刘禅（公元 207 ～ 271 年） 蜀汉亡国之君。一生作为不大。投降曹魏后，因其一句“此间乐，不思蜀”，而被后人讽之为“扶不起的阿斗”。史家又称之为蜀汉后主。

孙权（公元 182 ～ 252 年） 孙吴的开国皇帝。幼年跟随兄长孙策平定江东，又继位为江东之主。他任贤用能，挽救了江东危局，保住了父兄基业。后与刘备联盟，大败曹操于赤壁，形成天下三分的局面。后建立吴国。晚年昏庸，处理接班人问题不善，为孙吴灭国埋下了祸根。

孙亮（公元 243 ～ 260 年） 孙吴第二位皇帝。一生无所作为，后被权臣孙綝废为会稽王。

孙休（公元 235 ～ 264 年） 孙吴第三任皇帝。一生作为不大，除掉权臣孙綝是其人生不多的亮点之一。

孙皓（公元 243 ～ 284 年） 孙吴亡国之君。中国历史上最出名的暴君之一，一生暴行，罄竹难书。后投降西晋，吴国灭亡。